法律和社会科学

LAW AND SOCIAL SCIENCES

第15卷　第1辑（2016）

苏力 主编　胡凌 执行主编

法律出版社
LAW PRESS·CHINA

法律和社会科学　　第15卷第1辑（2016）

投稿信箱： lss_2006@yeah.net
本刊微信号： LSS_2014
主办单位： 北京大学比较法和法律社会学研究所

法律和社会科学　　第15卷第1辑(2016)

目　录

LAW AND SOCIAL SCIENCES

Volume 15 Number 1 2016

Contents

Dialogues

《法律和社会科学》(2016)
第15卷第1辑,第1~43页

自愿披露隐私的规制

戴　昕[*]

摘要:信息主体对本人信息的自愿披露,可能造成包括隐私损害在内的外部性,而这类问题在由社交网站和大数据技术建构的当代信息环境中,通过间接披露与披露瓦解等机制出现得更加频繁。对于信息隐私规制的发展前景来说,由自愿披露造成的这种"第一方披露外部性"将会进一步打破"选择权模式"与"规制干预模式"之间的僵持。如果制度设计者将保护隐私作为法律规制的侧重点,信息隐私法将不可避免地减少对信息主体选择和控制的依赖,而更多以针对信息收集和使用的实体性干预为内容。这种制度发展前景的社会福利含义是模糊的,其可欲性取决于人们如何看待自愿披露在隐私乃至超出隐私之外的其他后果。这种前景的一个潜在变数是,非正式社会规范或许能为信息隐私法在法律干预之外提供某些替代性规制资源。

---

* 中国海洋大学法政学院副教授,电子信箱:richarddx2002@gmail.com。本文写作获得中国海洋大学"青年英才工程"科研支持经费项目资助。感谢参与"法律与网络"工作坊(上海财经大学法学院、《法律和社会科学》编辑部合办)的各位学者对本文初稿提供的建议。一切错漏均由本人负责。

"不患人之不己知,患不知人也"
——《论语·学而》

一、导言:信息隐私与自愿披露

人们通常关注的信息隐私(information privacy)[1]问题主要涉及第三方对信息主体个人信息的披露或滥用:政客担心婚外情被记者发现;女明星担心艳照被黑客窃取;HIV携带者担心检测结果被医疗机构泄露;消费者担心姓名地址卡号经商家倒卖流出;等等。第三方收集、使用、披露个人信息的行为对信息主体造成的隐私困扰可以理解为经济学意义上的外部成本,或"负外部性"问题(negative externalities)(以下简称第三方外部性)。例如,Warren 和 Brandeis 在《隐私权》一文中就认为,新闻媒体为追求利润,大肆挖掘和报道个人生活隐私,由此制造了包括信息主体遭受的人格和名誉损害在内的外部成本。[2] 针对第三方外部性问题,Warren 和 Brandeis 提出了"隐私权"的解决方案,[3]即通过界定隐私信息的权益并加以财产规则(禁令)和责任规则(赔偿)救济的方式,将外部成本"内在化",通过调整激励缩减第三方获取、使用、披露他人隐私的规模。基于这一思路处理第三方外部性问题的隐私规范,长期以来构成了信息隐私法的基本内容,而关于"隐私"的社会话语和社会想象也主要以第三方外部性及其规制为基础获得建构。

本文讨论信息隐私领域中存在的另一类负外部性问题,即信息主体自愿披露本人信息时产生的外部成本(以下简称第一方披露外部

---

① 本文对"信息隐私"概念采取较为常见的宽泛理解即有关个人信息(personal information)在物理和虚拟社会空间流动的规则。例如,Paul Schwartz & Daniel Solove, *Information Privacy Law*, 5 ed., 2014, pp. 2 - 3; Neil M. Richards & Jonathan H. King, "Big Data Ethics", *Wake Forest L. Rev.* 49, 2014, pp. 393, 395. 这个宽泛界定包括了一些时候研究者试图做进一步区分的"隐私"和"个人信息保护"两类问题。

② See Samuel D. Warren & Louis D. Brandeis, "The Right to Privacy", *Harvard L. Rev.* 4, 1890, pp. 193,195 - 213.

③ Ibid., pp. 213, 219 - 20.

性)。基于个体主义和消极自由的指导思想,信息隐私法及其理论传统上主要从信息主体自身福利的角度考虑自愿披露行为的规范意义:当自愿披露导致信息主体本人遭受隐私损害时,法律是否或在多大程度上应提供救济?一些时候,受"风险自担"(assumption of risks)理念的影响,法律可能将自愿披露作为拒绝隐私损害救济的理由,而这意味着信息主体被要求承担其本人未能妥善控制、保护个人信息的损失后果。[①] 更多时候,法律通过某种"合理隐私预期"(reasonable expectation of privacy)的概念,在不同程度上将个体已自愿对外披露的信息也纳入受保护的隐私范围之内。[②] 虽然后一种隐私概念相比于前一种在隐私利益保护方面更具弹性,但不难看出信息隐私法对自愿披露行为的关注,以其对信息主体本人福利可能或应当产生的影响为侧重。

因自愿披露本人信息而对他人利益产生影响的情形,在信息隐私法上虽不是全新问题,但并非重点。这类纠纷中人们最耳熟能详的大概是所谓"我和某某某不得不说的故事":[③]由于生活语境的社会性,每个人值得一讲的私密故事通常都不是独角戏;所谓"个人"信息,不只涉及本人,因此信息主体的自愿披露有时难免造成他人隐私信息的非自愿曝光。在这类情形中,表达自由与隐私之间的冲突非常直观,外部性的存在毫不令人意外。各国的信息隐私法对此类最基本的第一方披

---

① 最典型的例子是美国侵权法和刑事诉讼法上的"第三方披露规则"(third party disclosure doctrine):该规则适用的情形中,信息主体一旦自愿对他人披露个人信息,该信息此后的进一步传播和使用便不再受法律保护。See e. g. Nader v. Gen. Motors Corp., 255 N. E. 2d 765, 568 - 69 (N. Y. 1970); Smith v. Maryland, 442 U. S. 735, 743 - 44 (1979); United States v. Miller, 425 U. S. 435, 443 (1976). 需要注意的是,侵权法上第三方披露规则并非美国普通法法院普遍采纳的进路。参见 Y. G. v. Jewish Hospital, 795 S. W. 2d 488 (Mo. Ct. App. 1990); Multimedia WMAZ, Inc. v. Kubach, 443 S. E. 2d 491 (Ga. 1994)。又参见 Lior Jacob Strahilevitz, "A Social Networks Theory of Privacy", *U. Chi. L. Rev.* 72, 2005, p. 919。刑事诉讼法上,第三方披露规则也已经出现松动甚至被推翻的迹象。参见 United States v. Jones, 132 S. Ct. 945 (2012); Riley v. California, 573 U. S. _ (2014)。

② 参见上注中引用的 Jewish Hospital, Kubach, Jones 和 Riley 等案例。

③ 例如,陈国军:《我和刘晓庆不得不说的故事》,广东人民出版社 1997 年版。英语中通常用"kiss-and-tell"描述类似的以情爱关系当事人主动爆料为内容的文字作品及其引发的纠纷。

露外部性问题的处理虽思路迥异,[①]但总的来说各有其明确立场。

“不得不说的故事”之外,第一方披露外部性问题的出现还可能借助一些不那么直观的机制,而后者是本文讨论的重点。不妨先考虑以下两个2015年的媒体报道:

自拍的极端分子:近年来在伊拉克、叙利亚及其他相关区域攻城略地的极端宗教武装组织“伊拉克和黎凡特伊斯兰国”(以下简称为“伊斯兰国”),被认为十分善于利用社交网络等新媒体手段进行极端宣传。美国空军一位将领在2015年6月初的一次讲话中透露,一名极端分子之前在社交媒体上发布了一张自己站在其所属“伊斯兰国”部队指挥部附近炫耀战功、战力的照片。该照片被千里之外的美军情报人员注意到,后者利用数据分析手段在24小时内对照片中的指挥部做出准确定位,随后实施空袭予以摧毁。[②]

烦恼的家长:微信应用如今已成为中小学教师与学生家长联系沟通的一种主要媒介。《北京晚报》在2015年年初的一个报道中描述了“家长微信群”给家长带来的一些“烦恼”。其中一则烦恼是有些老师时常在微信群中就学校即将组织的活动询问哪些家长能够予以相关协助。每个群里总有些自告奋勇、积极响应、出钱出力的家长,但那些境况并不宽裕的家长却因此倍感压力,担心帮不上忙,自己的孩子可能在学校被另眼看待。[③]

这两个例子并不是狭义的隐私问题,但它们形象地例示了本文讨论的造成第一方披露外部性的两种信息机制。个别极端分子对其本人图像信息的披露,为美军数据集成和分析技术的应用提供了基本素材,由此导致他人空间位置信息曝光;虽然无法确认该名极端分子本人是

① 见下文第二部分第三小节中的举例。

② Brian Everstine, “Carlisle: Air Force Intel Uses ISIS ‘Moron’s’ Social Media Posts to Target Airstrikes”, Air Force Times, Jun. 4, 2015, *available at* http://www.airforcetimes.com/story/military/tech/2015/06/04/air-force-isis-social-media-target/28473723/ (last visited 2015/07/23).

③ 《北京晚报》:“无形的攀比压力大,家长微信群该不该立‘规矩’?”,载网易亲子频道,2015年1月8日,http://baby.163.com/15/0108/22/AFFK2M5K00362USS.html,访问时间:2015年7月10日。

否为此付出了“血的代价”，但至少所属组织中会有其他同伙蒙受惨重损失。[①] 而尽管学校老师在微信群中的问话似乎本就不妥，但家长中的“积极分子”对个人财力和社会资本的主动披露，使得其他家长在这一特定互动语境中，如果采取沉默态度，这种态度就有可能被推定具有某种负面社会含义（social meaning），由此成为家长之间攀比压力和内心焦虑的来源。本文将“自拍的极端分子”一例中第一方披露外部性的产生机制简称为“间接披露”（indirect disclosure），也就是第一方自愿披露的本人信息为信息收集者借助数据分析间接获取他人尚未直接披露的个人信息提供条件。而“烦恼的家长”例示的是下文简称为“披露瓦解”（disclosure unraveling）的机制，也就是在某种评价规范适用的语境中，第一方信息主体对有关本人可欲属性的信息所做的主动披露对他人形成压力，导致后者或者被迫就其相关属性做同类披露，或者因拒绝披露而面临不利后果。这两种机制造成的第一方披露外部性同样并非全新现象，但在由数字化、社交网站和大数据建构的当代信息环境中，相关信息隐私问题正变得日益显著。[②]

下文第二部分将首先交代本文讨论所参照的理论背景，特别是回顾信息隐私研究此前针对以第三方外部性为内容的信息隐私问题及其规制所提出的一些基本分析思路。第三部分将对间接披露和披露瓦解这两种机制做进一步描述。第四部分将考虑第一方披露外部性对信息隐私规制的基本意义，而本文的预测是，第一方披露外部性问题在信息隐私领域中的出现和显著化将进一步打破选择权模式与规制干预模式在信息隐私规制争论中的僵持——以保护隐私为目标的法律规范在未来将更少关注信息主体的选择和控制，而更多以针对信息收集和使用的实体性干预为内容。本文有限的分析中并不包含对这一制度前景的社会福利意义做出的任何确定判断，而读者可能担心更强干预而更少

① 美军因此称该名极端分子为“脑残”（moron），见上页注②。

② See Scott R. Peppet, “Unraveling Privacy: The Personal Prospectus and the Threat of A Full-Disclosure Future”, *Nw. U. L. Rev.* 105, 2011, p. 1153; Mark MacCarthy, “New Directions in Privacy: Disclosure, Unfairness and Externalities”, *ISJLP* 6, 2010 – 2011, p. 425.

选择的隐私制度未必可欲。第四部分第二节尝试性地提出,直接以第一方自愿披露行为为调整对象的社会规范,如果能够在相应语境中出现并发挥作用,或许能够为隐私保护在日益强化的法律干预之外提供另一种可能。第五部分将结合声誉评价与披露竞争,进一步考虑第一方披露外部性对信息隐私的理论启示。作为引子,以下再描述一个晚近的(虚构)例子:

消失的爱人:2012年出版的美国畅销小说《消失的爱人》(Gone Girl)中,女主人公Amy为报复出轨的丈夫Nick,在结婚五周年当日伪装失踪。为了让公众、警方和法庭误认为自己被Nick杀害,Amy在出走前留下了诸多将嫌疑指向Nick的虚假信息,其中尤其令人叹为观止的是其精心炮制的跨越数年时长的日记,详尽描述自己成长、婚恋的"心路历程"。借助日记及其他支持日记中记叙的"人证物证",①Amy向其所处的社会语境中输入大量个人信息,借此在媒体和公众心目中成功地塑造了一个纯真、无助、易受伤害、身陷险境的妻子形象,将丈夫几乎置于万劫不复之境。Nick为自救聘请了明星律师,后者给他设计的自救策略的核心也是通过公关和宣传渠道向社会舆论中注入对Nick有利的正面个人信息,以削弱未来陪审团成员对Nick形成"有罪推定"的倾向。②

对这个故事的可能解读当然很多,③而本文关注的是男女主人公为塑造公众形象、影响社会认知展开的个人信息披露竞赛。相较于Nick,Amy对公众舆论处理社会声誉信息的"算法"理解准确、运用巧妙,其策略性披露操作因此更为成功。而夫妻对决的杀伤力则无疑溢

---

① 如与社区邻人的友好交往(营造善良无辜的公众印象);出现在流浪者群体出没区域并向其购买枪支(证明事发前对丈夫的主观恐惧);用虚假尿样从医院获取的怀孕诊断(解释出轨丈夫杀人的直接动机并加重其主观恶性)等。See Gillian Flynn, Gone Girl (2012).

② 同上注。

③ See Joshua Rothman, "What 'Gone Girl' Is Really About", The New Yorker, Oct. 8, 2014, *available at* http://www.newyorker.com/books/joshua-rothman/gone-girl-really (last visited 2015/07/23); Zoë Heller, "The Hard Work of Marriage", Dec. 4, 2014, *available at* http://www.nybooks.com/articles/archives/2014/dec/04/gone-girl-hard-work-marriage/ (last visited 2015/07/23).

出了二人世界，被误导的警方和被愚弄的公众均为这一出闹剧埋单。尽管本文前四部分对第一方披露外部性的社会福利意义并未提出明确的规范立场，但结合不完美的个人声誉评价系统在现实中被日益广泛应用这一背景。第五部分试图指出，第一方披露外部性可能因诱发或加剧披露竞争而产生认知损失和资源浪费等社会成本。这一尝试性讨论的落脚点进一步提示隐私研究如何从自愿披露切入以重新理解信息隐私的社会意义。第六部分对全文做简短总结。

二、信息隐私领域的外部性

（一）作为第三方外部性的隐私损害

Warren 和 Brandeis 以及之后的 Prosser 在早期建构隐私权的工作中着力将由媒体侵入私人生活空间造成的私人和社会损害归入侵权法应予救济的范畴。① 由此，隐私侵害与其他领域中的侵权损害一样，在经济分析的意义上可以被理解为因交易成本等原因而未能被行为主体纳入自身效用算计的外部成本。② 在更为现代的信息社会语境中，作为大规模个人信息收集、存储和使用主体的政府和企业被视为个人信息市场中外部性问题的主要来源。一些论者将这类问题与工业生产造成的环境污染类比：政府与企业在收集、处理、使用个人信息的过程中，制造了包括个人信息泄露、滥用在内的风险和损害，如同废气废水，而相关成本至少部分由交易之外的公民和消费者承受。③ 这类讨论中常

---

① See Samuel D. Warren & Louis D. Brandeis, "The Right to Privacy", *Harvard L. Rev.* 4, 1890, pp. 193, 195 – 213; William L. Prosser, "Privacy", *Cal. L. Rev.* 48, 1960, p. 338.

② Robert D. Cooter & Thomas Ulen, *Law and Economics*, 5 ed., p. 325.

③ Dennis Hirsch, "Protecting the Inner Environment: What Privacy Regulation Can Learn From Environmental Law", *Ga. L. Rev.* 41, 2006, pp. 1, 23; James P. Nehf, "Recognizing the Societal Value in Information Privacy", *Wash. L. Rev.* 78, 2003, pp. 1, 74 – 81. 此外，从第三方外部性的角度对政府行为（如刑事侦查）造成的隐私侵害所做的分析，See Orin S. Kerr, "An Economic Understanding of Search and Seizure Law", *U. Pa. L. Rev.* 164 (*forthcoming* 2016), *available at* SSRN: http://ssrn.com/abstract = 2633841。

见或论者常用的直观例子是商家在经营活动中对消费者个人信息(如姓名、地址、生日、性别等)进行的收集、使用和出售:[①]商家A在其与消费者C的交易中收集了后者的个人信息,并将其出售给商家B,A和B之后均利用该信息向C投放定向广告和推销要约,并可能借助该信息对C实行价格歧视。商家A的收集行为、A与B的交易行为以及A与B使用信息的行为,增加了消费者C个人信息遭泄露、滥用的风险,在特定条件下价格歧视也会增加C获取产品和服务的成本,而投放定向广告的行为本身也可能构成违背C本人独处(seclusion)意愿的骚扰——C负担的这些有形和无形成本均可视为A与B的行为制造的负外部性,也即前文定义的信息隐私领域中的第三方外部性。

扩展来说,信息经济学文献有时也将第三方外部性问题更细致地区分为直接外部性和间接外部性。[②] 直接外部性通常指信息主体因第三方侵入其私人生活空间或披露其私密信息而承受的损害——既包括隐私学者经常讨论的尊严(dignity)、自主(autonomy)、独处(seclusion)等主观性较强的价值或道德情感受到的伤害,[③]也可能包括为消除名誉损害、清除垃圾邮件而产生的机会成本。间接外部性则出现在第三方收集并利用个人信息对不同信息主体基于某些属性加以区别待遇(discrimination),从而造成一些信息主体福利受损的情形中。[④] 例如,在其个人信息被收集和使用之后,信息主体可能相比之前需要为相同产品或服务支付更高价格,或干脆被拒绝提供相关产品或服务,在就业市场

---

① See Hal Varian, "Economic Aspects of Personal Privacy", in William H. Lehr & Lorenzo Maria Pupillo eds., *Internet Policy and Economics* 101, 2009, pp. 101 - 3.

② Kai-Lung Hui & I. P. L. Png, "Economics of Privacy", in T. Hendershott ed., *Economics and Information Systems* 471, 2006, pp. 476 - 85.

③ 一张包含许多此类价值的长得夸张的清单,See Daniel Solove, *Understanding Privacy*, 2010, p. 98。

④ 当这类区别待遇包含对特定人群拒绝提供服务时,在互联网语境中就被称为"依网划线"(weblining),其词源是20世纪60年代美国民权运动时代对消费和服务类企业自动将城市中心黑人社区划在服务区域范围以外的做法,后者被称为"划红线"(redlining)。See "Redlining", Wikipedia, https://en.wikipedia.org/wiki/Redlining (last visited 2015/07/23).

中被压低薪酬或失去机会，在婚姻市场上降低吸引力，等等。[①] 基于这一视角，可以看到与第三方外部性相联系的隐私损害涉及意义较为宽泛的各类个体效用损失，而“隐私”因此被理解为一种中介性概念，隐私侵害和隐私保护最终指向的是支撑隐私概念的诸多实体性物质或精神价值。[②]

（二）隐私损害的规制

如果可以将信息隐私问题理解为外部性，那么对隐私损害的法律规制思考也可以在一定程度上参照环境法语境中对“规制”“责任”和“产权”等治理进路的讨论：制度设计者可以选择直接限制制造外部性的行为、就相关行为征收庇古税、通过设定侵权责任寻求外部成本的内在化、借助明确产权、降低交易成本的方式促使利益相关方寻求协议安排，等等。[③] 现实中尽管有不同侧重，但各国的信息隐私保护制度通常会对规制外部性的多种制度工具做综合运用：第一，在私法层面，侵权法一般都会提供隐私侵权救济；第二，在政府规制的广泛领域中，信息主体就其个人信息常被赋予选择权，据此其本人可以在不同程度上控制个人信息是否以及如何被他人收集、使用和披露；第三，在涉及敏感个人信息的领域，法律法规对他人个人信息的收集、使用和披露行为则有可能做出更加严格的限制，甚

---

① See Kai-Lung Hui & I. P. L. Png, “Economics of Privacy”, in T. Hendershott ed., *Economics and Information Systems* 471, 2006, pp. 476 – 80.

② 隐私理论界早期曾有学者提出过较彻底的还原论（reductionism），认为“隐私”（privacy）概念本身并无太多有意义的实质内容，因此在法律应尽可避免使用这一概念，直接讨论相关的其他实体权利。See Judith Jarvis Thompson, “The Right to Privacy”, *Phil. & Pub. Affs.* 4, 1975, p. 295. 还原论在晚近据说影响力日减，但流行的隐私多元论（pluralistic privacy）在笔者来与还原论的差别不大，多元论者同样承认隐私的实质是一系列围绕个人信息发生的利益和价值关系，只是他们并不认为应该摒弃隐私这一包容性很强又约定俗成的概念本身而已。See Daniel Solove, *Understanding Privacy*, 2010, p. 98，以及 Neil Richards, *Intellectual Privacy: Rethinking Civil Liberties in the Digital Age*, 2015, p. 9。

③ See Dennis Hirsch, “Protecting the Inner Environment: What Privacy Regulation Can Learn From Environmental Law”, *Ga. L. Rev.* 41, 2006, pp. 30 – 48. 有关这些基本的规制机制设计的一个综述性介绍，see Jonathan B. Wiener & Barak D. Richman, “Mechanism Choice”, in Daniel A. Farber & Anne Joseph O'Connell eds., *Research Handbook on Public Choice and Public Law*, 2010, pp. 363 – 396。

至在立法上予以禁止。[①] 侵权法上的救济旨在通过责任将外部成本内在化,保护选择权的规制本质上相当于赋予信息主体以产权作为交易的起点,而针对收集者和使用者更直接的限制和指令则是规制干预的进路。

不同国家信息隐私规制模式之间的结构性区别,也可以从隐私侵权救济的力度、信息主体个人选择/控制权的强弱以及选择权之外的实体性限制的多少等方面进行考察。以研究者关注较多的美国模式和欧洲模式之间的比较为例,通说认为,美国的隐私侵权救济力度有限,强调信息主体本人采取措施保护信息、承担自愿披露风险,隐私利益在纠纷中经常被认为重要性次于包括信息流通效率在内的其他社会利益;除了分散、有限的规制领域中制定较为严格的实体性信息隐私规范外,在更多的领域主要以通知和默示同意等程序性个人选择机制作为主要规制手段,并信任行业自律能够为随着市场和技术发展不断演变的信息隐私问题找到最优解决方案。相比之下,欧洲的侵权法救济力度较强,隐私利益被视为基本人权,其法律地位至少不亚于言论自由;而个人信息保护规制中,信息主体被赋予的控制权范围更广,力度更强,信息处理者为收集、使用信息而需要获得的"同意"门槛通常更高,需要信息主体积极、明确地做出意思表示,并且在个人选择之外,权威规制当局也更倾向于根据立法中包含的实体标准和规范对个人信息收集、使用和披露的行为加以直接干预。[②]

在信息隐私领域的许多比较研究中,美国模式因对隐私利益的保护不足而一直遭到不少欧美隐私学者诟病。后者认为过度依赖个人选

---

① 如基因信息[典型的禁止收集和使用基因信息的立法如美国2008 年通过的《基因信息反歧视法案》(Genetic Information Nondisclosure Act)]。

② 比较法方面的讨论,参见 Joel Reidenberg, "Resolving Conflicting International Data Privacy Rules in Cyberspace", *Stan. L. Rev.* 52, 2000, p. 1315; Joel Reidenberg, "E-Commerce and Trans-Atlantic Privacy", *Hous. L. Rev.* 38, 2001, p. 717; James Q. Whitman, "The Two Western Cultures of Privacy: Dignity Versus Liberty", *Yale L. J.* 113, 2004, p. 1151; Paul M. Schwartz & Daniel J. Solove, "Reconciling Personal Information in the United States and European Union", *Cal. L. Rev.* 102, 2014, pp. 877, 880. 有研究者指出欧洲的个人信息保护立法最早其实受美国官方提出的《公平信息实践准则》思路的影响,但欧洲更全面地推动了实体规范和集中监管。See Francesca Bignami, "European Versus American Liberty: A Comparative Analysis of Anti-terrorism Data-Mining", *B. C. L. Rev.* 48, 2007, pp. 609, 682 - 86.

择、“自担风险”的规制进路不现实地假设了信息主体有能力准确全面地认知有关选择对自身福利的影响,也没有充分考虑到普通人基于成本理由放弃在每次浏览网页、操作应用或参与其他交易时认真查阅相关条款的“理性无知”(rational ignorance)倾向。[①] 因此,如果信息隐私规制的目标是最小化作为第三方外部性的隐私损害,那么对信息主体提供形式或程序意义上的选择自由、允许“默示同意”或“选择退出”(opt-out)是不够的。

强化隐私保护的一个选项是全面提高信息收集和使用之前获得信息主体“同意”的要求,例如,不承认默示同意的效力,而是要求信息主体必须在获得足够通知的基础上做出“积极”或“明确无误”的意思表示。在个人信息收集、处理规模日益庞大的市场条件下,这种强化的“知情同意”规范的真正效果,与其说是保护消费者选择,不如说是大幅增加了第三方收集、使用、披露信息主体个人信息的成本,由此使相关行为的水平和隐私损害的规模受到抑制。而强化“知情同意”之外,规制者当然还可以更积极地以社会利益判断为基础,确立实体性的行为规范或标准,甚至运用更为“父爱主义”的干预性规制手段,例如,根据敏感性对不同种类的个人信息做出区别,严格限制甚至禁止对某些敏感个人信息的收集和使用。一般而言,可以认为欧洲当前的规制模式结合运用了上述两种规制进路。尽管一些学者认为欧洲模式仍未能跳出知情同意的窠臼,特别是许多立法赋予信息主体的实体性权利,理论上仍可以在同意的基础上被放弃,[②]但欧洲监管当局对“自愿同意”

---

① See Paul M. Schwartz, "Commentary, Internet Privacy and the State", *Conn. L. Rev.* 32, 2000, pp. 815, 822; Fred H. Cate, "The Failure of Fair Information Practice Principles", in Jane K. Winn ed., *Consumer Protection in the Age of the Information Economy* 343, 2006, pp. 360 – 65; Aleecia McDonald & Laurie Faith Cranor, *The Cost of Reading Privacy Policies*, *ISJLP* 4, 2008, p. 541; William McGeveran, *Disclosure, Endorsement, and Identity in Social Marketing*, *U. Ill. L. Rev.* 2009, pp. 1105, 1158 – 59.

② Fred H. Cate, "The Failure of Fair Information Practice Principles", in Jane K. Winn ed., *Consumer Protection in the Age of the Information Economy* 343, 2006, p. 360.

向来持有的怀疑态度[①]意味着信息收集者和使用者通常很难偏离法律设定的实体行为标准。而目前处于立法程序最后阶段的《欧洲一般性数据保护条例》(General Data Protection Regulation)草案中,第 7 条第 4 款已明确规定,如果信息主体与信息控制者之间存在严重的地位不均衡,那么同意将不能作为信息控制者开展信息处理行为的法律依据。[②]这一条款的概括和原则性使其未来的适用空间将可能非常宽广,而这无疑昭示着"知情同意"规范在欧洲模式中地位的进一步衰落。

(三)隐私损害和隐私规制的社会福利意义

理解隐私损害和信息隐私规制的社会福利意义——包括效率后果和分配后果——是信息隐私经济分析的难点。不难看出,"负外部性"的经济学定义本身已经隐含了某种分配性的社会福利后果:当具体的信息隐私侵害出现时,财富转移在最直观的层面上首先会在失去个人信息控制的信息主体和获取有价值个人信息的信息收集者与使用者之间单向度发生。但如果从社会或市场的宏观视角考虑信息隐私问题,可以看到隐私利益受影响的群体内部均存在高度异质性,因此系统层面的分配后果有时并不直观。例如,Strahilevitz 曾在一个尝试性的分析中指出,对公众人物隐私给予更强保护,其效果不单是有助于名人对抗狗仔队,而且其隐蔽的分配性效果可能是普通老百姓将更少接触到未经名人刻意雕琢的花边新闻,而身处上流社会的精英人士则能够靠

---

① Paul Schwartz & Daniel Solove, *Information Privacy Law*, 5 ed., 2014, p. 1161. See Hunton & Williams LLP, "The Proposed EU General Data Protection Regulation: A Guide for In-house Lawyers", Jun. 28, 2015, p. 28, available at https://www.hunton.com/files/Publication/e148d184-7b15-4e62-b295-0febc750f64d/Presentation/PublicationAttachment/f0ccd336-9871-4fba-b0ee-9e4bee319d37/Hunton_Guide_to_the_EU_General_Data_Protection_Regulation.pdf (last visited 2015/07/23).

② Proposed General Data Protection Regulation, Art. 7(4), See Commission Proposal for a Regulation of the European Parliament and of the Council on the Protection of Individuals with Regard to the Processing of Personal Data and on the Free Movement of Such Data (General Data Protection Regulation), COM (2012) 11 final (Jan. 25, 2012), available at http://ec.europa.eu/justice/dataprotection/document/review2012/com_2012_11_en.pdf. (last visited 2015/07/23)。一些评论者尤其预测在劳动关系中雇佣方可能无法再以劳动者的同意作为处理信息的基础。See Hunton & Williams LLP, 上注①。

"圈内"社会关系获得一手素材,由此形成精英和百姓之间的信息鸿沟;又如对犯罪前科信息的保护,虽然直观上可以避免雇主在招工时歧视刑满释放人员,提升后者总体福利,但在美国的语境中,雇主有可能基于黑人男性中有前科者比例较高这一统计事实而通过拒绝雇用黑人来避免雇用刑满释放人员,这使得对犯罪前科信息的保护造成了黑人男性群体受损、白人刑满释放人员受益这一多少令人意外的分配后果。①

虽然信息隐私及其规制的分配性后果有时相对隐蔽,但足够精细的分析仍有可能将其揭示出来。而经济分析看重的效率(社会总体福利的增减)后果在信息隐私领域却更难有定论。Posner 和 Stigler 等人的早期观点认为保护个人信息隐私是无效率的,因为隐私保护会妨碍信息流通,制造机会主义行动(如欺诈)的空间,由此导致市场无法通过精确匹配提高效率、造成或加剧信息不对称、破坏个体投资有价值人力资本的激励等问题。② 后续的经济学研究指出芝加哥学派的这些早期分析大面上看似正确,但远不完整。Hermalin 和 Katz 指出,保护信息隐私虽可能不利于事后(ex post)效率,但却有利于实现事前(ex ante)效率,例如,投保人个人信息披露的不完全是某些保险市场存在和实现社会福利更优的前提,而在医疗、法律服务等领域,隐私则是服务市场存在的基础。③ 此外,经济分析的一个共识是,在允许对个人信息进行较多收集和使用的制度条件下,厂商会倾向于使用价格歧视,而价格歧视的效率意义通常是模糊的,④不一定会在促使交易剩余从消费者转移至商家的同时提升社会总体福利。例如,由于特定市场缺乏

---

① Lior Jacob Strahilevitz, "Toward a Positive Theory of Privacy Law", *Harv. L. Rev.* 126, 2013, pp. 2010, 2013 – 21.

② Richard A. Posner, "The Right of Privacy", *Ga L. Rev.* 12, 1978, pp. 393, 394 – 403; Richard A. Posner, "Privacy, Secrecy, and Reputation", *Buff. L. Rev.* 28, 1979, pp. 1, 7 – 24; Richard A. Posner, "The Economics of Privacy", *Am. Econ. Rev.* 71, 1981, pp. 405, 405 – 9; George J. Stigler, "An Introduction to Privacy in Economics and Politics", *J. Legal Stud.* 9, 1980, pp. 623, 629 – 31.

③ Benjamin E. Hermalin & Michael, L. Katz, "Privacy, Property Rights & Efficiency: The Economics of Privacy as Secrecy", *Quant Market Econ.* 4, 2006, pp. 209, 212 – 13.

④ Lars A. Stole, "Price Discrimination and Competition", in M. Armstrong & R. Porter eds., *Handbook of Industrial Organization* 3, 2007, p. 2229.

价格弹性等原因,厂商有可能根据其获取的个人信息将某类消费者完全排除在其服务对象之外,即使由此造成的市场规模缩减并不符合总体效率的要求。① Taylor 等还指出,当厂商被允许不受限制地在一个市场中收集消费者信息并将其转售给另一个市场中的其他厂商时,前者可能过度投入信息收集而过少服务潜在客户(例如,为准确收集高收入消费者信息而人为提高产品定价),其私人利润和消费者福利损失相抵后的社会净收益可能是负的。② 如果不能提高总体社会福利,放任对个人信息的收集和使用只是导致财富再分配,而为收集和使用信息本身投入的资源则构成了浪费。③

更重要的是,不难看到前述效率分析中"隐私"被较为狭隘地理解为信息主体策略性地保守秘密,而前文提到,作为第三方外部性的隐私损失涉及的价值可能超出纯粹的物质或经济利益。如果在福利分析中将隐私视为个人的某种内在主观偏好——例如,接受 Whitman 等人讨论的基于尊严、自主或自由等文化价值的隐私观念④——那么隐私和隐私规制对社会总体福利的意义就会具有更大不确定性。对于这一点,不妨以"不得不说的故事"一类纠纷举例,由此向下文对第一方披露外部性的讨论进行过渡:女写手出版纪实文学,浓墨重彩地描述本人在疾病影响下的性生活细节,其间自然有前男友出场,而美国法院判定此类作品具有帮助人们理解亲密关系中女性视角的重要社会价值,胜过前男友隐私利益,因此对后者不予救济。⑤ 作为对比,教会的热心大妈在私人网页上介绍其同教区教友的情况,其间顺带说起一位教友腿部有恙,瑞典当局根

① Benjamin E. Hermalin & Michael, L. Katz, "Privacy, Property Rights & Efficiency: The Economics of Privacy as Secrecy", *Quant Market Econ.* 4, 2006, pp. 209, 212.

② Curtis R. Taylor, "Consumer Privacy and the Market for Customer Information", *RAND Journal of Economics* 35, 2004, p. 631.

③ Jack Hirshleifer, "The Private and Social Value of Information and the Reward to Inventive Activity," *Am. Econ. Rev.* 61, 1971, pp. 561, 563 – 566.

④ James Q. Whitman, "The Two Western Cultures of Privacy: Dignity Versus Liberty", *Yale L. J.* 113, 2004, p. 115. 或许出人意料地,Posner 在其司法判决中也曾采纳过类似的基于人格尊严的隐私概念。See Northwestern Memorial Hospital v. Ashcroft, 362 F. 3d 963, 929 (7th Cir., 2004).

⑤ See Bonome v. Kaysen, 17 Mass. L. Rptr. 695 (2004).

据本国个人信息保护法律对大妈提起刑事检控,而欧洲法院认为该检控完全符合《欧洲数据保护指令》的精神,因为被告行为已触犯了有关处理他人敏感信息(医疗信息)的禁令。① 在"中立客观"的意义上评判这两种迥异的信息隐私规制进路何者更有利于社会福利最大化,乍看或许不难,其实并不容易,因为如果相关判决确实体现了有关言论自由和隐私的社会性偏好,那么在各自的语境中它们可能都是最优的;或者说,隐私信息披露的社会最优规模对于美国社会来说可能要远远高于某些欧洲社会。

因此,在信息隐私领域谈论社会福利最大化,不但需要谨慎,而且更需要诚实即分析者应意识到自身可能怀有的规范前见。相比之下,非后果主义的隐私学者在论证信息隐私保护的正当性时,或者将"隐私"及其包含的其他价值做义务论处理,或者假定当前(甚至从前)技术条件下的隐私规模为最优,而威胁隐私的新技术出现时,法律以维护既有均衡为目标。② 这样的论证当然有明显的局限,但反过来,同样没有足够强的后果主义理由让人们确信更少隐私的均衡一定比当下更好。本文无法也不试图在一般意义上解决隐私理论面临的规范分析困难。这里希望达到的目的是有限的,也就是通过在抽象理论分析的层面对以第一方披露外部性的隐私问题和可能规制思路的识别和讨论,为进一步针对具体制度的福利分析提供基础。

三、第一方披露外部性:机制

这一部分描述造成第一方披露外部性的两种信息机制:间接披露

---

① Judgment of the Court of 6 November 2003 in Case C - 101/01 (Reference for a preliminary ruling from the Göta hovrätt): Bodil Lindqvist, OJ 2004 C7/3. 美国侵权法则甚至明确认为完全相同的信息(腿伤)并算不得是隐私,因为一个讲理的人(reasonable person)不会因这类信息被披露而感到被严重冒犯。Restatement of Torts §652D (comment c). 当然,美国法上仅限对医疗机构适用的 HIPPA 等制定法和行政法规对医疗信息的保护做了一揽子规定,医疗机构未经通知许可不得披露病人任何类型的医疗信息。

② Jerry Kang et al., "Self-Surveillance Privacy", *Iowa L. Rev.* 97, 2012, pp. 809, 824 - 25.

和披露瓦解。由这两类机制导致的信息隐私问题,之前在法律研究和实践中处于相对边缘的地位,①但随着社会信息环境中一些结构性技术变量的出现,这一状况也将发生变化。此处讨论的结构性技术变量主要包括社交网站(social networking sites)和大数据(big data)。社交网站泛指供用户建立、维护、发展人际关系、交换信息、组织活动的包括硬件、软件、服务和应用等要素的互联网平台。② 社交网站兴起的一个后果是作为社会事实的人际关系网络(interpersonal networks)的拓扑结构获得可视化,这对人际交往行为的观测和开展以及人际社会规范的形态和机制均产生了较大影响。而"大数据"向来没有完全一致的定义,③这里采用较常见的宽泛界定即泛指人类社会已经和正在掌握的对海量、即时、多变的各类信息进行收集、集成和处理的能力。④ 通常认为大数据的最重要构成要素有两方面,一是持续高速扩容的大数据库,其基础数据来源于人们日常生活中所有已经或正在被数字化的活动和交易,包括由社交网络和物联网等提供的传统技术条件下无法被直接并可靠观测和收集的信息;二是不断增强和改进的计算能力与分

① 少数涉及类似机制的案件都发生在特殊的事实和制度语境中。例如,Doe v. Quiring 案中,州法要求公开披露性侵前科犯信息时注明其具体犯罪类别,而一位"乱伦犯"的女儿对此表示反对,因为公众基于这样具体的披露能够推测出其本人是性侵行为的受害人。See Doe v. Quring, 686 N. W. 2d 918 (S. D. 2004). Quiring 案中隐私纠纷的实质可以理解为间接披露造成的第一方披露外部性——虽然该案中父亲的披露是法定的,但有学者指出,从父亲的个人利益角度出发他可能倾向于披露乱伦这一具体罪名,因为经验证据表明乱伦犯的再犯概率大大低于其他一般性侵犯,人身危险性低,因此邻里不必像防范其他性侵犯那样对其采取鼓励。See Lior Jacob Strahilevitz, "Collective Privacy", in Saul Levmore and Martha Nussbaum eds., *Offensive Internet: Speech, Privacy and Reputation* 217, 2011, p. 231.

② See "Social networking service", Wikipedia, *available at* https://en.wikipedia.org/wiki/Social_networking_service (last visited 2015/07/23).

③ See Viktor Mayer-Schönberger & Kenneth Cukier, *Big Data: A Revolution that Will Transform How We Live, Work, and Think*, 2013, p. 6.

④ "Big Data: Seizing Opportunities, Preserving Values", Executive Office of the President, May 2, 2014, p. 2, available at https://www.whitehouse.gov/sites/default/files/docs/big_data_privacy_report_may_1_2014.pdf (last visited 2015/07/23). 类似的理解见 Ira Rubinstein, "Big Data: The End of Privacy or a New Beginning?", *Int'l Data Privacy L.* 3, 2013, pp. 65, 74。

析算法,其作用在于实现"海底捞针"式的信息搜寻和"一叶知秋"式的个体及社会行为趋势预测。大数据和社交网络的广泛应用使个体之间形成了更为普遍的围绕个人信息发生的利害相关关系。正如工业化造成物理生活空间的拥挤使个人起居对他人造成影响的概率增加,新的信息环境下,个体信息利益的日渐紧密交织为第一方披露影响第三方信息利益创造了更多可能的机制。

(一)间接披露

间接披露作为第一方披露外部性的产生机制,原理十分简单。前文"自拍的极端分子"一例中,虽然自拍者在社交网站上发布的信息并不包括 ISIL 指挥部的精确定位数据,但美军通过综合分析自拍者披露的信息和美军掌握的其他来源的背景数据,间接实现了对指挥部的快速定位。如果将自拍的极端分子与轰炸中丧命者及 ISIL 组织(尽管可能是反事实地)视为效用函数相互独立的利益主体,那么自拍者对其本人信息的披露,基于间接披露机制造成的外部性是后者付出的血的代价。军事领域中依赖既有数据和分析推论方法生成无法直接获取的信息,是情报工作的常态而非例外。① 但极端分子显然不是自拍活动的唯一爱好人群。在民用领域中,基于现有面部识别技术和海量图片数据库,任何个体如果对外发布本人与他人合照,即使只披露本人身份,同在照片中的其他人身份被识别、敏感个人信息被获取的概率也会显著提高。②

海量信息的存储和集成以及数据分析的广泛运用使个人信息的间接披露正变得日益频繁、普遍。在消费市场中,利用大数据在第一方披

---

① 事实上,美军之前据报道曾犯过类似的错误:2007 年曾有四架美军阿帕奇直升机在伊拉克被武装人员摧毁,后者利用了美军士兵在互联网上发布的具有地理定位标识(geotagged)的图像发现了这些直升机。See "How Your Tweets Reveal Your Home Location, MIT Technology Review", Mar. 21, 2014, available at http://www.technologyreview.com/view/525741/how-your-tweets-reveal-your-home-location/.

② 有关利用机器算法和海量公开图片数据进行面部识别的原理和当前的技术能力,参见 Alessandro Acquisti, Ralph Gross and Fred Stutzman, "Face Recognition and Privacy in the Age of Augmented Reality", *J. Privacy & Confidentiality* 6, 2014, p. 1, available at http://repository.cmu.edu/jpc/vol6/iss2/1https://www.blackhat.com/docs/webcast/acquisti-face-BH-Webinar-2012-out.pdf (last visited 2015/07/23)。

露的基础上间接获取第三方个人信息的经典例子,无疑来自人们耳熟能详的营销场景:通过使用Google搜索引擎搜索婴儿尿布和童装,一个年轻孕妇向Google和Google的营销合作者披露了本人的潜在消费需要,而大数据不但可以推测该消费者本人怀孕,而且可以结合从社交网站等来源获得的其他数据识别出该孕妇即将成为祖母的婆婆,并向后者发送尿布广告——即使后者从未将自己即将"升级"的信息披露给任何人,甚至本人都还不知情。①

社交网站是大数据的一个重要数据来源。由于社交网站将用户人际关系网络的拓扑结构可视化,第一方披露的信息可以更容易地在社会网络理论(social network theory)研究的基础上被用于对与其处于相同或临近网络的第三方信息进行推论分析。例如,研究者发现通过观察一个人社交网络中男同性恋、肥胖症患者、吸烟者的数量,可以有效地预测他本人是否也是同性恋、患肥胖症或有烟瘾。②换个角度来看,如果一个人的网络中有一些勇于正视自我、挑战社会偏见的朋友,后者对外自愿披露本人身份,可能导致前者也无法再继续选择低调。所谓"说者无意,听者有心"——如果"听者"有能力运用数据分析工具,那么"说者"的独白也完全可能导致他人的隐私暴露。

随着高质量基础数据日益增加,机器算法不断改进,需要信息的相对方绕开直接针对信息主体的信息收集努力,利用算法推测间接获取个人信息的能力会越来越强。海量个人信息持续进入大数据处理过程作为既成事实,不能单方面归咎于政府管理、商业经营及消费服务等诸领域中信息收集者和使用者的攫取,因为大数据库形成的过程本身往

---

① Charles Petersen, "Google and Money!", *N. Y. Rev. of Books*, Dec. 9, 2010, available at http://www. nybooks. com/articles/archives/2010/dec/09/google-and-money/ (last visited 2015/07/23).

② See Matthew Moore, "Gay Men 'Can Be Identified by Their Facebook Friends'", *The Telegraph*, Sept. 21, 2009, available at http://www. telegraph. co. uk/technology/facebook/621359o/Gay-men-can-be-identifiedby-their-Facebook-friends. html (last visited 2015/07/23); Clive Thompson, "Are Your Friends Making You Fat?", *N. Y. TIMES*, Sept. 13, 2009, *available at* http://www. nytimes. com/2009/O9/13/magazine/13contagiont. html? _r = 1&pagewanted = all (last visited 2015/07/23).

往也是无数信息主体自愿通过分享信息提升自身福利的过程，如公民向政府披露信息以获取公共服务，消费者向厂商披露信息以便后者更有效率地向其提供产品和服务，等等。而在这一过程中，信息主体自愿披露个人信息的行为不再只是为本人的"数字档案"（digital dossier）提供"素材"，同时也在为应用于整个社会的"超大型元数据计算机"（big metadata computer）"添砖加瓦"。① 换言之，大数据通过某种自我反馈机制处于持续增长的状态。

在逻辑上推到极致，这可能意味着我们每个人所做的任何信息披露行为，最终都会造成他人信息被间接披露；信息主体披露的部分个人信息，会在其并不知晓的情况下首先会被用于通过算法推论生成有关本人的各类其他信息，②而间接生成的本人信息随后又可以继续用于生成他人信息。例如，用户若将自身收看电视节目时的习惯和偏好提供给内容服务商，这些信息通过分析便可以用来推测其本人的政治倾向，③并由此与其他数据结合推测其人际网络中其他成员的政治倾向；而如果他使用信用卡购买用来保护自家木质地板的椅子脚包垫，获得这一消费行为信息的信用卡公司也可以此为依据推测其信用风险，④并进而推测其社交网络中其他成员的信用风险。⑤ 当

---

① Neil M. Richards & Jonathan H. King, "Big Data Ethics", *Wake Forest L. Rev.* 49, 2014, pp. 395－97.

② 一个"分步操作"的例子，See Alessandro Acquisti, Ralph Gross and Fred Stutzman, "Face Recognition and Privacy in the Age of Augmented Reality", *J. Privacy & Confidentiality* 6, 2014, pp. 9－11, available at: http://repository.cmu.edu/jpc/vol6/iss2/1https://www.blackhat.com/docs/webcast/acquisti-face-BH-Webinar-2012-out.pdf (last visited 2015/07/23)。

③ Bill Carter, "Republicans Like Golf, Democrats Prefer Cartoons, TV Research Suggests", *N. Y. Times Media Decoder*, Oct. 11, 2012, *available at* http://mediadecoder.blogs.nytimes.com/2012/10/11/republicans-like-golf-democrats-prefer-cartoons-tv-research-suggests/? smid = tw-nytimes (last visited 2015/07/23).

④ Charles Duhigg, "What Does Your Credit-Card Company Know about You?", *N. Y. TIMES*, May 12, 2009, *available at* http://www.nytimes.com/2009/05/17/magazine/17credit-t.html? pagewanted = all (last visited 2015/07/23).

⑤ Katie Lobosco, "Facebook Friends Could Change Your Credit Score", *CNN Money*, Aug. 27, 2013, *available at* http://money.cnn.com/2013/08/26/technology/social/facebook-credit-score/ (last visited 2015/07/23).

然,由于基础数据规模和质量方面的局限,大数据推论的结果是概然的,故不可能完全替代直接观测和收集,但从趋势上看,信息主体作为本人个人信息来源的重要性正伴随数据推论能力的提高而下降。①

(二)披露瓦解

"披露瓦解"是因第一方披露本人信息而促使他人自愿披露同类信息的机制。博弈论和信号理论学者早先已较为充分地讨论了披露瓦解的机制和条件。② 简要来说,当某一属性在人群中的分布存在"优质"和"劣质"之别时,具备"优质"特征的个体会主动通过披露与该特征相关的个人信息为自己获利,而在信息不对称的市场条件下不主动披露相关信息的个体将被推定具有"劣质"属性,因此后者在均衡状态中也不得不主动做出披露。③

披露瓦解同样涉及利用第一方披露对第三方信息做出推论,但它与间接披露的区别在于当披露瓦解机制发生作用时,许多原本希望保守信息隐私的个体会为避免信息收集者的不利推论而选择主动披露。法律和经济学者早先讨论披露瓦解时认为该机制意味着政府制定和执行的

---

① 例如,研究者借助算法可以基于推特用户发文内容和习惯推测其家庭住址,准确(到户)率最高达64%——虽然看来远不完美,但对一般的商业广告用途来说已经非常可观,并且算法仍然会继续改进。Jalal Mahmud et al., "Home Location Identification of Twitter Users", Mar. 7, 2014, available at http://arxiv.org/ftp/arxiv/papers/1403/1403.2345.pdf (last visited 2015/07/23).

② See Douglas G. Baird, Robert H. Gertner & Randal C. Picker, *Game Theory and the Law*, 1994, pp. 89 – 108.

③ Grossman 和 Hart 在1980年的经典论文中给出的示例,涉及买家面对诸多贩卖成箱甜橙的卖家时的交易场景:假定有一百个小贩,每个人装箱的橙子数量从一到一百不等,而买家从外观无法观察到每个卖家箱子中的具体橙子数量。在这种情况下,买家面对任何一个单独卖家时都只能猜测箱中橙子的数量,以此为依据付款,而理性的猜测通常在平均数上下(如50只)。了解到买家的这种心理,箱中有100只橙子的卖家必定会主动向买家做真实披露,从而使其支付相当于100只橙子的货款。而箱中有99只橙子的卖家同样会如实披露,以保证买家出价时能将自己与其他卖家准确区分开来。如此展开,理论上除了箱中只有一只橙子的卖家之外,其他所有卖家都有动力主动披露,而最后一位卖家是否披露,都无关紧要,因为市场中的信息不对称在此之前已经完全瓦解了。See S. J. Grossman & O. D. Hart, "Disclosure Laws and Takeover Bids", *J. Fin.* 35, 1980, pp. 323, 324; Baird et al.,上注②, pp. 89 – 90。

某些强制披露规则是不必要甚至无效率的。[①] 在信息隐私领域,也有学者曾认为披露瓦解将导致某些隐私保护制度的失效。[②] 例如,当法律规定禁止雇主向求职者索取犯罪前科信息时,如果预见到雇主对这一信息足够重视,则记录清白者会主动披露,而有轻微前科者也不得不主动交底,因为如果拒绝披露,雇主会将他与有更加严重前科者混同对待。[③]

Peppet 等学者近年来提出,“披露瓦解”在信息隐私领域正从一种理论可能逐渐成为现实,因为与大数据相联的诸多技术和市场条件大大降低了曾经限制披露瓦解发生或全面展开的个人信息获取成本、交换成本和验证成本。[④] 例如,求职者虽向来都有足够激励向雇主表明过往“身世清白”,但如果犯罪记录和信用记录等信息被分散保存于不同的信息系统,而数据核验成本对雇主来说又较为高昂,那么雇主很难相信并利用求职者借助自愿披露试图发出的信号。但第三方数据集成和居间服务商大量出现之后,求职者能够以较低的成本就其本人的犯罪记录或其他信用信息获得第三方验证,在此基础上向雇主做出的自愿披露作为信号也因其效度和信度而更可能被接受和使用(一些居间商在推销此类服务时将其称为“简历强化”),[⑤]这时披露瓦解全面展开的可能性才会更高。

类似进展在保险市场中尤为明显。如美国汽车保险公司近年来邀请购买其车险产品的司机自愿加入驾驶行为监测项目,参与者接受在车厢内安装小型电子监控设备,向保险公司提供其驾车行为数据,如出

---

① See Frank H. Easterbrook & Daniel R. Fischel, *The Economic Structure of Corporate Law*, 1991, pp. 280 - 83.

② Richard Posner, “Privacy”, in Peter Newman ed., *The New Palgrave Dictionary of Economics & Law* 3, 1998, pp. 103, 105 - 7.

③ Scott R. Peppet, “Unraveling Privacy: The Personal Prospectus and the Threat of A Full-Disclosure Future”, *Nw. U. L. Rev.* 105, 2011, p. 1155.

④ Scott R. Peppet, “Unraveling Privacy: The Personal Prospectus and the Threat of A Full-Disclosure Future”, *Nw. U. L. Rev.* 105, 2011, pp. 1191 - 95. 又见 David Dranove & Ginger Zhe Jin, “Quality Disclosure and Certification: Theory and Practice” (NBER Working Paper No. 15644, 2010), available at http://ssrn.com/abstract=1537763。

⑤ Peppet,上注④,第 1155 页。

车频率、刹车习惯等,而保险公司以此为依据对参与者提供数额不等的保险费率优惠。① 在医疗保险市场,智能手机和可穿戴电子设备的普及使用户的健康习惯和生理指标可以被实时记录。② 而医疗保险公司可能通过保费优惠等手段诱导投保人使用这些设备,向保险公司提供更精准的风险信息。③ 当低风险的投保人选择主动向保险公司披露这些更加个人化的有关风险类型的信号时,披露瓦解机制预测许多原本无意做出披露的个体也会为避免费率损失而同时跟进。

虽然现有文献较少讨论,但披露瓦解在社交语境中的展开同样值得关注。由于社会规范(social norms)是个体内在属性和外部信号获得"优质"或"劣质"评价的重要依据,如果社交场景中存在具有评价和区分功能的声誉性社会规范,披露瓦解就有可能发生。前文"烦恼的家长"一例中,"有实力"的家长通过积极踊跃的表态向学校老师发出"合作"信号,而其他"实力不济"的家长因此面临的选择是要么跟进表态、勉力"出血",要么保持沉默但由此被推定为"没实力"或"不合作",不但面子受损,甚至忧心自己的孩子遭不利待遇。家长面临的压力源于其预见到披露瓦解的前景,但我们通常不认为学校老师和学生家长发生互动的语境都如此"势利",除非特定师生家长群体中存在基于家庭经济、社会资本对个体进行评价和区别对待的

---

① 例如,Progressive公司推出的"Snapshot"计划,See https://www.progressive.com/lp/auto-snapshot/? code = 8004309007&se = Google&kwd = %2Bsnapshot%20%2Bprogressive&mt = b&psd = c&adnet = g&adid = 24152220050&adpos = 1t1&phone = 80043&srcfrc = true&gclid = CjwKEAjw_MisBRCTuNPfoMqU4ngSJACrJv1Vwetdx1aLiKZbsbYT6mAc04-E3SCnQFNvZu1Kf3m422RoCkE7w_wcB (last visited 2015/07/23).

② Emily Singer, "The Measured Life", *MIT Tech. Rev.*, July/Aug. 2011, *available at* http://www.technologyreview.com/featuredstory/424390/themeasuredlife/ (last visited 2015/07/23).

③ 一些提供消费者生理数据监控设备的公司已经开始寻求与保险公司合作的营收模式。Scott R. Peppet, "Privacy & the Personal Prospectus: Should We Introduce Privacy Agents or Regulate Privacy Intermediaries?", *Iowa L. Rev.* 97, 2012, pp. 77, 91. See Alice E. Marwick, "How Your Data Are Being Deeply Mined", *N. Y. Rev. Books*, Jan. 9, 2014, *available at* http://www.nybooks.com/articles/archives/2014/jan/09/how-your-data-are-being-deeply-mined/ (last visited 2015/07/23).

非正式规范——人们常说的“风气不好”。当这类规范存在于微信应用建构的社交语境中时，群体观察个体披露与否的成本与个体观察其他社群成员披露与否的成本，均被降至极低，曾经可能还有含混余地的“沉默”(“没看见”“没听说”)会被毫无疑义地解读为一种“态度”(“没兴趣”“没办法”)即有关私人信息(private information)的信号。因此，少数成员的披露行为会提高社会规范在当前语境中存在和适用的显著性，引发执行社会规范的动力，而其他成员则由此在相关规范之下面临披露压力。

利用与社会规范相结合的披露瓦解打破人们的“沉默”，是社交网站的基本商业模式之一。社交网络营销经常试图利用人群中主动披露阈值最低的个体开启自愿披露的湍流(cascade)。“不转不是某某人”“我支持某某，你呢”“为某某祈福必须转”之类，无疑是看似拙劣粗暴但未必没有实效的手法。相对精巧的例子则是2015年春节期间腾讯公司推出的微信抢红包游戏。该营销操作的成功可以从许多角度解读，其中之一是将其理解为腾讯借助传统习俗语境中以发红包作为信号确认亲近关系、表达维持关系意愿的社会规范来引发披露瓦解：如果群里其他人都在参与发红包，不发的人会变得显眼，其态度也可能受到不利解读。更不用说光抢不发的，因为游戏一个极巧妙的设定是将每一轮抢红包成功的用户及其抢到的金额都向群组所有成员完全公开。①

因为社会规范语境中的披露瓦解使他人在面对第一方自愿披露时“保持沉默”的成本上升，“保持沉默”的空间缩小，前者在边际上因此将更可能选择包括披露个人信息在内的为相关社会规范所期待的行为。很难断言这种群体压力带来的社会福利后果一定是负面的。“抢红包”或许至少无伤大雅；抱怨“接力冰桶”可能会被认为矫情；甚至拮据的家长因规范压力而不得不表态赞助学校活动，也只能赖他自己太爱面子。但如果考虑到未成年人为避免在同辈中丢面子而跟风参与

① 如果再向前推一步，考虑腾讯借助抢红包游戏获取的包括银行账户在内的大量用户个人信息，则披露瓦解制造的第一方披露外部性的规模显然要更大。

“情色自拍”(sexting),①就不难理解为什么人们经常会对社交网络中利用社会规范制造披露瓦解的现象心存忧虑。

四、第一方披露外部性:隐私规制

这一部分在相对抽象的理论层面考虑第一方披露外部性对现有的信息隐私规制制度会产生怎样的影响。从隐私损害后果的内容来看,第一方披露外部性与第三方外部性大体一致;不难想象,间接披露和披露瓦解都可能造成某些因信息主体个人信息遭披露而产生的直接和间接外部性。但由于其较为特殊的产生机制,可以预见当第一方披露外部性更为频繁和大规模地出现时,以维护现有隐私均衡为目标的信息隐私规制会将重心更全面地从保护选择权转向对信息收集和使用行为的直接干预。

(一)信息隐私法的前景

当隐私损害基于第一方披露外部性的前述两种机制发生时,第一方对本人信息的自愿披露直观上看构成他人隐私损害的来源。但与信息隐私法传统上处理第三方外部性或“不得不说的故事”一类纠纷时采用的思路相比,对间接披露和披露瓦解的法律规制几乎无法从做出自愿披露行为的第一方入手。

侵权法在这些语境中很难启动。虽然第一方披露行为与他人遭受的隐私损害之间仍然可以建立起某种因果联系——假如没有第一方自愿披露,他人的个人信息被信息收集者间接获取和使用的概率在理论上可能会更低,或者如果没有第一方披露,他人原本不需要为避免其他更严重的负面后果而付出主动对信息收集者披露个人信息的代价——但很难想象侵权法可以据此要求第一方就他人损失承担某种赔偿责

① Ysolt Usigan, “Teen Sexting Driven by Peer Pressure, Says Study”, *CBS News*, Sept. 30, 2011, *available at* http://www.cbsnews.com/news/teen-sexting-driven-by-peer-pressure-says-study/ (last visited 2015/07/23).

任。无论是间接披露还是披露瓦解,第一方对披露本人信息可能产生的外部成本往往无法有效预知、预防。如果要求第一方信息主体就其自愿披露行为承担某种过失或严格责任,这意味着社会对个体行为合理性的预期将包括其对大数据原理的某种掌握以及对数据推论技术作为信息环境常量的认知。虽然法律在规范层面上要求普通人了解某些晚近出现并为厂商广泛适用的新技术并非不可想象——cookie 无疑是最近的例子①——但在当前乃至今后较长一个时期内,侵权法恐怕还不可能要求作为信息主体的个体就宽泛意义上的商业和公共大数据应用承担类似程度的注意义务,特别是披露本人信息时预防他人信息利益损害的义务。

在一些领域中,信息隐私法也曾试图利用事前规制的方式对第一方自愿披露本人信息的行为加以限制即“不许说”的规则,例如,美国军队中曾经在同性恋问题上适用的“不许问、不许说”(don't ask don't tell)制度,不仅要求军方征兵时不得询问申请人性取向,而且也禁止公开披露本人非异性恋身份的军人继续在军中服役。② 又如一些追求双向或单向匿名选拔的考试机制通常也可能禁止参与选拔的申请者在考试过程中披露任何可能暴露本人真实身份的信息。③ 就限制信息流动而言,“不许说”的规则比单纯的“不许问”更为有效,因为披露瓦解发生时,信息主体会在无须询问的前提下主动披露信息。但在正式法律

---

① 例如,北京百度网讯科技公司与朱烨隐私权纠纷案(2015)。

② Dep't of Defense Directive No. 1304. 26, Qualification Standards for Enlistment, Appointment, and Induction §E1. 2. 8. 1 (Dec. 21, 1993) (as amended Mar. 4, 1993); National Defense Authorization Act for Fiscal Year 1994, Pub. L. 103 - 160, § 571(a)(1), 107 Stat. 1670 (Nov. 30, 1993) (formerly codified at 10 U. S. C. §654(b)(2)). 需要指出的是“不许问、不许说”的制度并未禁止异性恋军人公开披露本人性取向,因此在这种规范之下披露瓦解仍然可能发生(即异性恋军人公开讨论性取向问题,而沉默不参与者有可能被识别为同性恋)。该制度已于 2011 年被美国政府废止。

③ 这种规定在我国公务员招考制度中较为常见。例如,《关于柘荣县 2015 年新任教师公开招聘考试面试工作的通知》(考生面试概率及注意事项第 4 项),载 http://www.fjzr.gov.cn/jyj/gsgg/webinfo/2015/06/1429683240130561.htm,访问时间:2015 年 7 月 23 日;《阳泉市行政机关 2012 年考录公务员考生面试纪律》第一(4)项,载 www.sxpta.com/download.aspx?fj_id=824,访问时间:2015 年 7 月 23 日。

制度中针对本文个人信息订立"不许说"的规则通常只适用于少数或有限的特殊情形。如果第一方披露外部性成为普遍问题,那么借助"不许说"的规则在广泛而不是狭隘的领域内防范隐私损害,必然意味着对表达自由的大规模限制,这使得相关方案在政治上很难获得足够支持。更重要的是,如果不和"不许用"(don't use)的规制结合运用,信息主体和信息使用者常常可以选用替代性信号进行沟通,"不许说"的限制因此也很难达到通过限制信息流通避免隐私损害发生的效果。①

由此看来,法律对第一方披露外部性的规制恐怕仍然只能从收集和使用信息的第三方入手。除了传统语境中人们已经指出的局限之外,MacCarthy 和 Peppet 在各自讨论中还分别指出,基于保护选择权或"知情同意"的隐私规制模式很难对间接披露和披露瓦解构成限制:在这两种情境中,不仅造成他人信息披露的第一方披露本身是自愿的,而且信息收集者对他人信息的获取,或者因通过算法间接实现而无须该信息主体同意,或者因该信息主体在面对披露瓦解产生的压力时选择主动做出披露而满足了"知情同意"的要求。② 因此,如果从信息隐私法以规制信息损害为基本目标这一内部视角出发,那么可以预见,第一方披露外部性问题的显著化和扩大化,将推动信息隐私法进一步超越通过形式化的"同意"要求来保护信息主体选择的程序性规范,而更多地转向针对信息收集和使用行为的实体性干预规则。

对一些身处美国制度语境中的隐私研究者来说,这意味着美国的信息隐私制度需要向全面与积极规制的欧洲模式转变,甚至在超越选择权模式的方向上走得更远。③ 如前所述,相比于范围有限、姿态被动的美国模式,欧洲模式中包含了更多普遍适用于个人信息收集和使用

① Scott R. Peppet, "Unraveling Privacy: The Personal Prospectus and the Threat of A Full-Disclosure Future", *Nw. U. L. Rev.* 105, 2011, p.1199.

② Peppet, 上注①,第1186-90页。

③ See Paul M. Schwartz, "Privacy and Democracy in Cyberspace", *Vand. L. Rev.* 52, 1999, pp.1609, 1681-87,1697; Fred H. Cate, "The Failure of Fair Information Practice Principles", in Jane K. Winn ed., *Consumer Protection in the Age of the Information Economy* 343, 2006, pp.366-67, 369-74.

行为的实体性规范，诸如对收集和处理行为的最小化要求、目的限制要求以及限制针对个体运用自动/机器算法进行决策的要求等。[①] 尽管欧洲模式在法律架构的形式上仍然赋予信息主体本人同意以重要法律效力，但其对同意的依赖并不像美国那样高，[②]而实践中许多国家监管当局对"明示同意"的强调，使得厂商规避或偏离前述针对收集和使用行为的实体性规范的困难高于美国，因此这些规范的实际效力更接近于刚性干预。这样的规制环境对间接披露和披露瓦解都会产生一定的抑制作用：即使第一方披露客观上会造成他人个人信息脱离其控制，进入实质意义上的公共或半公共空间，但任何人试图对这些信息加以实际收集、处理和利用时，仍面对较高的合规成本，这意味着相关信息处理活动的市场规模及其制造的外部性规模都会相应受限。

这样来看，虽然第一方披露外部性的出现及其潜在影响为信息隐私规制带来了新问题，但对这一问题的规制思考却可能只是更明确地暴露了"隐私的死亡"与"（传统）隐私法的死亡"之间或许无法调和的矛盾。自"二战"后发达工业国家逐步进入信息社会以来，信息主体通过个人选择和控制影响其本人信息隐私保护结果的实际能力，看来正日益衰减甚至趋于消亡，因此隐私理论界一直有很多人鼓吹未来制度发展的方向应是从产权全面转向规制，对占据优势市场地位的信息控制者的行为加以更加直接的干预。正如前文所述，隐私规制的这种未来在欧洲正在成为现实。而正如 Solove 和 Hartzog 观察到的，即使在美国现有的信息隐私规制框架内部，联邦贸易委员会在规制电子商务数据隐私和数据安全的实践中逐渐形成的一套信息隐私规范，同样也已经体现出隐私规制从强调程序性通知和选择迈向实体性标准和结果的趋势；规制者不但要求厂商就其对个人信息的收集和使用向消费者做准确通知和披露，而且也日益关注厂商的收集和使用行为是否在实

---

① 对欧洲模式主要特点的一个基于1995年《数据保护指令》和2012年《一般数据保护条例（建议稿）》的综述，See Paul M. Schwartz, "The EU-U.S. Privacy Collision: A Turn to Institutions and Procedures", *Harv. L. Rev.* 126, 2013, pp. 1966, 1971–76, 1994–2001。

② Ibid., p. 1976.

体的成本收益层面实现消费者和市场总体福利的净增长。[①] 可以预见,随着第一方披露外部性问题的普遍化,强化实体性规范与干预性规制的建议将有望获得更多支持者;如果其在政治上获得成功,那么信息隐私法的私法部分将进一步为公法所取代,而个人的隐私偏好也将会逐渐被通过政治机制形成的社会性价值判断所取代。

(二)规制自愿披露的社会规范:另一种可能

尽管对信息隐私法的未来发展做上述预测,但如前所述,本文不准备对这种法律发展前景的社会福利意义做出明确的分析和判断。与其他以第三方外部性为基础的隐私问题一样,第一方披露外部性及其规制产生的后果在很多时候看来主要是分配性的,而这使得干预与否的决策更多取决于不同群体的政治力量对比。基于边际效用考量的分配正义原则或许可以支持在不影响整体福利的前提下将财富转移给相对弱势群体的规则,但这一目标有时可以通过保护隐私实现,有时却需要通过允许更多信息、更少隐私来实现。

在规范和价值的层面把握隐私法制度设计的"分寸"并不容易,而从社会总体福利——而不仅是隐私保护或维护既有隐私均衡——的角度考虑,干预性更强的隐私规制模式即便是可预见的未来,却不一定同时也是可欲的未来。因此,如果本文的分析和思考在此处终结,难免意犹未尽。即使正式的法律制度和规范的运行轨迹是平淡无奇的,研究者仍然不妨尝试在其他方向上拓宽思路。一个习惯性的方向是对自发生成、分散供给的秩序予以更多关注和考察,看看后者是否能提供额外线索,甚至提示我们一些看来不是那么可能的未来可能。

前文在分析隐私规制从允许信息主体选择向干预信息收集和使用行为转变的趋势时,依据了一个关于法律实施和执行成本的前提,即规制作为信息收集者和使用者的政府和企业,通常来讲比干预个人信息主体的披露行为要更为切实可行。但这一前提在经验上并不绝对。用

---

① See Daniel J. Solove & Woodrow Hartzog, "The FTC and the New Common Law of Privacy", *Colum. L. Rev.* 114, 2014, p.583.

国家集中执行的正式法律干预大量信息主体分散做出的自愿披露行为,无疑极其笨拙甚至缺乏可行性,但分散执行的非正式社会规范未必不能提供某种相对廉价的规制资源。在存在较强组织和集体协调能力的社群语境中,个人的自愿披露行为受他人利益制约的情形,无疑是非常容易想象的。例如,在"自拍门"之后,我们可以想象"伊斯兰国"应当会加强其组织成员的安全和保密意识教育,甚至对违规者采取其招牌式的强制措施。而警察和犯罪团伙据说都有各自的"沉默法典",遇到外部调查和询问时,不但不指认他人,而且也会为保护群体利益而拒绝自行招供,避免给外人提供线索和突破口。①

更为平淡的日常生活中,出于对他人利益的考虑而限制或反对信息主体披露本人信息的规范其实也并不少见。例如,很多社会规范鼓励低调、反对炫耀:在他人面前披露自己收入的行为在很多文化中被认为不可接受;②在学校课堂上"过于积极"举手发言、卖弄学问的学生会遭到其他同学嘲讽和鄙视。③ 还有一些处世规范要求个体在披露本人信息时应尽可能考虑他人感受:在谈论自身家世时,需考虑听者中是否有人有特殊忌讳(如家人亡故等);在一般社交场合避免挑头谈论自己的政治见解,特别是政治正确的见解,以避免持异议者内心尴尬,等等。这些非正式规范在存在某种群体执行机制的语境中,都可能通过限制信息主体的自愿披露行为而对间接披露和披露瓦解机制的作用起到一定的抑制。例如,在一则关于披露瓦解的实证研究中,研究者发现当美国的几百所大学允许报考的学生自主选择是否披露自己的 SAT 成绩时,很多黑人和女性申请人即使在分数中等的情况下也会选择不披露,

---

① See Jerome Skolnick, "Corruption and the Blue Code of Silence", *Police Prac. & Res.* 3, 2002, p. 7; "Omertà," Wikipedia, *available at* https://en.wikipedia.org/wiki/Omert%C3%A0 (last visited 2015/07/23).

② James Q. Whitman, "The Two Western Cultures of Privacy: Dignity Versus Liberty", *Yale L. J.* 113, 2004, pp. 1155-56.

③ 例如,美国法学院学生中将这类人称为"枪手"(gunner),而学生文化中充斥着对"枪手"的嘲讽。See Orin Kerr, "A Historical Perspective on Law School 'Gunners'", *The Volokh Conspiracy*, Apr. 4, 2013, available at http://volokh.com/2013/04/04/a-historical-perspective-on-law-school-gunners/ (last visited 2015/07/23).

而研究者认为这或许就是因为这些群体中存在某种抵制使用标准化考试成绩的非正式规范。[①]

可以想见,这些反对和限制自愿披露的非正式规范在多数时候并不足以有效抑制第一方披露外部性的发生。社会规范的执行力度往往较低,而存在实质经济利益的市场语境中,披露信息的预期收益也常常可能超出信息主体因披露而面临非正式制裁的成本。[②] 但这些规范的存在至少说明,人们在社会生活中通过重复博弈有可能发现第一方披露外部性问题,并做出相应的行为调整。换言之,要求人们在一定程度上将他人因其自愿披露行为而可能遭受的福利损失纳入本人的效用考量当中,绝非天方夜谭。一个比较靠谱的猜测是,由于社交网络营造的社交环境有时与熟人社群重合,因此前述反对披露的社会规范在一些社群中可能已经或者至少潜在可以起到削弱披露瓦解的作用。与“烦恼的家长”一例相对应,现实中或许还有另一种场景:在“风气较好”的师生家长群体中,可能大家在社交应用上交流时也都更为体贴,因炫耀和攀比产生的压力和烦恼由此要少很多。

由于数据推论通常在后台运行,从普通信息主体的视角来看,第一方自愿披露对他人的可能影响在很多时候是隐秘、不透明的,而这是人们往往无法将第一方披露外部性纳入自身效用考量的一个重要原因。反之,如果不同信息主体能够就其围绕同一信息披露行为发生的利害关联获得足够直观的提示,要求顾及他人利益的披露规范就更有可能对人们的自愿披露行为产生影响。这种提示可以通过一些技术手段实现。例如,Zittrain在讨论以第三方外部性为实质内容的“隐私2.0”问题时,曾提出利用所谓“数据谱系”(data genealogy)的原理,通过清晰标识数据源和追踪数据轨迹,使数据的最初发布者在网络流通过程中能够就数据可否以及如何被收集和使用做出意思

---

① Gabrielle Chapman, Michael Conlin & Stacy Dickert-Conlin, “The Economics of Voluntary Disclosure” in *SAT Scores* (Aug. 17, 2004) (unpublished manuscript), available at https://www.msu.edu/~dickertc/301f06/SAT.pdf (last visited 2015/07/23).

② Scott R. Peppet, “Unraveling Privacy: The Personal Prospectus and the Threat of A Full-Disclosure Future”, *Nw. U. L. Rev.* 105, 2011, p.1196.

表示甚至实施某种控制。[1] Zittrain 认为，最初发布数据的信息主体控制后续数据处理的意愿在多大程度上应获得尊重，是长期困扰正式法律的问题，但在互联网版权等语境中，数据谱系技术使得合作的社会规范能够在利益诉求信号明确的重复博弈中出现。[2] 与此类似，不难想象在第一方披露外部性的语境中，如果利用数据谱系技术对第一方自愿披露的本人信息被第三方收集和处理的轨迹以及后果实现追踪，使做出披露的第一方与受其披露影响的其他相关方均就此得到实时或事后获知，那么人们就有可能在这种信息的基础上通过重复博弈，就大数据环境中的第一方披露行为形成某种自发的规范安排。

换言之，通过技术手段将基于大数据的隐秘的利益相关关系公开化，纯粹的陌生人社会在一定程度上将会向更有可能产生自发秩序的熟人社会转化。这听上去有些乌托邦，并且也确实有理由怀疑个体用户在行使网络表达时是否真的会仅仅因为知情便将陌生人的信息利益纳入自身效用考虑，但在最低限度上，不难想象很多人都并不会希望自己对外所做的自愿披露由于大数据的应用而给家人、亲近朋友或紧密社群中的他人造成困扰。例如，基于社交网络信息推测个别用户同性恋、肥胖等敏感信息的案例如果不断增多，那么即使在没有法律干预的情况下，相关利益群体也完全有可能推动服务商就此对隐私条款做特定调整，或提供相应技术设置，就某些敏感推论分析方法的潜在使用对用户在进行自愿披露之前做突出提示。

围绕第一方自愿披露行为的自发秩序是否能够出现，将是未来值得关注的一个发展。如果抑制自愿披露的规范在网络社交语境中确实能够自发产生，那么法律规制的设计可以参考相应规范之下的社会行为均衡，并以之作为基准，由此避免过分激进的干预或过分保守的不作为。而如果规制披露的社会规范能够在一定程度上对保护隐私的法律规范形成替代或补充，全面积极的法律干预模式或许至少不会是信息

---

① Jonathan Zittrain, *The Future of the Internet - And How to Stop It*, 2008, pp. 226 – 28.

② Ibid.

隐私法的全部未来。

五、作为自愿披露问题的隐私

这一部分将继续延伸前文的讨论,思考第一方披露外部性问题对分析隐私和隐私规制的理论启示。如前所述,第一方披露外部性的实质是信息主体对本人信息隐私的处置行为产生的外部福利效果,而其中最容易获得关注的应该是他人信息遭披露这一直接外部性以及因相关信息被使用而产生的间接外部性。但除此之外,披露本人隐私的行为往往还会造成其他一些社会成本,后者有时会被遗漏在以隐私利益增减为焦点的分析之外。

为具体讨论这些社会成本,不妨重温前文第一部分提及的小说《消失的爱人》中的故事情节。小说中,女主人公 Amy 处心积虑地向外界披露了有关本人童年、成长、婚恋等经历的相当私密的个人信息,由此为自己营造了堪称“完美受害者”的公众舆论形象,而丈夫 Nick 为求保命,被迫耗尽资财延请高端专业人士,试图通过公关操作进行防御性声誉维护,指望哪怕无法自证清白,也要尽可能修补形象,减少未来面对刑事陪审团时后者基于无从回避的舆论影响而对自己抱有的成见。在 Nick 终于被警方正式以涉嫌谋杀罪逮捕之后,Amy 却由于看到 Nick 在电视节目中上演的一出“表白心迹”回心转意,重新现身,而小说的结局是夫妻二人自此继续不幸地生活在一起。

如果从第一方披露外部性的角度解读这个故事,不难看到 Amy 披露本人信息的行为产生的直接外部后果正是 Nick 由此遭受的物质和精神损失,其中包括他自身的隐私损失以及被迫为其防御性的媒体公关操作支付的高额花费。但这出高强度家庭纠纷的社会成本不只于此。[①] 首先,Amy 和 Nick 为影响公众舆论和司法认知展开的这场攻防

① 小说中还涉及一条无辜人命,但本文的讨论将不考虑这一情节。

消耗，向社会信息环境中输入了大量干扰、妨碍司法体系和社会公众获得正确认知的信息，导致执法者浪费了资源、旁观者浪费了感情，这些社会成本超出了家庭内部纠纷的范畴。其次，或许不那么直观的是，Amy 和 Nick 之间的激烈对决最终并没有改善任何一方的福利，特别是从 Amy 的角度来看，除了在此过程中感到少许变态的愉悦外，她似乎并未真正通过这一番令人叹为观止的策略性披露操作获得任何回报——无论是把出轨的丈夫置于死地，还是重新找回自己心目中的理想婚姻状态：在故事开始时 Amy 有一个不忠诚的丈夫，而故事结束时枕边人虽不再有外遇，却对其恨之入骨；如果可以认为后者相对于前者至少并无改善，那么 Amy 以及 Nick 在这场策略性披露竞赛中投入的人力和物质资源就都构成了无谓的浪费。

现实中人们为追求私人利益自愿并竞争性地披露个人信息的现象并不少见，这些披露竞争通常不像《消失的爱人》中那样惊心动魄，却同样可能造成前述两类社会成本，即无价值信息过多进入信息环境造成的社会认知成本以及个人披露投资的机会成本。本文关注的第一方披露外部性问题可能构成加剧披露竞争的因素，而对此可以结合正获得日益广泛应用的个人声誉评价系统这一背景加以分析。借用 Citron 和 Pasquale 的说法，基于机器算法的个人声誉评价系统在保险、信贷、劳务、消费、社交等领域的广泛应用，已经将人们全面带入所谓“评分社会”（scored society）。[①] 在“评分社会”中，个体能够获得的各类市场和社会待遇正日益与形形色色的声誉评价系统读他做出的“打分”相联系——信用评分、健康评分、消费习惯评分、性格评分、社交影响力评分甚至赌博倾向评分，等等。[②] 这些五花八门又无所不

① See Danielle Keats Citron & Frank Pasquale, “The Scored Society: Due Process for Automated Predictions”, *Wash. L. Rev.* 89, 2014, p. 1. 有关声誉评分体系在美国兴起的一个简明历史回顾，见 Pam Dixon and Robert Gellman, “The Scoring of America: How Secret Consumer Scores Threaten Your Privacy and Your Future”, *World Privacy Forum Report*, Apr. 2, 2014, pp. 80 – 83, *available at* https://www.worldprivacyforum.org/2014/04/wpf-report-the-scoring-of-america-how-secret-consumer-scores-threaten-your-privacy-and-your-future/ (last visited 2015/07/23)。

② 一个较为详尽的总结，见 Dixon & Gellman, ibid., pp. 42 – 80。

在的个人声誉评价系统的运转以对个人信息的持续和全方位收集为基础,而间接披露和披露瓦解机制对信息收集的贡献当然不难想象。但在逻辑上做进一步前推,Peppet 认为第一方披露外部性——尤其是披露瓦解——①不仅降低了声誉评价系统的信息收集成本,而且也将促成一种被称为"个人广告册"(personal prospectus)的个体信息策略广泛出现。②

"个人广告册"与信息隐私领域中人们此前常说的"数字档案"(digital dossier)概念遥相呼应,后者描述的是数字化时代每个人都有大量个人信息处于被第三方系统性收集、处理和使用而本人却无从知晓、控制的状态。③ "数字档案"对隐私构成较为明显的威胁,而赋予或加强信息主体对数字档案的控制能力则是应对这一威胁的传统规制思路。但 Peppet 指出,数字档案的普遍存在和声誉系统的广泛应用,有可能在背离隐私的方向上改变理性个体的行为选择:即使信息主体原本无意披露某些个人信息,但由于预见到声誉评价系统可能会借助数字档案和机器算法间接获取相关信息或对其做出某种推定,信息主体反而因此会更倾向于主动出击,试图通过主动制作并发布"个人广告册"——自愿披露个人信息——的方式影响声誉评价系统对自己做出的评分决定。④

"个人广告册"作为一种信息策略,其可行性需要一些前提。首先,只有当现实中的声誉评价系统在数据来源、数据准确性和算法推论能力等方面仍存在重要局限时,信息主体才会在数字档案之外掌握无可替代、可以作为有价值信号放入"广告册"的私人信息。⑤ 这

① Peppet 没有讨论间接披露对个人广告册的出现产生的影响。逻辑上,当信息主体预见到他人可能通过间接披露获取其个人信息时,为避免算法生成的错误数据对自身带来的不利影响,信息主体也可能主动披露真实信息。但本文更倾向于将这种情形归为披露瓦解,因为这里信息主体实际上是为避免某种不利推论而选择主动披露。由此可见,正如前文第三部分提示的,第一方披露外部性的两种机制之间存在深层逻辑联系。

② Scott R. Peppet, "Unraveling Privacy: The Personal Prospectus and the Threat of A Full-Disclosure Future", *Nw. U. L. Rev.* 105, 2011, p. 1166.

③ Daniel J. Solove, *The Digital Person: Technology and Privacy in the Information Age*, 2004, pp. 2-6, 13-22.

④ Peppet, 上注②, 第 1177-80 页。

⑤ Peppet, 上注②, 第 1177-78 页。

个前提在某些反乌托邦式的大数据未来场景中或许不成立,①但在当前却仍是基本现实,例如,在没有本人配合的前提下,车险公司尚无法仅凭技术手段精确监测投保人的驾驶行为和驾驶习惯。其次,信息主体需要有能力以足够低的成本向声誉评价系统发送可靠性较高的信号,而如前所述,可穿戴设备等廉价传感器的普及以及数据中间商的兴起使得信度更为可靠的自愿披露在保险等领域中已经出现。Peppet在分析中似乎认为,只要上述基本条件满足,一旦少数"优质"个体率先祭出"个人广告册",其他人也会不得不相继跟进,而在披露瓦解持续展开的过程中,"评分社会"将趋近一个"全披露未来"(full disclosure future),即所有人在所有声誉评价系统面前终将无所保留。

站在隐私的立场上,"全披露未来"当然近乎梦魇,但如果声誉评价系统是中立无偏的,那么"全披露"在理论上应是资源利用效率更高、浪费更低的社会状态,因为社会资源的有效配置将不受信息不对称的制约。对此说法可以提出的最显而易见的反对莫过于质疑何为"中立无偏"的声誉评价系统;说到底,只要是人类设计的算法,都很难做到"中立无偏",②更何况人们甚至对于什么是"中立无偏"都未能达成普遍共识。更现实地来看,一方面,由于声誉评价系统追求某种基于内在品质(merit)的公平(fairness),其分配后果通常并不平等(egalitarian),因此任何声誉评价系统都免不了要面对基于平等立场提出的质疑;另一方面,当人们越发关注声誉评价系统在市场交易和资源配置过程中扮演的角色时,许多系统本身也被发现在中立性、公平性和可靠性方面确实存在超出微妙的哲学辩论层面的更为明显的问题。困扰电子商务类声誉评价系统的水军、刷单、炒信之类现象无疑是最为人熟知的例证,但关注算法技术的研究给人留下的印象一直是技术本身的发展终将有效地解决诸如虚假、错误信息、作弊等影响声誉系统有效

① See Dave Eggers, The Circle, 2013.

② Danielle Keats Citron & Frank Pasquale, "The Scored Society: Due Process for Automated Predictions", *Wash. L. Rev.* 89, 2014, pp. 4 – 5.

运作的问题。[1] 而近年来,研究者开始更多关注技术背后的政治性因素,因为信用、金融、搜索等领域中各类声誉系统的控制者追求自身利益的激励被认为很可能与社会总体福利的要求并不一致;在这种背景下,不但水军、删帖之类问题未必会得到及时有效解决,商业和政治利益集团也可能系统性地操控、扭曲作为商业秘密的机器算法,通过控制声誉资源的分配转移财富,甚至人为地加剧既有的社会不平等。[2] 换言之,相比于 Amy 和 Nick 面对的充斥肤浅和偏见的传统线下道德评价规范,基于机器算法的声誉评价系统即使总体上更为客观、全面,但远不完美,并且至少基于公共选择的原因,也未必正趋近于完美。[3]

如果以不完美的声誉评价系统为背景分析"个人广告册"的可能后果,可以预见这一因素对信息主体使用"个人广告册"获利的激励将产生影响,而在此基础上对策略性自愿披露行为的社会成本做出的分析也会更为清晰。实际上,信息主体成功运用"个人广告册"的前提还应包括其对声誉评价系统的算法原理和信息需求有足够的了解。而当声誉评价系统不完美、存在缺陷,并且信息主体有可能了解这种缺陷时,后者有激励运用其权力、财富和技术能力等资源,通过包括策略性

---

① E. g. Chrysanthos Dellarocas, *Immunizing Online Reputation Reporting Systems Against Unfair Ratings and Discriminatory Behavior* (paper presented at Proceedings of the 2nd ACM Conference on Electronic Commerce, 2000), p. 153; Paul Resnick & Richard Zeckhauser, "Trust Among Strangers in Internet Transactions: Empirical Analysis of eBay's Reputation System", *Advances Applied Microecon* 11, 2002, p. 127, *available at* http://www.si.umich.edu/~presnick/papers/ebayNBER/RZNBERBodegaBay.pdf (last visited 2015/07/23)。更晚近开发的基于语义分析的算法号称可以以极高(90%)的精度辨识虚假声誉反馈信息,e. g. Review Skeptic, available at http://reviewskeptic.com/ (last visited 2015/07/23)。

② See Frank Pasquale, *The Black Box Society: The Secret Algorithms That Control Money and Information*, 2014.

③ 研究者大多认为以更好处理信息隐私问题为目标的算法治理很难仅依赖行业自律,而积极的法律规制则面临产业利益集团的阻挠。See Pam Dixon and Robert Gellman, "The Scoring of America: How Secret Consumer Scores Threaten Your Privacy and Your Future", *World Privacy Forum Report*, Apr. 2, 2014, p. 84, *available at* https://www.worldprivacyforum.org/2014/04/wpf-report-the-scoring-of-america-how-secret-consumer-scores-threaten-your-privacy-and-your-future/ (last visited 2015/07/23); Frank Pasquale, *The Black Box Society: The Secret Algorithms That Control Money and Information*, 2014, pp. 195–207.

自愿披露在内的手段尝试利用相关缺陷。当人们试图在这个意义上运用"个人广告册"时,个体禀赋差异会带来披露策略效果上的差距。事实上,软硬实力充足的个人和企业正在充分把握大数据时代声誉管理甚至声誉操纵的崭新契机:政客可以借助基于数据分析的宣传策略影响选情;①财力充足的企业和个人均可以竞价获取高位搜索显示,或通过海量关键字搜索等手段湮没负面消息,②甚至影响算法的设计本身;③掌握相关技术能力者有望通过反向工程手段破解排名系统的机器算法,在此基础上通过操控信息输入实现较优声誉评价效果;④甚至消费者中也可能有部分精明人士会通过发出显示其精明头脑的信号,迫使采取价格歧视策略的商家对其做出更大幅度让利。⑤

与此相对,对于多数时候的多数普通人来说,积极有效地借助"个人广告册"或其他策略利用声誉评价系统的缺陷并不十分现实,因为大量声誉评价系统的存在、运作逻辑甚至评价结果都具有较强隐秘性,"评分社会"如 Pasquale 所说,对大多数人无异于"黑箱社会"(black

---

① E. g. Sasha Issenberg, "How President Obama's Campaign Used Big Data to Rally Individual Voters, Part 1", *MIT Tech. Rev.*, Dec. 16, 2012, *available at* http://www.technologyreview.com/featuredstory/508836/how-obama-used-big-data-to-rally-voters-part-1/ (last visited 2015/07/23).

② Frank Pasquale, *The Black Box Society: The Secret Algorithms That Control Money and Information*, 2014, pp. 54-55. 在删除信息缺乏可能性的前提下,互联网声誉管理的主要工具是正面披露。商业性的服务, See "How Reputation Management Works", Reputation.com, available at http://www.reputation.com/personal/how-reputation-management-works (last visited 2015/07/23)。

③ 最经典的例子无疑是2008年经济危机前据称华尔街投资银行对债务评级公司违约风险评级模型的操纵。一个十分戏剧化的描述, See Michael Lewis, *The Big Short*, 2010, p. 176. See Pragyan Deb & Gareth Murphy, *Credit Rating Agencies: An Alternative Model*, 2009, p. 9, *available at* http://personal.lse.ac.uk/debp/Papers/Ratings_Regulation.pdf (last visited 2015/07/23).

④ See Allison Chang et al., "How to Reverse-engineer Quality Rankings", *Mach. Learn.* 88, 2012, pp. 369, 369-98; Dean Foust & Aaron Pressman, "Credit Scores: Not-So-Magic Numbers", *Bloomberg Businessweek* (Feb. 6, 2008), http://www.businessweek.com/stories/2008-02-06/credit-scores-not-so-magic-numbers (last visited 2015/07/23).

⑤ Lior Jacob Strahilevitz, "Toward a Positive Theory of Privacy Law", *Harv. L. Rev.* 126, 2013, p. 2030.

box society)。[①] 对声誉评价系统缺乏足够理解的多数人因此几乎只能防御性地运用"个人广告册",即在披露瓦解之下以自愿披露做出被动回应。但在"黑箱"面前,只求有效防御也并不容易。Pasquale 曾以相对已算是透明度较高的美国个人信用评分市场举例:虽然市面上充斥着指导人们如何维护、提高个人信用评分的自助类书籍和其他相关信息,但三大个人信用评分机构在评分时使用的方法细节并未真正公开,不同机构对相同个体评分常常存在较大差异,而不明就里的消费者尝试维护信用分数的策略行为(如调低信用卡额度)甚至会导致适得其反的效果。[②] 如果声誉评价系统的不完美意味着少数人可以像 Amy 一样高明地通过披露策略利用系统缺陷,而多数人只能在披露瓦解中像 Nick 那样被动甚至缺乏针对性地做防御式披露,那么声誉评价系统实际上处于失灵的状态,即其生产的声誉评价反映的不是或不只是人群中某种实体品质——信用——的分布,而是不同主体在通过披露策略影响声誉系统方面的能力和投资上的差异。如果更抽象地将声誉评价系统的功能理解为提高社会认知(处理声誉信号)的效率,那么借助个人广告册利用系统缺陷的策略获得的任何成功,都会相应意味着社会认知效率的减损。

不仅如此,即使假定在一些声誉评价系统中,相关人群通过"个人广告册"影响评价结果的意愿和能力并无系统性差异,在披露瓦解形成的压力和诱惑之下,人们投入个人广告册的资源也未必会相应获得有意义的产出。正如"个人广告册"的比喻所提示的,对个人信息的主动披露实质上是一种广告行为。[③] 而基于与商业广告可能造

---

① Frank Pasquale, *The Black Box Society: The Secret Algorithms That Control Money and Information*, 2014.

② Pasquale, ibid., p. 24.

③ Randal C. Picker, *Online Advertising, Identity and Privacy* (Univ. of Chi. John M. Olin Law & Econ. Working Paper No. 475, 2009), p. 5, available at http://www.law.uchicago.edu/files/files/475.rcp_.online.pdf (last visited 2015/07/23).

成资源浪费相同的原理,[1]如果广告并不能通过降低搜寻成本、优化匹配等方式扩大给定的市场规模,那么竞争厂商之间的广告投入在效果上会相互抵销,厂商各自的市场份额和消费者福利均不会改善。[2] 针对个人的声誉评价有时具有"地位商品"(positional good)的属性,[3]即一个人从特定声誉评价中获得的效用取决于与他人声誉比较后获得的相对地位,因此如果许多个体为追求更高声誉评价均投资于策略性披露,由类似军备竞赛的机制引发的资源浪费同样可能出现。这一点并不难想象。如果求职者都置办高档行头,面试官不会对任何人青睐有加。如果学生都"考级考证",相关证书恐怕也就不会对升学结果产生系统性影响。同理,如果网络用户都试图以自曝隐私或其他自我炒作的方式提高自己在社交网络上的影响力分数(如"Klout score"),[4]都聘请专业的"声誉管理人"改善自己的搜索结果,[5]或者都付费购买求

---

① 经济学家很久以来争论商业广告是否有助于提高社会总体福利,一方认为广告的价值在于提供消费市场中需要的信息,而另一方则认为商家对广告的投资以相互竞争客户为目标,因此会超出满足市场信息需求的规模。一个综述,See Kyle Bagwell, "The Economics of Advertising, Introduction", *available at* http://web. stanford. edu/ ~ kbagwell/Bagwell_Web/advertisingintrofv2. pdf (last visited 2015/07/23).

② See Nicholas Kaldor, "The Economic Aspects of Advertising", *Rev. of Econ. Stud.* 18, 1950, pp. 1, 13; Gene M. Grossman and Carl Shapiro, "Informative Advertising with Differentiated Products", *Rev. of Econ. Stud.* 51, 1984, pp. 63, 73 – 77.

③ Robert H. Frank, "Should Public Policy Respond to Positional Externalities?", *J. Pub. Econ.* 92, 2008, pp. 1777 – 79.

④ 关于包括 Klout score 在内的社交影响力评分的介绍,See Pam Dixon and Robert Gellman, "The Scoring of America: How Secret Consumer Scores Threaten Your Privacy and Your Future", *World Privacy Forum Report*, Apr. 2, 2014, pp. 72 – 75, *available at* https://www. worldprivacyforum. org/2014/04/wpf-report-the-scoring-of-america-how-secret-consumer-scores-threaten-your-privacy-and-your-future/ (last visited 2015/07/23).

⑤ Frank Pasquale, *The Black Box Society: The Secret Algorithms That Control Money and Information*, 2014, pp. 54 – 55. 在删除信息缺乏可能性的前提下,互联网声誉管理的主要工具是正面披露。商业性的服务,See "How Reputation Management Works", Reputation. com, available at http://www. reputation. com/personal/how-reputation-management-works (last visited 2015/07/23)。

职网站的“高端服务”试图增加自己的显著度,①但参考这些声誉评价信息获得分配的资源的稀缺状况却无法获得实质性改善,那么这些操作恐怕也会在效果上出现相互全部或部分抵销、造成浪费。

由此可见,在以不完美的声誉评价系统为基础建构的“评分/黑箱社会”中,第一方披露外部性可能引起更大规模的策略性自愿披露,而这类自愿披露行为在直接的隐私损害之外,还会造成与声誉投资相关的认知损失和资源浪费。针对后两类社会成本的直观规制思路当然是从“算法治理”入手,特别是当市场竞争和行业自律无法改善一些声誉评价系统存在的较为明显的缺陷时,研究者通常建议借助基于公共责任的法律和政策干预提高声誉评价系统的公平性和有效性。② 声誉评价系统的治理和改进则有望降低策略性自愿披露的社会成本,甚至削弱信息主体采取相应策略行为的激励。

关于算法治理的更具体讨论超出了本文范畴,而这一部分的落脚点仍在于思考第一方披露外部性对信息隐私理论的启示。如前所述,信息隐私领域的学理和实践中处理自愿披露本人信息行为的思路长期以来受自由个体主义(liberal individualism)思路的束缚,以自愿披露对本人的影响为关注重点。虽然西方信息隐私学者在晚近纷纷转而寻求将隐私重构为一种社会而非个体价值,但很多时候这只是意味着将个体主义隐私观追求的个人尊严、个体自主等价值提升到社会责任和社会理想的高度,③而并未真正指出个体处置本人隐私时的外部或社会

① 在明显供大于求的劳动就业市场,包括LinkedIn在内的职业社交和信息平台对个体求职成功概率的贡献就曾遭到质疑。特别是通过收费提高用户在雇主终端搜索显示位置的高端服务(premium service),从用户的角度来看很可能属于浪费性质的信号投资——一个LinkedIn从来没有解释清楚的问题是,如果数个付费用户同时申请相同雇主的相同职位,LinkedIn会如何在雇主端对这些用户安排置顶排名? Nick Corcodilos, “Ask The Headhunter: Is LinkedIn Cheating Employers and Job Seekers Alike?”, *PBS*, Aug. 13, 2013, *available at* http://www.pbs.org/newshour/making-sense/ask-the-headhunter-is-linkedin/ (last visited 2015/07/23). 当然需要指出的是LinkedIn的高端服务除了搜索显示优化外还包括为用户提供额外求职信息等其他内容。

② Danielle Keats Citron & Frank Pasquale, “The Scored Society: Due Process for Automated Predictions”, *Wash. L. Rev.* 89, 2014, pp. 18 - 30.

③ See Anita L. Allen, “Coercing Privacy”, *Wm. & Mary L. Rev.* 40, 1999, p. 723.

影响何在。而本文对第一方披露外部性的讨论指出了自愿披露本人信息行为可能产生的社会后果,其中包含的不仅有他人的隐私损失,而且还有相对隐蔽的资源浪费。

其实,回到现代西方隐私规制的源头,Warren 和 Brandeis 在《隐私权》一文中为隐私保护曾提及的一个后世关注相对较少的正当性理由,对前述围绕隐私发生的社会后果本来已有提示。Warren 和 Brandeis 认为,像名人隐私、花边新闻一类的无价值或低价值信息如果得以大肆传播,将导致人们减少对有价值严肃信息的关注,并由此败坏整个社会的智识品味。① 这与前文讨论的认知损失其实非常类似——而低价值社会信息的生产同时也隐含了机会成本和资源浪费问题。Posner 曾就此批评 Warren 和 Brandeis 把经济学上的供求关系搞反了——供给并不决定需求,而正是因为人们需要消费花边新闻,才会有媒体致力于生产和供给相关产品。② 例如,演艺明星自曝隐私抢头条,粉丝和看客乐此不疲,双方恰好各得其所。但考虑到行为经济学就有限意志力(bounded willpower)提供的证据,③可以看到 Warren 和 Brandeis 式的思考有其先见之明:如果人们通常缺乏足够的自制力,即使个体效用最大化要求他们更多摄入有价值的信息,他们也完全可能系统性地将时间和精力过度投入于消费花边新闻;鉴于此,对隐私信息生产施加的某种节制,未必不能提高资源使用效率、改善社会福利。

本文对第一方披露外部性问题的讨论,在某种程度上延续了 Warren 和 Brandeis 的上述思路,即关注隐私披露在信息隐私主体之外产生的社会成本。这一思路更清晰地提示了隐私问题的"社会性"何

---

① Samuel D. Warren & Louis D. Brandeis, "The Right to Privacy", *Harvard L. Rev.* 4, 1890, p. 196.

② Richard A. Posner, "The Right of Privacy", *Ga L. Rev.* 12, 1978, pp. 396 – 97.

③ See Ted O'Donoghue and Matthew Rabin, "The Economics of Immediate Gratification", *J. Behav. Decis. Making* 13, 2000, p. 233. 隐私领域的应用,See Alessandro Acquisti, *Privacy in Electronic Commerce and the Economics of Immediate Gratification* (paper presented at Proc. ACM Conf. Electronic Commerce (EC04), 2004), p. 21。

在。而在更具一般性的理论层面上,“隐私”也由此可以被更宽泛地理解为对所有披露个人信息的行为提出的节制要求——无论相关披露是由第一方还是第三方做出。

在新的信息环境中,自愿披露的外部性问题逐渐凸显,如何对自愿披露加以更多节制要求因此看来也应成为信息隐私的重要议题。但毫无疑问,正如前文在第四部分的讨论所示,现实中利用正式法律规范直接干预自愿披露行为面临诸多困难,特别是当人们无法在事前对自愿披露隐私的最优社会规模做出判断时,法律很难在正当性上超越言论规制中通常适用的自由放任主义(“言论的自由市场”)底线。由此,这一部分的落脚点与第四部分一致:未来的隐私研究中尤其需要关注的,是自愿披露的节制原则能否或者将以何种方式借助社会规范这一更灵活的规范载体在相关语境中出现并发挥作用。

六、结　语

披露和隐私是同一枚硬币的两面。信息隐私法关注的“披露 v. 隐私”的利益冲突结构中,针锋相对的双方一直以来都被设定为第三方的披露行为和第一方的隐私利益。本文从不同角度对第一方披露外部性问题做出了尝试性的理论探讨,旨在提示信息隐私法将更多遭遇、也需更多关注的另一类冲突结构,即自愿披露行为与他人隐私及其他社会利益之间的矛盾。

需要明确的是,这不是一篇反对大数据和社交网络、鼓吹信息隐私的文章。本文的主要目的是提出一个之前人们关注有限,但对信息隐私制度的前景可能具有重要影响的问题,借此尝试推演这种制度前景。总的来说,这种推演并未获得令人吃惊的结论:隐私学者已经看到信息隐私法在数据技术兴起的背景下全面转向欧陆式——甚至“超欧陆式”——干预体制的趋势,[1]而第一方披露外部性问题只是为这一前景的支持者提供了进一步的论据。选择某种规范立场支持和批判这种规制前景的社会福利意义是可能的,但却很难是中立客观的。

较为严格的信息隐私规制将抑制个人信息处理规模的扩张速度,而一些较为激进的隐私学者认为这种规制的反馈性收益是抵抗当代信息和文化环境中人们普遍存在的“过度”或“过于轻易”地披露和让渡个人信息的倾向;换言之,隐私承载的一项期待是放慢人类迈向“自我表白社会”(expository society)或“暴露狂社会”(exhibitionist society)的脚步。[2] 即使无须接受其相关规范前见,基于避免资源浪费、提高社会效率的理由,对自愿披露的某种限制也将是有益的,特别是在由于不完美的声誉评价系统等客观因素使人们普遍面临较强披露激励的语境中更是如此。由此看来,Warren 和 Brandeis 对隐私做出的一个曾经看似奇怪的解读,如今想来颇有洞见:自愿披露是作为社会性问题的隐私问题的重要来源。但包括 Warren 和 Brandeis 式的隐私侵权制度在内的信息隐私法律制度在当前条件下很难直接对信息主体对本人个人信息的自愿披露行为加以直接干预。“通往欧罗巴之路”以外,未来值得关注的是以规制自愿披露为内容的社会乃至法律规范,是否能够为信息隐私提供更多可能。

---

① E. g. Graham Greenleaf, *Asia Data Privacy Laws*, 2015, p. 559.

② Bernard E. Harcourt, *Digital Security in the Expository Society: Spectacle, Surveillance, and Exhibition in the Neoliberal Age of Big Data* (Columbia Public Law Research Paper No. 14 - 404 (2014); APSA 2014 Annual Meeting Paper), *available at* SSRN: http://ssrn.com/abstract=2455223.

《法律和社会科学》(2016)
第15卷第1辑,第44~61页

网络账号与财产规则

岳　林*

摘要:网络账号的法律属性至今未有定论。本文不打算解决定性问题,而只是希望探讨法律可能对网络账号作出怎样的权利义务配置。本文主要分析了网络账号在实践中可以具体表现为哪些类型,具有怎样的使用价值,以及在什么情况下具有财产价值。本文还认为,法律可以通过权属规则、转让规则、保护规则和注销规则这四个变量,来设计不同的网络账号制度,也即在账号提供者与用户之间进行权利配置。网络账号的法律属性问题不宜作为纯粹的形而上问题来讨论,我们应当更多关注不同主体之间的利益分配或者对账号的支配关系。至少就目前来看,法律还没有必要给出统一且单一的网络账号定性以及权利配置方案。

* 上海大学法学院讲师,电子信箱:yuelin@ pku. edu. cn。本文获得教育部人文社会科学研究规划青年基金项目资助(14YJC820069)。感谢胡凌、侯猛、付卓婧、陆宇峰、陈越峰和孙平提供的建议与帮助。

一、引　言

网络账号早已不是新鲜事物。自从进入信息社会,人们只要稍不留神,就会账号等身。从电子邮箱到电子银行,从网络购物到网络办公,从匿名ID到数字签名,账号无处不在,也无法不在。人们已经习惯了像对待某种实体物一样来使用和支配网络账号。例如,把它想象成一张门票,一把钥匙,或者一个房间,人们借此来接触一些东西,获得一些利益,或者干脆就在“里面”生活。虽然网络账号尚未获得明确法律定位,但人们根据日常生活中形成的习惯,还是更倾向于把它理解为某种虚拟物品;或者说,它和其他一切虚拟的(virtual)、数字的(digital)、网络的(cyber)和抽象的(abstract)物品一样,被视为虚拟财产。①

但是财产(property)在过去、现在以及未来,似乎永远都是一个晦暗不明的概念。它可以指称完全不同的事物,也可以适用完全相悖的逻辑。② 因此用财产来理解网络账号,它所引起的困惑,恐怕要多于它所能解释的问题。例如,我们并不清楚,是否所有网络账号都能具有财产价值,都能够成为虚拟财产。我们也不清楚,如果网络账号具有财产价值,那么这些利益应该归谁享有?如果这些利益受到侵犯,法律又当如何进行保护?

---

① 代表性论述可参见刘军霞:《首例虚拟财产纠纷案引发的法律思考:兼论虚拟财产的保护》,载《河北法学》2004年第11期;林旭霞:《虚拟财产权性质论》,载《中国法学》2009年第1期;J. Fairfield, “Virtual property”, 85 *Boston University Law Review* 1047 (2005); Charles Blazer, “The five indicia of virtual property”, 5 *Pierce Law Review* 137 (2006)。

② 参见彼得·甘西:《反思财产:从古代到革命时代》,陈高华译,北京大学出版社2010年版;斯蒂芬·芒泽:《财产理论》,郭锐译,北京大学出版社2006年版。

目前学界主要是从四个角度即物权说、[1]债权说、[2]知识产权说[3]和人格权说,[4]来回答网络账号的财产问题。虽然这些学说之间的分歧貌似不可调和,但它们大都承认,虚拟财产不能拘泥于传统财产理论,可以对既有权利类型的某些特征进行综合,或者增设一些新型权利属性。而且在许多关键问题上,这些学说也都基本保持了一致。例如,多数研究文献都没有把网络账号与其他虚拟物品区分开来。或许是觉得没有这个必要,或许是没有意识到这也是个问题。[5] 因此我们可以经常看到这样一种逻辑:(1)所有网络账号都是虚拟物品;(2)所有虚拟物品都是网络财产;(3)所有网络财产都附有 × × 权利。至于虚拟财产的权属以及保护问题,多数论者都站在普通网络用户立场,更倾向于将各种账号权利赋予账号用户而非账号提供者。毕竟我们绝大多数人都是账号用户,更熟悉与用户相关的利益,在权属问题上自然也会偏向用户。

但上述研究关注的主要是定性问题,即假定或者认定,网络账号具有某种意义上的法律本质。因此在网络账号是否算作虚拟财产、虚拟财产如何分配以及虚拟财产如何保护等问题上,论者们可能会过于强

---

① 参见林旭霞:《虚拟财产权性质论》,载《中国法学》2009 年第 1 期;钱明星、张帆:《网络虚拟财产民法问题探析》,载《福建师范大学学报》(哲学社会科学版)2008 年第 5 期;刘军霞:《首例虚拟财产纠纷案引发的法律思考:兼论虚拟财产的保护》,载《河北法学》2004 年第 11 期。

② 参见宋旭东:《网络虚拟财产的性质认定及其民法保护》,载《网络法律评论》2005 年第 1 期。石杰、吴双全:《论网络虚拟财产的法律属性》,载《政法论丛》2005 年第 4 期;刘明:《网络虚拟财产权权利客体研究》,载《社会科学研究》2015 年第 2 期;刘明:《网络虚拟财产权权利客体研究》,载《社会科学研究》2015 年第 2 期。

③ See Molly Stephens, "Sales of In-Game Assets: An Illustration of the Continuing Failure of Intellectual Property Law to Protect Digital-Content Creators", 1513 *Texas Law Review* 80(2002).

④ 参见王红霞:《号权初论:通讯社交利益的形成脉络与设权逻辑》,载《法商研究》2013 年第 5 期。

⑤ 当然也有例外,例如,刘明:《网络虚拟财产权权利客体研究》,载《社会科学研究》2015 年第 2 期;梅夏英、许可:《虚拟财产继承的理论与立法问题》,载《法学家》2013 年第 6 期;徐国栋:《现代的新财产分类及其启示》,载《广西大学学报》(哲学社会科学版)2005 年第 6 期。

调法律体系的内在理性(如果有的话),而忽略了法律作为社会政策工具的用途。实际上,和其他法律概念一样,网络账号在制度层面的定义与范畴,最终仍要取决于人们的利益权衡以及社会政策选择,而非形而上的理论思辨。① 当然我们无须反对法律在概念以及逻辑上应当具有一定的严密性与自洽性,但是仅凭概念和逻辑并不能解决生活中的法律问题,特别是那些新生问题和疑难问题。②

因此本文讨论的问题是,针对网络账号这一虚拟物品及其相关利益,法律拥有哪些制度选项。或更具体地说,我们关心的不是法律规则意义上的行为模式(账号用户可以或应该如何行为),而是不同类型的权利配置(权利属于账号用户还是账号提供者)以及权利保护方案。③

二、网络账号的概念与分类

网络账号是一种身份识别手段。计算机通过账号识别用户,用户通过账号获得计算机认证。因此网络账号(internet account)和网络身份(internet identity)往往被混同使用。但前者主要是技术性概念,后者

---

① 最基础的法律概念如"人"和"物",也都莫过于如此。参见赵晓力:《民法传统经典文本中"人"的观念》,载《北大法律评论》1998 年第 1 卷第 1 辑;常鹏翱:《民法中的物》,载《法学研究》2008 年第 2 期。

② 如果法律是理性的,那么这种理性只能是实践理性,也即亚里士多德所谓的关于实践的知识(政治学、伦理学)。参见亚里士多德:《尼各马可伦理学》,廖申白译,商务印书馆 2003 年版,第 1 卷第 2 ~ 3 节、第 10 卷第 9 节;理查德 · A. 波斯纳:《法理学问题》,苏力译,中国政法大学出版社 2002 年版,第 2 ~ 3 章。

③ See Guido Calabresi、Douglas Melamed, "Property Rules, Liability Rules, and Inalienability: One View of the Cathedral", 85 *Harvard Law Review* 1089(1972). 中译本参见吉多 · 卡拉布雷西、A. 道格拉斯 · 梅拉米德:《财产规则、责任规则与不可让与性:一个权威的视角》,明辉译,徐爱国编:《哈佛法律评论:侵权法学精粹》,法律出版社 2005 年版,第 271 ~ 321 页。另参见凌斌:《法治的代价:法律经济学原理批判》,法律出版社 2012 年版,第 5 章。

则具有更多社会意涵。①

根据目前的应用现状,网络账号至少可以分为如下几类:

1. 功能账号。这类账号帮助用户获得某种服务,而这种服务只具有很少或者没有社交属性。例如,人们通过网络来购物、订票或者打车,账号只是用户获得线下服务的网络中介。再如,人们通过网络来欣赏音乐、视频或者文学作品,账号也只是人们获得相关内容许可的技术手段。与网络架构直接相关的账号,例如,服务器账号、网站管理员账号等,也都是功能账号。

2. 社交账号。通信账号(例如,QQ、微信、WhatsApp 和 LINE)和社交网络服务账号(例如,微博、人人网、Facebook 和 Twitter)都属于此类。电子邮箱账号也可视为社交账号,以及许多功能账号也都具备社交功能。例如,大众点评网或者 Yelp 这类订餐账号,就允许用户对商家进行评论或者推荐,并且与其他用户交流沟通。但与功能账号相比,社交账号的最大区别,在于用户可以借此来"经营"网络身份。

3. 游戏账号。如果仅就电子游戏这项服务而言,游戏账号属于功能账号。但与单机游戏有别的是,网络游戏在今天已经发展成为一种社会交往方式,甚至是一种生活方式。有些网络游戏的同时在线用户人数可以高达百万;②在游戏世界中,用户可以自由组队,分工合作,包括形成人际关系颇为复杂的社会性组织,例如,"公社"。③

4. 商业账号。这类账号可以简单理解为网络商号。例如,在淘宝网或者亚马逊网搭建的电子商务平台上,商家必须注册平台账号,方能进行网络经营活动。社交账号和游戏账号也可以用来进行商业

① 例如,人们在所谓"网络空间"(cyberspace)中获得的虚拟身份。科幻作家刘慈欣在小说《2018》中就曾经设想,人类不但可以在网络空间中获得新的虚拟身份,而且可以共同缔造新的虚拟国家,甚至虚拟国家有能力向真实世界中的实体国家开战。参见刘慈欣:《2018 年》,载《2018》,江苏凤凰文艺出版社 2014 年版。

② 参见马荣:《〈DotA 2〉同时在线人数已突破 120 万》,载 http://soft.zol.com.cn/508/5083486.html,访问时间:2015 年 8 月 29 日。

③ 参见周榕:《魔兽世界公会成员的现实生活》,载 http://tech.qq.com/a/20090825/000141.htm,访问时间:2015 年 8 月 29 日。

活动,[①]但这只是账号的衍生用途,并非其初始功能。

5. 公务账号。在存在管理关系的人群或者组织内部,事务关系也可以被抽象为账号关系。例如,在企业内部,职工通过账号来参与工作流程;在学校内部,教师可以通过账号对学生评分;在行政机关作出行政行为时,可以通过账号对行政相对人进行管理。根据管理关系的法律属性,可以进一步将公务账号分为社会组织管理账号与国家行政管理账号。在社会组织内部,账号管理以组织章程为准,管理者与被管理者之间依然是平等主体关系;但国家行政管理账号以法律法规为依据,管理者与被管理者之间并不平等。居民身份证被网络化后,它在实际上也就成了一种网络账号,也能体现国家与公民之间的身份认证关系。[②]

不同账号种类之间可以存有交集,而且一个账号也可以同时兼备多种功能。实际上,如今许多网络账号,实际上也只是传统账号的数字化翻新,其社会关系以及制度逻辑依然因循旧理。当然亦有可能,随着网络技术向人类社会生活全方位的渗透,今后所有传统账号都将接受网络账号的改造或者吸纳。

三、账号的使用价值

账号是一种凭证,它的使用价值也就首先在于证明。古今社会的各种契约、证书、票据和货币,虽形式不一,功能各异,但都是凭证。凭

---

① 例如,微博上的“大V”账号,因为粉丝众多,影响甚巨,账号所有人可以通过有偿发帖、转帖或者出租、出售账号的方式,来获得不菲利润。而网络游戏玩家也可以通过“劳动”,将游戏账号中的装备、财产或者账号本身拿来贩卖。至于充斥社交网络的那些营销账号和公共号,自然更不在话下。参见于洋:《10万粉丝微博售价上万　虚假微博衍生“刷粉”经济》,载 http://culture. people. com. cn/n/2012/0719/c87423 - 18548340. html,访问时间:2015年8月29日;秋雨雪当利:《装备私下交易纠纷多　工商部门将对接监控设施》,载 http://games. sina. com. cn/y/n/2010 - 07 - 12/0957416200. shtml,访问时间:2015年8月29日。

② 参见胡传平、邹翔、杨明慧、严泽明等编著:《全球网络身份管理的现状与发展》,人民邮电出版社2014年版。

证持有者通过它来证明,自己具有某种身份、资格或者能力。而凭证的关键要素,一是认证技术,二是认证内容。

以傅别和质剂为例。① 就认证技术而言,傅别和质剂皆以木片或竹简为材料,且一分为二,分属两家。但二者的不同处是:傅别的文字,写在木片中间,与木片一起被割开,双方各得半字;质剂则是两份文字,双方各得完整一份。② 就认证内容而言,它们都是交易或诉讼时的证明材料;但傅别是借贷凭证,质剂是买卖凭证,分属不同社会关系与法律范畴。③

认证技术一般包括物质材料和抽象信息。凭证可以是纯物质的(如虎符),也可以是纯抽象的(如口令)。而认证内容一般包括两个方面,一是社会关系(权利、义务关系),一是主体身份(权利、义务主体)。有些凭证是去身份化的(人证分离),而有些凭证则必须与身份相绑定(人证一致)。在人证分离(只看凭证不看人)的情况下,失去凭证,也就意味着失去了相关资格或者利益;而在人证一致(既看凭证也看人)的情况下,失去凭证只不过是在认证环节出现了麻烦,原有的凭证持有人依旧享有相关资格或者利益。

随着科技进步和社会发展,今天我们已经不需要在把木片或者竹片当作凭证材料。例如,合同的凭证材料,纸张显然要便利许多,并且

---

① 傅别和质剂是中国古代最早的契约凭证。据《周礼·天官·小宰》记载,"听称责以傅别","听买卖以质剂"。李学勤主编:《十三经注疏·周礼注疏(上)》,北京大学出版社1999年版,第57页。参见温慧辉:《试论先秦时期两种主要的契约形式:"傅别"与"质剂"》,载《史学月刊》2004年第12期;李军:《〈周礼〉所见判书三种形式探微》,载《法治与社会》2009年第34期。

② 贾公彦疏:"云'傅别,谓为大手书于一札,中字别之'者,谓于券背上,大作一手书字札,字中央破之为二段别之。"至于质剂,贾公彦疏:"言两书一札同而别之者,谓前后作二券,中央破之,两家各得其一,皆无手书字,异于傅别。"李学勤主编:《十三经注疏·周礼注疏(上)》,北京大学出版社1999年版,第60页。

③ 据注疏家解释,质剂还可用于征粮、租赁等社会关系。甚至质剂内部还可继续细分:在"大市"上购买"人民"和"牛马",用长卷,所谓"质";在"小市"上购买"兵器"和"珍异",用短券,所谓"剂"。参见李学勤主编:《十三经注疏·周礼注疏(上)》,北京大学出版社1999年版,第375页;李军:《〈周礼〉所见判书三种形式探微》,载《法治与社会》2009年第34期。

也更省成本;更不用说在在网络环境中,合同凭证完全可以脱离物质实体。而且受凭证材料或者认证技术进步的影响,现代社会合同的形式与内容,也可以比古代社会更为精确与复杂。其实从古至今,人类社会进步的标志之一,就是凭证的变化。无论认证技术还是认证内容,无外乎都是由简单走向复杂,由粗糙走向精致。认证技术的发展,一方面基于社会经济条件和科技水平的进步;另一方面,也是在回应认证内容也即社会关系不断变化的需要。①

在互联网普及之前,人们熟悉的账号,主要有银行、保险、证券账号等。这些账号意味着合同关系的简化,人们可以按照固定形式与程序,进行长期、多次的交易,并以此来削减交易成本。字面意义上的账号,仅仅是一串数字而已。但在日常语境中,账号往往与账户同义;它不仅是指账号代码,同时还可以包括姓名、生日、地址、身份证号等抽象信息。而所有这些抽象信息,实际上都是认证技术的一部分。因为只有通过这些信息,银行才能把正确数量与内容的财产,交付给正确的债权人。至于物质的账号凭证载体,例如,存折、保单,以及签名、签章和照片等可见的材料等,也都属于认证技术,并且服务于认证内容。这些凭证材料的使用价值,主要在于它们的社会功能。如果这些物质载体(例如,木片、竹片或者纸张、磁卡)不再具有凭证功能,那么它们的经济价值也就微乎其微了。

四、账号的财产价值

我们至少可以在三种意义上来谈论账号的"失去":首先,在人证分离,也即账号没有与特定身份相绑定的情况下,只要失去账号载体,或者遗忘账号信息(例如,账号代码、账号名和密码),就可能造成账号

---

① 对人、物、事的认证技术水平,不仅反映人类社会的文明程度,而且也可以体现出国家和政府对社会的控制能力。参见欧树军:《国家基础能力的基础》,中国社会科学出版社2013年版。

的遗失。其次,在人证一致的情况下,即便失去物质性的账号材料,或者遗忘相关的账号信息,都不足以导致失去账号。最后,就是账号提供者注销了账号,或者账号提供者自身也不复存在。任何账号都依赖于人与人之间的特定社会关系;如果这种社会关系被改变或者终止,那么账号也就失去了存在的意义和价值。

例如,银行账号的"失去",就不能不考虑到银行(账号提供者)采用怎样的账号认证手段。如果银行只认存折,见证付款,那么只要客户遗失存折也就意味着失去了存款。在此意义上,人们可以把存折等同于货币。但如果银行只与特定身份的客户(账号使用者)发生财产关系,那么即便客户遗失存折,也只不过是在认证环节出了点麻烦,并没有因此失去相应的账号权利。客户完全可以通过挂失程序,来重新获得对账号内财产的掌控。换言之,失去作为凭证材料的存折,并不等于失去账号,更不等于失去账号内的财产。银行银行存折与银行账号不是一回事,银行账号与和银行存款也不是一回事。只有在银行注销用户账号或者银行倒闭的情况下,账号的失去,才可能意味着账号内财产的失去。

同理,当我们讨论"失去"账号的条件时,实际上也是在讨论"得到"账号的条件。首先,当人证一致时,人们必须先与账号提供者建立某种法律关系,然后才能成为账号用户;其次,当人证分离时,人们只要和既有账号用户达成某种意思表示一致,获得账号控制权,那么也能成为账号用户(当然这种用户资格可以是自己独享的,也可以是与他人共享的);最后,当人证分离时,哪怕与既有账号用户没有任何协议,但只要人们获取相关账号信息,那么也就可以成为新的账号用户。

总而言之,就传统账号而言,账号本身并不具有多少财产价值。虽然人们可以通过账号来接触、获得或者享受某些利益,但这些利益并非来自账号本身。账号只是一个通道或者中介罢了。即便在人证分离,也即支配账号即可支配账号相关利益的情况下,我们也不能把账号等同于那些与账号关联着的财产。

但是这并不意味着,账号本身就不能具有其他意义上的财产价值。我们的讨论,到目前为止有一个未曾言明的前提假设,那就是账号是一种开放资源,并不具备稀缺性。例如,对银行而言,只要符合相关资质,任何主体都可以逾期建立账号关系,而且账号最好多多益善。至于账号代码,那也不过是一串数字,可以无限增加。因此单就认证技术和认证内容而言,账号与账号之间并没有本质区别。虽然不同账号内的财产价值可以天差地别,但账号本身不会被赋予特殊价值。

然而我们不能忽略的是,账号在许多情境中是具有稀缺性的。例如,电话账号(电话号码)就是一种稀缺资源。电信运营商必须根据《中华人民共和国电信条例》第27条以及《电信网码号资源管理办法》第23条的规定,从国家手中获得相应号码资源的经营权,然后再以合同的方式将使用权转交给用户。因此每一个电话账号上面,都承载着运营商的运营资本,以及同时分摊着运营商的经营成本。即便电话用户通过实名认证获取电话号码,也不意味着他就获得了对该号码进行独占性支配的财产权。① 并且,如果账号提供者对不同账号设置了不同权限,那么在不同账号之间也就存在着利益分殊。例如,VIP账号与普通账号就可以为用户提供质量不一的服务。而在特定商业或者公务环境中,不同账号也可以具有不同的效力级别。这些具有特殊权限的账号显然是稀缺的。而且只要制度允许,这些账号自然也会获得在市场进行交易的财产价值。甚至在账号提供者没有对账号作出权限区分的情况下,账号自身也会因为特定社会文化环境而获得一些财产价值。例如,数字排序特殊或者包含吉利数字的电话号码,都会比普通号码更有价值;反之,那些带有不吉利数字的电话号码,由于成为人们避之不及的对象,实际上也是逆向增添了那些吉利号码的市场价值。

网络账号的财产价值,与传统账号大致同理。

就账号本身而言,网络账号也不具有多少财产价值。实际上,它在计算机程序意义上只是一段代码而已,虽然可以被保存在光盘、软盘或者硬盘等储存介质中,但无法被特定的物质载体所"固定",因而没有

---

① 参见王红霞:《号权初论:通讯社交利益的形成脉络与设权逻辑》,载《法商研究》2013年第5期。

专属于自己的物质载体或者材料。[①] 如果网络账号本身具有财产价值,那么可能也只是账号程序的著作权罢了。

和传统账号一样,网络账号也可以因为它的一些特殊属性而获得一些财产价值。例如,QQ 号码,虽然它并不属于国家所有号码资源,但腾讯公司作为账号提供者,可以对 QQ 号码的级别作出不同的权限设置,并借此向用户进行售卖。而用户也可以通过自己的"经营",让自己的 QQ 号码具有更多属性,从而可以通过交易来获利。甚至单纯的号码排序,也能为腾讯公司或者用户带来不少财产利益。

当然这里的分析,针对的主要是平等民事主体之间的账号关系。而对于公务账号,例如,企业管理账号或者行政管理账号,上述分析就很难适用了。因为这些账号甚至都很难被称作财产。

五、账号规则

账号的财产价值并不会自然而然地进行分配。至少在账号提供者与账号用户之间,就存在着非此即彼的利益冲突。就目前而言,账号提供者主要是通过单方制定的账号规则(与用户签订服务合同时的格式条款)来获取优势地位。也就是说通过合同的方式,促使用户明确放弃相关的利益主张。因此实践与理论中的争议,往往是针对网络服务合同(通常是所谓的点击合同,即 click-wrap contract)[②]的合理性与合法性而展开。

关于账号自身财产利益的争夺,问题主要在于账号能否被用户转让。对于账号提供者而言,最符合他们利益的方式,是仅仅授予用户对账号的使用权而非所有权。而且,用户必须受到账号规则的诸多限制,例如,不允许出租、出借或者出售网络账号。而对于账号使用者来说,

---

① 参见王迁:《网络环境中的著作权保护研究》,法律出版社2011年版,第10~14页。

② 参见刘颖、骆文怡:《论点击合同》,载《武汉大学学报》(社会科学版)2003年第3期。

他们自然希望能够像拥有某种实体物一样来支配网路账号。

例如,腾讯公司的《QQ 号码规则》就有如此规定:

第二条　QQ 号码是腾讯创设的用于识别用户身份的数字标识。QQ 号码的所有权属于腾讯。

……

第八条　8.2QQ 号码使用权仅属于初始申请注册人。未经腾讯许可,您不得赠与、借用、租用、转让或售卖 QQ 号码或者以其他方式许可非初始申请注册人使用 QQ 号码。

第八条　8.3 如果您当前使用的 QQ 号码并不是您初始申请注册的或者通过腾讯提供的其他途径获得的,但您却知悉该 QQ 号码当前的密码,您不得用该号码登录或进行任何操作,并请您在第一时间通知腾讯或者该号码的初始申请注册人。

《QQ 号码规则》是用户注册账号时,必须与腾讯公司签订的格式合同条款。这意味着用户毫无保留地接受了腾讯公司关于 QQ 账号的权属定义和限制。而且只要用户持续使用 QQ 账号,当腾讯公司更新这些规则时,会默认所有的老用户都接受修改(第 12 条 12.1)。

但实践中的问题是,绝大多数用户其实都不会仔细阅读这些规则;即便读过,也很少有人把它太当回事。反过来说,腾讯公司虽然制定了如此明确且严格的账号规则,但也并没有采取实际有效的技术措施来对用户身份进行监控。因此账号规则也只是在形式上对账号利益作出权属划分;但在实质上,用户对 QQ 号码享有的支配权几乎可以等同于所有权。① 我们甚至可以说,无论腾讯公司还是用户,他们都没有把账

---

① 以"腾讯公司诉王友金和淘宝网侵犯著作权纠纷案"为例。腾讯公司曾在 2007 年起诉共同被告淘宝网和王友金,因为前者开设"QQ 专区"为 QQ 账号交易提供网店平台,后者则在淘宝网上销售 QQ 账号。虽然腾讯公司最终获得胜诉,但此案也只有个案意义。因为直至 2015 年的今天,此案并没有帮助腾讯公司杜绝账号交易行为;在淘宝网上,与 QQ 账号相关的交易也依然活跃。关于此案的讨论,可参见沈冲:《即时通讯软件号码法律属性的研究:"出售 QQ 号码构成侵犯软件著作权"案引发的思考》,载《网络法律评论》2011 年第 2 期;王迁:《转让 QQ 号码在著作权法中的定性:兼评"腾讯公司诉王友金、淘宝公司案"》,载《法学》2009 年第 10 期;吴冰晖:《关于即时通讯服务账号的法律属性研究》,载《科技与法律》2007 年第 5 期。

号规则太当回事。对于腾讯公司而言,账号规则可能更多是一种威慑手段,只针对极少部分的恶意用户;而绝大部分用户是否遵守这些规定,腾讯公司其实并不在乎。

当然腾讯公司也不愿意走到另一个极端,即把自己的QQ号码资源完全放开,任由用户注册和交易,放弃对账号使用行为的管理权,甚至允许用户对软件代码进行修改。如此一来,腾讯公司实际上也就丧失了对QQ账号的支配,而QQ账号及其服务也就成了一种公共品,在开源软件或者自由软件的意义上向所有人开放。事实上腾讯公司从未放松对QQ号码的支配。即便QQ账号貌似被用户占有,但这种占有如果离开腾讯公司服务器的支持就不可能实现。而且除了不能对用户身份进行实时监控,腾讯公司仍然可以对QQ账号的使用情况进行着无微不至的监控。例如,用户的好友名单还是聊天记录,登录时的IP地址以及消费习惯,几乎所有留下数字痕迹的信息,都可以成为腾讯公司的控制对象。

事实上大多数网络服务者或者账号提供者都与腾讯公司一样,通过账号规则明确了自己对网络账号的绝对权利,并且限制用户对网络账号进行自由转让或者继承。而且在合同法的意义上,这种账号规则并非毫无道理。因为如果我们把它则视为一种服务合同,那么基于这一合同建立起来的账号关系,也就存在于合同当事人也即账号提供者与账号使用者之间。如果一方合同主体在未经对方同意的情况下,擅自转让合同权利和义务,那么这种转让行为也就不会受到法律的认可和保护。同理,当网络账号用户擅自将账号权利转让给第三人时,该第三人并不是当初订立服务合同时的一方主体,与账号提供者之间并不存在服务合同关系,账号提供者自然也有理由拒绝为其提供相应的服务。

因此现在的问题,也就在于法律如何应对这些账号规则。要么,法律持消极态度,放任账号规则对账号权利作出规定;要么,法律持积极态度,对一切类型的网络账号都作出统一规定,而账号规则也只能在此范围内对具体账号关系作出安排。

六、财产规则

本文所谓的财产规则，主要涉及权利分配与权利保护。① 而此处所谓的权利，也不必在规范意义上理解，不必受到物权、债权、知识产权或者其他权利的框架限制。因为我们现在关心的问题，可以通过四个方面来表达：

1. 权属规则即网络账号归谁所有，或者谁对网络账号享有绝对支配权；

2. 转让规则即账号用户能否转让账号，而这可以分为两种情况，即转让账号所有权，或者转让账号使用权；

3. 保护规则即账号权利被侵犯后，权利主体如何受偿，或者侵权主体如何受罚；

4. 注销规则即账号提供者是否可以终止服务，对网络账号进行注销。

基于这四个方面的考虑，我们可以在账号用户与账号服务者（或者提供者）这一对主体之间，首先提出一套最简单的财产规则方案（见表 1）：

表 1

规则 方案	权属规则	转让规则	保护规则	注销规则
1	用户	可转让	市场规则	不可注销
2	服务者	不可转让	合同规则	可注销

根据方案 1，当用户享有网络账号所有权时，那么也就有权对账号进行转让或者继承。而且如果账号所有权被他人侵犯，例如盗号，那么

① 这当然是受到卡拉布雷西与梅拉米德那篇经典论文的启发。但此处的财产规则与他们的 property rule 并不一样。See Guido Calabresi、Douglas Melamed,"Property Rules, Liability Rules, and Inalienability: One View of the Cathedral", 85 *Harvard Law Review* 1089 (1972).

就应当按照账号的市场价值进行赔偿。由于用户对账号享有绝对支配权,账号服务者也就无权终止对该账号的服务。事实上只要用户愿意,账号服务者对他的服务义务不仅是终生的,而且可以通过继承的方式,使得这项服务义务在理论上可以永久持续下去。

根据方案2,这也是今天最常见的方案,由账号服务者对账号进行绝对支配,用户无权转让账号。如果用户擅自转让账号,就相当于违约,服务者可通过合同规则对其进行追偿,甚至还保有注销账号的权利。

当然我们可以对上述方案进行细化(见表2)。例如,即便账号服务者承认账号用户的账号所有权,但它依然可以通过账号规则对这项权利作出某种限制。例如,英国古代的土地法中,地产权就不是绝对权,权利人在地产的分割、转让以及继承等方面也不享有绝对的支配自由。①

表2

规则 方案	权属规则	转让规则	保护规则	注销规则
1.1	用户	可转让 (所有权+使用权)	市场规则	不可注销
1.2	用户	可转让 (使用权)	市场规则	可注销
1.3	用户	不可转让 (所有权+使用权)	合同规则	可注销

也就是说,法律可以把账号所有权赋予用户,但是用户在使用上必须受到限制。根据方案1.2,用户虽然享有账号所有权,但不能对其进行转让,而只能把使用权出租或者出借给第三方。如果服务者侵犯用户该项权利,那么也就应当按照账户使用价值的市场价格来赔偿。这种方案实际上免除了服务者对承担永恒义务的可能即只要用户去世,那么账号所有权也就相应灭失,其他人不可能通过购买或者继承的方式来继续行使对该账号的支配。

---

① 参见李洪海:《所有权抑或地产权:早期普通法中的地产权观念》,载《私法》2001年第1辑第1卷。

方案1.3对用户权利的限制更加严苛，虽然账号归用户所有，但只能由其本人进行占有和使用。这种方案当然更有利于账号服务者。如果用户违反相关转让规则，那么也就意味着违约，账号服务者可以不再承担服务义务，根据服务合同的规定向用户索赔，甚至可以直接注销账户。当然这种方案依然保留了一种可能：只要用户不违反转让规则和合同规则，那么服务者还是应当对用户承担终生的服务义务。

方案2也存在可以变更的空间。因为不是所有账号服务者都对用户的使用权作出了限制，所以我们可以适当放宽对用户转让规则的限制。例如，在人证分离的情况下，账号服务者实际上就允许用户对账号自由转让。所以我们可以继续推出第5套方案（见表3）。

表3

方案＼规则	权属规则	转让规则	保护规则	注销规则
2.1	服务者	不可转让（使用权）	合同规则	可注销
2.2	服务者	可准让（使用权）	市场规则	可注销

方案2.2与方案2.1的区别，主要在于用户享有对网络账号的转让权，包括出租、出借、出售以及继承。账号所有权仍然属于服务者，而用户也无权对所有权进行转让。根据这一方案，只要账号使用权具有可转让性，那么账号也就具备了市场交易价值。假如，账号服务者无端损害或者剥夺了用户的转让权利，那么造成的损失，也就应当以市场价格来计算。需要注意的是，既然账号服务者享有账号所有权，那么他也依然持有对账号进行注销的权利。换言之，只要服务者愿意支付账号的市场价值，那么他就可以不经用户同意，对该账号进行收回或者注销。

总而言之，我们至少可以得到五种财产规则（见表4）：

表4

方案＼规则	权属规则	转让规则	保护规则	注销规则
1.1	用户	可转让 (所有权+使用权)	市场规则	不可注销
1.2	用户	可转让 (使用权)	市场规则	可注销
1.3	用户	不可转让 (所有权+使用权)	合同规则	可注销
2.1	服务者	不可转让 (使用权)	合同规则	可注销
2.2	服务者	可准让 (使用权)	市场规则	可注销

七、结　论

首先须得明确,上述五种财产规则方案并不是理论空想,它们在既有法律框架以及制度环境中完全具有可操作性。而且我们也不难在实践中找到相应的例证。对于账号提供者来说,他们完全可以根据本文提出的财产规则框架来设计他们的账号规则。

但账号规则毕竟只是一纸合同,仅对合同当事人有效;而且法律还保有对其进行审查、否定的权力。换言之,即便账号服务者或者账号用户凭借账号规则获得了某项权利,也都未必会得到法律的认可与保护。

在立法层面,如果立法者采纳方案1.1,那么也就意味着法律在很大程度上直接充当了账号规则。用户的利益不仅得到了最大限度的彰显,而且实际上让账号服务者承担起一项几乎不会随时间终结的义务。方案1.2、方案1.3在不同程度上减轻了服务者义务,但仍然让这种义务具有某种人身属性,直到用户生命终结为止。

如果立法者采纳方案2.1,那么实际上也就是在为如今最为常见的账号财产方案背书。在这一财产规则下,账号服务者获得了对账号最大限度的支配权,而用户的利益则被限制到最小。方案 2. 2 则是一种权衡性的选择,而且也更符合网络账号在今天的实际现状。正如我们之前指出的,虽然有些账号提供者禁止用户转让账号,但并没有能力以及意愿来执行禁令。因此网络账号的黑市交易早就成了公开的秘密;甚至在账号提供者未提出异议的时候,法院亦有可能出面保护这种黑市交易。

但无论采纳哪种方案,本文认为,都不存在所谓的最佳方案或者唯一方案。因为根据我们之前对网络账号作出的分类,不是所有网络账号都具有财产价值。而且对于那些可以财产化的网络账号,也应当允许人们作出不同的制度选择。

对账号提供者过于严苛的财产规则,例如,方案 1. 1、方案 1. 2 和方案 1. 3,实际上并不符合当今网络商业模式的运转规律。因为网络服务公司大多短寿,即便是像谷歌这样的长寿公司(也只有 17 岁),也经常会主动关闭一些服务项目(如 Google Reader)。网络服务总是在不停的试错过程中发展。如果法律要求服务者对用户承担过多的义务,那么不仅不利于产业的发展,最终也会对用户带来不利的影响。因此我们并不主张法律积极干预账号的财产规则,例如,以立法的方式赋予用户账号所有权。只要账号规则作出了财产约定,那么不管是哪种方案,有利于何方,司法都应当予以尊重。

当然不积极干预并不等于不闻不问,或者保持所谓的"中立"。我们不应忽视,在如今的网络环境中,网络用户确实经常处于弱势一方。网络服务者通过利诱或者胁迫,能够很轻易地以"知情同意"为手段来攫取用户的信息或者利益。如果法律对网络服务者自行制定账号规则持放任态度,那么无异于鼓励他们以保护财产为由,获得对网络资源的垄断性权力。本文仅仅是认为,就网络账号自身的财产价值而言,法律应当持谨慎态度。但是对于与网络账号相关的其他利益,例如,个人数据信息权、隐私权以及其他虚拟财产权,法律还是可以有所作为。当然这就是其他文章需要讨论的话题了。

《法律和社会科学》(2016)
第15卷第1辑,第62~72页

虚拟遗产风波

胡　凌*

摘要:虚拟遗产目前在当今社会尚未成为瞩目的焦点,但二三十年后当大量互联网用户离世时,必将成为重要的社会问题。在个人数据权属尚未明晰的情况下,有必要以种种方式引起人们的关注和讨论。本文就是以文学的形式将未来可能的冲突以极端化方式展现,希望这一问题能通过创造性的方式得到解决。

我行将就木,我的亲人们在床边哭泣。我抬眼望着窗外,一轮圆月挂在天上。如果我死了,安放在月球表面的大量服务器会使我再生,以另一种方式存在于这个世界上,而不是像我从未经历过的古老年代的死者一样,"永远活在人们心中"。我点头示意开启信息板页面,进入我的个人账户,找到"删除全部个人信息"选项,没有犹豫,按了下去。

2043年,我22岁,刚刚从哲学系本科毕业,对世事还不甚了解。那年,中国一些城市爆发了抗议活动,要求互联网公司保留离世之人的虚拟遗产。

---

* 上海财经大学法学院副教授,电子信箱:hulingpku@gmail.com。本文为小说体。

这个问题如果放到我刚出生那会儿还很奇怪，那时候并没有太多的互联网用户过世，虚拟遗产还只停留在学者们探讨的层面，没有专门的法律，纠纷只发生在少数场合。更重要的是，当时的互联网公司有足够的存储能力存放所有人的数据，无论死人还是活人。

然而，二十多年过去了，我们的世界发生了巨大的变化，按照我爷爷的说法，这根本不是互联网原初设计者预想的未来。世界进入了一个被历史学家称为“数字冷战”时代。世界上的互联网四分天下：中国、美国、欧洲和俄国。他们有强大技术能力开发自己的域名系统和操作系统，美国仍然是最强的。其他缺乏独立能力的国家不得不依附各大阵营，使用它们的产品和互联网服务，俨然20世纪核冷战的架势。所有国内互联网公司都纷纷从美国纳斯达克退市转到国内A股市场；更为严厉的《网络安全法》进一步限制了向国外转移个人数据的商业实践。同样地，中国巨头向海外扩张也受到别国的严格审查。虚拟世界真正实现了主权化，同时带来了分裂割据的现实。

“还记得我经常提及的那篇《赛博空间独立宣言》是怎么说的吗？”爷爷指的是美国歌手巴洛于20世纪末写下的一篇檄文，“工业世界的政府们，你们这些令人生厌的铁血巨人们，我来自网络世界——一个崭新的心灵家园……在我们这里，你们并不受欢迎。在我们聚集的地方，你们没有主权。”直到我上了大学，才真正明白这话的意思。

爷爷告诉我，“数字冷战”时代肇始于2013年斯诺登事件，斯诺登的曝光激起了各国对美国国际电信权力的不信任，后来欧洲各国情报局纷纷同美国决裂，不再同美国分享情报数据，并基于欧盟的统一数字市场计划重构了互联网基础设施。中国和俄国也同时强调维护互联网主权，加快了实践步伐。在互联网时代，数据作为一种战略资源的地位自不待言，围绕数据产业链条（特别是数据的存储和加工）的争夺也愈演愈烈。

“您不是说过以前的互联网存储成本非常低廉吗？”

“是的，互联网商业化以后得以吸引投资者的原因之一是摩尔定律的存在，它告诉人们，信息处理能力每18个月就会提高一倍，信息存储技术也不断提升,这就是为什么我们今天到处都是云储存和云计算,人们不再需要自己的储存空间和计算终端,完全依靠这些无处不在的互联网公司。但是没有想到,数字冷战开始后,摩尔定律终于失效了,数据处理能力一路下滑,数据存储成本不断上升。尽管科学家们还在努力开发新的数据计算与存储方式,但大家都感受到了数字经济增长的尽头。一旦存储的空间停止增长,现有服务器和数据中心资源就变得稀缺。拥有它们的巨头公司股票炙手可热,各国政府也在帮助这些公司在海域和空域展开争夺。”

“这个我知道,寻求自然环境优良的地方建设数据中心可以极大减少耗费的电力,并借助像风和水这样免费的自然能源加快给服务器降温。”我抢答道。当时世界范围内的公海都被瓜分殆尽,关于南极大陆的谈判正在继续。

爷爷和我都没有提到的是,在各国纷纷开拓对月球和火星的探索之时,已经有国家提议在月球上安放服务器了,将信息通过卫星传输回地球。星际联网技术开发了几十年,不想是以这种方式最先派上用场。

当时中国20亿人口全都被拉入了虚拟世界,数字鸿沟在形式上得到弥合,一切复杂的社会生活都依赖于计算,这对数据储存的需求量可想而知。国内互联网完全被几大巨头把持,成为寡头垄断;巨头的形态也发生了明显的改变,从无所不包的互联网帝国浓缩成各类数据的储存者和分析者,并将实时的分析结果卖给其他有需求的商家。它们共同主导了这个国家用户数据的分析权力,并占有安放在从青海湖边到贵州山坳的大量服务器与数据中心。

在这样的背景下,就不难理解为什么虚拟遗产成为一个社会问题了。随着时间的推移,大量互联网使用者不断离世是一个主要原因(特别是我爷爷同辈的第一代互联网使用者们),他们的呼吁帮助设定了政策议程。但更重要的是,互联网公司不愿意继续为死者们储存数据了。在资源稀缺条件下,免费储存不再是公司用来吸引用户的手段,它们认为没有必要保留这些“过时”的数据。事实上人们都知道这套说辞背后残酷的真实:互联网公司通过数据分析可以清楚地知道哪些人是富人,哪些人是穷人。对于消费能力水平的低的穷人,其数据也就没有保留的太大价值。

在学术界,围绕虚拟遗产的争论仍然没有休止。个人信息是否应当财产化争论了二十几年,到抗议爆发那一年仍然没有定论。实际上每个人的个人数据早已成为互联网公司的资产,用户通过用户协议转移了数据的永久免费使用权,对自身数据的控制能力几乎为零。法学家们追求概念边界的精确,他们发现,虚拟遗产既可以包括用户在互联网上留存的一切信息内容,也包括他们在虚拟世界中的一切痕迹,甚至还包括虚拟货币。

立法的困境在于,如果赋予用户对其信息的绝对财产权利,互联网公司的力量便会遭到削弱。比方说,互联网公司破产后仍有义务永久保留这些数据,更不要说收益分红这类极端的提议了。这将极大减少它们的利润,并改变现有的商业模式。强大的互联网游说集团在北京通过各类场合的渗透,已经争取到相当数量的立法者和高级官员的支持。互联网公司希望无限期推迟《个人信息保护法》的立法进程,只要不碰触威胁国家安全的底线,政府对用户数据的深度挖掘不加干涉。

每个人在虚拟空间中留下的痕迹越来越多,这些痕迹远比个人创造出的作品、储存的文档和拥有的虚拟货币更有价值,也占据了个人数据的相当大的比重。因此当人们要求保留死者的虚拟遗产时,很多人想到的是这个人的数字档案完整性,另一些人则希望继续从死者的数据中获益。

我加入了抗议队伍,不是为钱,是为我爷爷。作为中国第一代互联网使用者,爷爷打我出生起就不停地吹嘘他的一只能拨号上网的“猫”和3.5英寸软盘(如今只有在博物馆里才见得到那些老掉牙的玩意儿),在谈到早期BBS和互联网开放精神的时候更是两眼放光。在2043年全国各大城市的保护虚拟遗产抗议活动愈演愈烈的时候,伴随着电视画面中汹涌的示威人潮和群情激奋的呐喊声,爷爷走到了他生命的尽头,大量关于他个人的数据都被保留在巨头服务器上。按照用户协议,用户去世后账号自动注销。那边派出所刚开出死亡证明、注销户籍,这边公司就发来了账户注销提醒,要求我们在7个工作日内清空爷爷的账户,保存一切可以保存的资料;否则直接注销,全部删除。也就是说,就像从来没有在这个世界上生活过一样。爷爷从来没在这个世界上生活过?开什么玩笑?谁给予它们这样的权力?拥有同样想法的成千上万的年轻人也想不通,他们很多是2020年前后受惠于二胎政策而大量出生的,对亲情比我体会得更深。于是我们共同走上了街头,为逝去亲人,也为终将作古的自己。

事实上,在抗议爆发之前,全国已经有数起法院判决宣告用户并不直接享有和互联网公司财产相关联的数据权利(例如,依赖于网络游戏的装备、个人账号等),有些律师在摩拳擦掌准备一场意义深远的集体诉讼。显而易见,逝者家人只能低效率地导出逝者生前发布的信息内容,却不能占有他/她的任何活动记录,这引起了人们的不满。他们认为这些记录应当是逝者在虚拟世界中完整不可或缺的部分,他们应当享有遗物完整性的权利。还有不少人怀疑互联网公司并未真正删除数据,而是继续在使用死者的信息获利。巨头公司的态度一直暧昧不清,还在依靠媒体和学术界的关系为其暗地制造声势,不愿意承担无价值数据的经济成本。

虚拟遗产问题引发了全民大讨论。在我大学的三角地到处都张贴着支持或反对某种观点的大字报,只不过这些大字报不是爷爷小时候经历过的那种写在纸上的大字报,它们以电子形式出现,需要有一个注册社团的成员身份才会被允许在电子三角地公告板张贴,同时允许使用匿名弹幕技术评论和互动。在网络群组大行其道的时代,保留电子三角地在我看来就是对古老时代的回忆和回应。三角地反映和转载了社会上各类不同的观点,我当时因为在报社实习,为撰写相关报道而到三角地发掘有代表性的一手材料,大致摘抄如下,有些显然已经超出了纯粹遗产范畴的争论:

法学者

虚拟遗产是个争议已久的老问题，一直没有定论。这主要是因为很难在立法技术上把用户产生的日常大量信息归为“遗产”，它和有价值的著作还不太一样，受限于互联网公司的服务本身；《继承法》规定了著作权中的财产权利可以继承，但数据就很难解释得通。另外，在未征得逝者同意就把他过去的信息交给哪怕是其最亲密的人也有违其隐私，法律至多只能要求继承和被继承人和继承人有共同交集的那部分信息内容。

弹幕：个人信息保护法久拖不决是否也是一个立法技术问题？

环保主义者

互联网经济是一条对生态文明破坏更重的经济，每天的服务器都排放大量热能到大气中，过去几十年中不断有研究表明，服务器散发的热量推动了全球气候的进一步暖化，也给青海和贵州本地的生态带来了负面影响。人类不应当迷恋数字文化和数字经济，现在是一个教育国民的极好机会，应当告诉他们不要把心思放在信息存储上，这会破坏我们的生存环境，应当让孩子们多接近和感受大自然！

弹幕：赞！人类还是应当回到田园农耕时代比较好。

老年人协会发言人

本协会致力于全体老年公民合法权益的保护。对于最近的虚拟遗产问题，我们的态度是一贯的，坚决支持每一位老年公民依法获取自己数据的权利，并将为其任何可能的诉讼承担费用。

弹幕：老年人去世后你们还支持他们吗？

数据权论者

不要把我们诬蔑为神秘的祖先崇拜团体。我们主张，数据权是一项基本人权，人死后，遗留的全部数据均应由家属继承。这不仅是对死者的尊重，更是对中国几千年悠久文化的发扬。不能说人活着的时候需要他们贡献数据,人死了就一脚踢开,什么都不让留下,更是和数据本身有没有价值没有任何关系。

弹幕:请问这项基本人权的成本应当由国家支付吗?另外,如果人们希望删除自己全部数据怎么办?如果他们又后悔了呢?

数据价值论者

个人信息成为有价值的资产已经是不争的事实。如果希望保留自己的数据,那么就让它变得更有价值些吧!信息资源不能也没有必要永久保留下去,而且人死后导出备份信息也是没意义的,如果不依托于既有平台,那些信息就纯粹是一团数字而已,不要再自欺欺人了。

弹幕:如何判断你的数据有无价值?是看看你对中国GDP贡献了多少么?

马克思主义者

一些极端市场主义者的论调已经充分暴露出资本家的丑恶嘴脸。人民群众是历史的创造者,应当有权拥有在实践中造就自身的生产资料,并拥有生产工具。既然数据产生自人民,应当用之于民,数据应当成为一个公共池,全中国人民都有权从中数据产生的价值中获益,就好比国有企业应当向大众分红一样,让他们共享改革成果。

弹幕:这样抽象来谈似乎很有诱惑力,但数据价值的生成和二次分配可能都会遇到以往国有企业的问题。有没有考虑过设立专门基金,或者干脆像欧洲那样,向互联网公司征一笔"数据财产税"?

未来学者

国外已经有技术将人的意识通过一套算法还原成另一个"自我",通过保留我们每个人的海量数据,未来我们每个人都可以重生和再造!所以请保留我们的数据!

弹幕:人类已经无法阻止火星人了!都2043了,说好的奇点呢?

人类学家、传记作者和历史学家

从我们的专业立场出发,我们强烈呼吁尽可能保留所有人的数据,这是研究中华历史和文化不可多得的原始素材,人类历史上第一次允许我们拥有这样丰富而细致入微的一手数据,有效的软件工具也会帮助我们筛选分析这些信息,这是以往的研究者做梦也想不到的优势。

弹幕:但那还是私人所有的吧,就算是去世了,如果家属不同意你跑到人家邮箱里查找某封邮件咋办?

《光明日报》社论

最近关于虚拟财产的法律保护再次引发热烈讨论,既说明中国网民权利意识的再度觉醒,又说明这个问题可能已经到了非解决不可的时候。如何处理好国家社会稳定、经济增长创新和个人权利保护三者之间的关系始终是过去指引我们解决互联网带来的一系列重要问题的主要原则。

弹幕:(已关闭。)

校园里的大字报讨论还是多少带些学生和学究气的,在社会上也很难说能掀起多大风浪。政府开始限制各类网站讨论此类话题,防止意外情况发生;新闻焦点也开始转向四大互联网主权国围绕月球表面使用权的商谈。这时的一个偶然事件成为促成群众抗议的导火索。历史学家们事后考证,认为2043虚拟遗产风波源于国内最后一个有影响力的移动社交网站的关闭。那时的社交服务早已摆脱了需要聚合人群到某一个网站上注册的老式套路,人们通过信息板就可以自由结识经过系统认证的朋友,像爷爷那个时代的Facebook、人人网早就因经营不善退出了历史舞台。人们在该网站上发表了大量有关自己的文字和照片,倾注了努力和心血,然而在关站的时候,该网站只是发布了一个通知,在承认给用户带来不便的同时,要求他们在一周内清空账户,否则"一切数据将会被永久删除"。

这一通知激怒了该网站的新老用户们,更不啻于是对即将辞世的老用户的一纸战书。耄耋老人和他们的孙辈都加入了抗议,为了他们自己、自己的长辈们和未来的自己。最开始抗议只是针对该网站,人群小规模出现,后来则吸引了更多的人,抗议目标也慢慢指向了如日中天的几大巨头。鉴于第一代互联网用户多居住在城市,抗议人群也多集中在北上广这样的大城市。他们聚集在巨头公司的总部面前示威,要求立即同意无条件保留逝者的一切信息。一些老人为了自己的信念因为酷暑难耐不幸提早去了另一个世界。后来人们逐渐意识到,仅仅占领巨头总部的威慑力不大,重点在于服务器和数据中心,那里才是新经济的命脉所在。因此有些年轻人居然又为了革命理想乘车上百公里跑到贵州、青海等大数据存储和交易中心,扬言要接管这些地方。所幸没有出现破坏这些国家关键基础设施的勒德主义行为,否则历史将是另一种写法了。大部分人的诉求非常明确:保留逝去亲人在虚拟世界中的一切。

爷爷生前并未困惑于自己的数据是否应当保留这样的问题,也许是因为和我们“数字一代”相比,他们那代人有不少资料并没有联网和数字化,而是以纸质档案形态一直存放在工作单位,在价值上也远远没有被商业化开发。当我们闲聊起这个话题时,他也并未觉得失去这些所谓“遗产”是多大的损失,只是和我谈起了起源于欧洲的“被遗忘权”。这一权利在欧洲以外基本没有得到其他国家的响应和支持,因为这一权利对互联网公司来说徒增成本,无助于数字资本主义发展。爷爷说他希望有一天中国网民真正能够自主选择是否保留某些个人信息;这个社会应当学会遗忘,学会让它的成员们不断成长,而不是被过去的羁绊影响终生。他教给我应当如何看待自身生命的完整性,也教给我应当有勇气向前看。这是爷爷体会到的互联网原初精神吗?

风波平息的速度和它兴起时一样迅速。电视里“适时”传来了好消息:四大互联网主权国商定了在月球上的势力范围,中国将有权使用月球表面的“东方海”等盆地区域。这意味着即使是穷人的数据也可以被放置在那里的服务器中,接受相对较差的服务。这对巨头公司无疑也是利好消息。更重要的是,全国人大常委会顺势修改了《继承法》,在第3条有关"遗产"的定义中,增加了一项"虚拟物品和个人信息"。这等于承认了月球服务器的法律地位,但距离很多人设想的真正信息财产权还差得远。

人一生的数据积累起来有几PB,用三个大硬盘可以装得满满的,但仔细想想又能有几何?我可以一下子列出一打告诉你如何对待死亡的哲学家,他们却没有一个能告诉你应当拿你身后的数据怎么办。如果说信息是主体在虚拟世界中的延伸,它也应当被赋予了某种不可剥夺的神圣主体性。可这一主体性是借助技术手段人为建构起来的,离开了原来的主体,它将丧失赋予其特定价值的基础。皮之不存,毛将焉附。当代心灵哲学家们还就意识和不朽展开了思辨,我当初在阅读的时候,心中充满了好奇和困惑,但现在却无比透彻:信息的全部价值是使我们当下的生活变得更有意义,如果你怀念老人,还是多花些时间和他们在一起吧。我想起了爷爷的音容笑貌,想起了他每一次给我讲早期上网的精彩故事,他会活在我心里,并通过这类口耳相传的小故事永远传给我的后代们。这故事的形成无疑是专断而偶然的,通过个体和社会有限的记忆进行整理加工,但正因为如此才更宝贵和动人,人类历史上的重要故事概莫能外。

在风波结束后的若干年里,有公司开始开发出基于用户过去的数据而形成的数字模拟偶像(通过生物信息进行的克隆实践仍然被严格禁止),可以和活着的人就过去的共同记忆开展对话。我的不少同学也被招去研究这类准人工智能的社会和哲学意涵。和许多科技创新一样,一开始只有富人才用得起,随后才慢慢普及大众。不平等会持续,类似的抗议某一天可能会再度兴起,这毕竟涉及祖先、亲人和情感。但我的想法变了。

我钦佩那些坚定的数据权利主义者们,他们宁肯死守一块冷冰冰的硬盘。我内心能直觉地感到,这并不是逝者想要的。毫无疑问,不同的人通过这场风波获得了不同结果,一些人认为民众获得了虚拟世界中的政治自由,即不依赖于巨头公司的自主权;另一些则看到普世的经济自由还有待进一步争取;就连那最后的社交网站也幸运地免于破产,被当作政治宣传的典型奇迹般地获得了银行贷款。而我始终在思考我们和祖先——最终是和我们自己——的联系。通过挖掘一堆数据、压缩进供奉在桌上的存储设备,或者创设成虚拟偶像,人生存在的意义实现得未免也太容易了些。

我做出了自己的选择。

《法律和社会科学》(2016)
第15卷第1辑,第73~100页

法律如何处理数据财产

——从数据库到大数据

李　谦*

摘要:按照传统知识产权历史发展的理解,技术与商业都是知识产权变化的推动力,而真正将技术革命与商业贸易相互勾连起来的是商业模式的变迁。商业模式的变迁表明商品交换行为的变化,而商品交换行为正是知识产权的运用行为在现实生活中的具体体现,三者环环相扣,彼此支撑,最终投射进法律规范层面,即是知识产权的历史演变。而数据库商业实践与法律构造不过是这一古老逻辑的新展开。在中国,近乎空白的个人数据法律保护现状和相对残缺的数据库法律保护,演化出一种"低法治状态"下的数据保护状况,其与中国目前蓬勃兴起的数据商业形成了某种难以言述的脆弱平衡,这一脆弱平衡所塑造的法律现实环境反过来又成为大数据及商业兴起的最重要的外部条件。

* 清华大学法学院博士研究生,电子信箱:dustcoat@126.com。

一、引　言

人类的知识信息、艺术感悟甚至个人情感,由于认知思维的生理制约,必须以符号的形式寄寓到某一物质载体之中即媒介。然后,人的认知思维再将符号形态的信息与情感从中识别、感知。原始时代的岩石壁画、结绳记事是这样的符号载体;文字发明之后,碑刻、铭文、竹简和图书也是这样的符号载体。① 过去,符号和媒介的认知同一性表现为某一具体物,最典型就是图书。这是一种特殊的物,具体的物质载体和抽象的信息符号相互结合即为具体物与抽象物(abstract objects)的结合。② 现行法律对此给予特殊的权利配置,具体物上赋予财产权,抽象物上赋予知识产权或其他精神权利。这种权利配置是历史发展的产物,偶然性与必然性彼此伴随,随着技术发展、商业实践和思想控制等各种力量共进催化,最终形成了处理具体物与抽象物权利关系的现代知识产权法体系。③ 今天,数据(data)成为抽象物的新类型,是信息得以存储、传播和再生产的新形式。围绕着数据,各方利益相关者展开了激烈博弈,传统知识产权法上抽象物与具体物的权利配置是否同样适用于数据成为争锋焦点。此外,数据法律构造的其他实践和理论探寻也层出不穷,特别是在获取数据与利用数据方面,合同法实践已经悄无声息地越走越远。④

数据作为法律客体所引发的重大法律争议,主要因为其特殊的媒介属性和技术属性。数据的媒介属性,通常认为彻底脱离具体物的物

① [美]詹姆斯·格雷克:《信息简史》,高博译,人民邮电出版社2013年版,第一、二、十五章。

② See Peter Drahos, *A Philosophy of Intellectual Property*, Dartmounth ,1996, pp. 173 - 174.

③ [英]布拉德·谢尔曼、莱昂内尔·本特利:《现代知识产权的演进》,金海军译,北京大学出版社2012年版,第11章、第251~261页。

④ 高富平:《信息财产》,法律出版社2009年版,第353~364页。

质性的原子构成，而呈现为非物质性的比特（bit）构成，所谓比特，通俗理解为信息的数字化存在形式。① 这一媒介特性意味着，数据不再需要具体物作为物质载体，它即是载体亦是符号，只需要相应的数字化系统工具加以呈现，使得人的认知思维可以直观识别。换言之，信息的数据形式表明，具体物与抽象物是可以分离的。这样的可分离，一方面，使得抽象物的商业利用方式发生了深刻的剧变，占有式的物质性的货物交易急剧转变为体验式的非物质性的服务交易；②另一方面，因商业实践的变化而直接影响现行版权法对作品抽象物的权利安排，传统的复制权式微，新兴的信息网络传播权成为核心。同时，数据还有相对复杂的技术属性，如果数据规模集聚，便具有反复挖掘数据而获取新信息的可能性。随着信息科技的深入发展，数据在将来可能会成为最为广泛、普通的信息存在形式，数据的种种属性将接二连三地冲击现行法律对于抽象物的权利配置，深刻地引发出隐伏在抽象物权利配置之中的诸多价值冲突。

本文将交织运用数据的技术属性、商业实践和法律价值冲突等观察视角。首先，简要地考察信息产业兴起之后，现行法律如何处理数据，特别是现有的法律体系如何将数据库（database）纳入制度安排。其次，着重指出大数据（big data）将彻底改变以往法律体系处理数据的制度建构，而问题的焦灼在于，商业利益冲突之后还有难以消解的价值冲突。最后，尽管抽象物的法律构造之中充满了历史的诡变与偶然，但是信息商品化与商品交换关系的变化则是隐伏其间的主线，抽象物的权利配置背后是商品交换关系的常态与变态的交替，更是信息商品化的反复变奏。然而必须冷静的是，信息抽象物的公共性寄身于数据已重回法律视野之中。

---

① See Raymond T. Nimmer, Patricia Ann Krauthaus, " Information as a commodity: New Imperatives of Commercial Law",55 *Law contemp. Probs*, 103, 1992, p. 106.

② 当然，这并非是数字信息技术兴起之后的新现象，而是一个信息技术长久演化的缓慢趋势，如电影作品的商业利用方式就主要是体验性的服务交易，而非占有式的货物交易。

二、数据库的权利配置:价值冲突和商业实践

数据作为信息的存在形式并非相当晚近的历史现象,但是,其成为备受关注的现实问题则是因为个人数据和数据库所引起的一系列政治与法律争议。由于过去技术发展和商业实践的历史局限,人们习惯于将数据所表达的不同信息内容客体作为数据区分标准。于是,在数据的权利构造上,通常认为个人数据关乎个人隐私与人格权利,而数据库则与财产权利关系紧密。数据库,顾名思义,即大量数据的信息集合体(collections of information),是信息产业至关重要的“心脏”。[①] 从数据库产业链的演化形态来看,早期的数据库商业模式依赖于已有的版权内容产业,庞杂的版权内容是信息数据化的基本“原料”。因此,数据库的法律问题一开始就围绕着知识产权与不正当竞争,数据收集与存储直接影响着作品的权利安排和版权产业的竞业关系。同时,这也是为什么数据库法律的推动者首先就是相对发达的版权内容输出国,如英国和美国,而被动接受的版权内容消费国则一直在国际立法上消极应对数据库立法。[②] 可以说,相较于个人数据所依托的人格权利,数据库并非一个简单的“自然权利”所能覆盖,而是由众多历史关系牵引的复杂问题。

(一)域外法经验:何种程度的财产权?

欧盟国家和美国是数据库立法的主要倡导者,但是双方基本立场与立法技术存在重大差别,这些区别折射出抽象物之上权利配置所隐含的价值冲突和商业差异。时至今日,欧洲的《欧盟数据库法律保护指令(1996年)》和《欧盟关于协调信息社会版权和相关权特定方面的

---

① 中国没有数据库立法,因此没有如欧盟立法上法定通行的数据库概念定义。由于本文所分析的是依然处于商业变化和技术发展的数据库,因此采用比较宽泛的数据库定义。这一定义的法律解释可参考美国数据库立法HR.354法案。

② 许春明:《数据库的知识产权保护》,法律出版社2007年版,第2章、第10~16页。

指令(2001 年)》等立法与司法实践所树立的数据库版权保护、特殊权利保护,与美国积极倡导的数据库反不正当竞争法保护,已成为数据库立法的两大主流意见。①

比较欧美的两大主流意见,究其实质,双方争讼焦点在于数据库的财产权利应当到达何种强弱程度上。② 数据是将信息内容进行数字化处理之后的技术产物,信息内容的数字化过程令人很自然地联想起版权法上所规制的复制行为。③ 而且,早期数据库的制作技术和商业模式直接脱胎于版权法上汇编作品,汇编作品与作品之间的法律关系可以直接映射到数据库与数据之间。尽管大数据兴起之后,数据及数据库的内涵已经超越法律上的传统数据库观念。但是,当初数据与作品之间所想象的法律拟制关系却关键性地决定了数据库的法律构造:财产权利是数据库的起点。

首先,数据库被视为版权法上的汇编作品,数据库的制作与编排因其独创性,遵循版权法上汇编作品的权利安排,将获得汇编作品所享有的版权权利。从财产权的强度而言,比之传统物权,版权是一种相对较弱的财产权利,其有明确的权利期限和严格的权利限制,数据库作为版权客体,其权利配置自然沿袭诸多限制。而且,更重要的是,在实践中,作品的独创性门槛标准会造成数据库因没有独创性而丧失作品资格,在实际认定中很难获得版权法的保护。④ 应当说,数据库不能直接等同于汇编作品,两者只是在认知上有着一种便于理解的隐喻关系,某些有汇编作品性质的数据库只是数据库的一种,而不能代表所有数据库。两者的隐喻,只是由于早期的数据库商业模式迫切需要版权作品通过数字化处理为数据以此构成数据库,才形成数据库主动汇编作品或其他材料而形成汇编作品的法律想象。当然,更关键的原因,数据作为新

① 高富平:《信息财产》,法律出版社 2009 年版,第 9 章,第 236~237 页。

② 郑胜利、崔国斌:《数据库保护的立法现状与基础理论》,载《北京大学知识产权评论》2003 年第 1 卷。

③ 将作品数据化的临时复制本身就是一个重要的版权法争议,参见王迁:《网络环境中的著作权保护研究》,法律出版社 2011 年版,第一章。

④ 李扬:《数据库的法律保护研究》,中国政法大学出版社 2004 年版,第 57 页。

型的抽象物,沿袭已有的版权法法律概念和法律关系,能够及时地保障数据库产业的利益。①

其次,在个案实践中,各国一直都在较为务实地运用反不正当竞争法来处理数据库的法律纠纷。与版权法的权利配置相反,反不正当竞争法明确拒绝将财产权利配置给数据库,而是通过判断具体商业竞争行为的性质和程度来展开一系列复杂的司法考量,特别是分析当事人的商业竞争行为究竟有什么具体影响,以及综合考虑到当事人可能从制作数据库的资本投入中所获得的合理收益。② 这一法律保护的运作形态即是至今通行美国的数据库的盗用侵权(tort of misappropriation)保护原则,不仅如此,盗用侵权还是屡次立法失败的美国数据库立法的基础原则。换言之,在立法意旨上,美国数据库立法就偏离了欧盟的财产权模式,其不认为数据库应该获得一种典型的财产权利。盗用侵权是美国法上一种独特的反不正当竞争保护,其流变复杂,在美国各州皆有不同形态的判例规则。盗用侵权保护的独特之处在于,一方面它与基于保护作品的数据库版权权利截然分立,断然否定数据库自身存在一种财产法上的具体权利;另一方面,至少在有关信息或版权内容竞争上的侵权盗用保护,都要求原告实施了某种程度的财产法或美国版权法上的先占适用,使得侵权盗用保护在某种程度上又是以一种准财产权利的存在为前提。③ 当然,相对财产权利属性明确的版权和数据库特殊权利,盗用侵权保护只能算是一种最弱的财产权利。

最后,欧盟所倡导的数据库特殊权利保护是一种强大的财产权利,数据库几乎等同于获得一种不动产意义的财产权利。④ 从权利构造来讲,第一,相比其他抽象物客体的权利行为,数据库特殊权利的权利行为类型化程度相对模糊。以"提取"和"利用"来定义权利行为,一方面

① [澳]马克·戴维森:《数据库的法律保护》,朱理译,北京大学出版社2007年版,第12页。

② 同上,第38~42、180页。

③ 同上,第180~193页。

④ 许春明:《数据库的知识产权保护》,法律出版社2007年版,第七章。

因行为特征外延包涵较广，从而扩大了数据库权利人对抽象物利用行为的控制权，另一方面突破了控制商业利用的传统观念，明确认定数据库“提取”或“利用”的行为不管其是否为商业目的都在控制之内。[①] 第二，抽象物的知识产权都是有一定时间期限的财产权利，数据库特殊权利依循法理，同样有法定期限。但是根据欧盟立法，经实质更新的数据库保护期应独立计算，换言之，数据库更新即能获得永续时限的数据库特殊权利。然而更具颠覆性的则是权利的正当性，数据库特殊权利的正当性论证完全摆脱了“激励创作”的版权法原理，反而直接以“激励投资、保护投资”为基础。由此，数据库不再受制于传统抽象物上的权利配置原理，作品门槛标准遭到摧毁，产业发展的经济价值成为立法导向。特殊权利论所立足的“投资激励说”，其实也并不是数据库的独特学说，知识产权学说中一直就存在着“创作保护论”与“投资保护论”的争讼。[②] 仅从实用效果来看，知识产权在现实运作中的确表现出有效的投资激励。但是，就算不考虑抽象物之上的重叠利益和多元价值这一复杂问题，仅从功利主义的经济效率角度来观察也会发现信息流通与信息生产之间具有十分复杂的流变关系，过强的财产权利可能会严重阻隔信息流通，进而阻滞信息生产。[③] 传统知识产权之所以有限保护抽象物，恰恰是反思与权衡的结果，是一种必要的妥协和因势的策略。正是因为如此，数据库特殊权利论遭到了严厉批评和实践质疑。实证研究发现，提供数据库特殊权利保护的国家，他们的数据库产业并因为“投资保护”增强而获得巨大发展。[④]

归根结底，强弱不同的数据库财产权利安排实际上反映了各个国家对同一个价值冲突即信息私有化与信息公共化的不同立场和处理方

---

① 高富平：《信息财产》，法律出版社 2009 年版，第 210 ~ 214 页。

② 熊琦：《著作权激励机制的法律构造》，中国人民大学出版社 2011 年版，第 20 ~ 24 页。

③ ［澳］彼得·德尔霍斯、约翰·布雷斯韦特：《信息封建主义》，刘雪涛译，知识产权出版社 2005 年版，第 14 章，第 247 页以下。

④ S. Maurer. “Across Two Worlds: Database Protection in the US and Europe”, http://www.researchgate.net/publication/228794091_Across_Two_Worlds_Database_Protection_in_the_United_States_and_Europe，访问时间：2015 年 4 月 29 日。

式,信息私有化代表着鼓励投资、保护投资的经济价值,实现信息的其他价值必须以此为基础;而信息公共化则认为信息流通是人类社会基本准则,更是思想自由、民主政治的基础,优位于经济价值。此外,版权法保护与特殊权利保护的差异还显露出经济激励自身的内部张力:激励的最终目的究竟是激励创作还是激励投资?如前所述,信息所有与信息生产之间关系复杂,权利实现受制于商业支配,财产权利的激励对象可能仅仅是版权产业的投资者而非版权法字面意义上所明确的激励对象即作者,强财产权并不意味着信息生产获得提高。[①] 而且,传统知识产权的权利配置充分考虑到信息流通的重要性,在信息数字化技术之前的信息印刷时代,版权法规定合理使用等权利限制以保障信息流通。现在,数据成为信息存在形式之后,具体物与抽象物已然合一,无法接触数据就无法接触信息,数据库赋予强财产权之后将如何保障合理使用?事实上,数据库的商业模式已经造成了某些合理使用的消失,数据使用者的行为要么是商业购买取得数据库使用权,要么就是数据库侵权而盗用数据。

纵观历史,信息抽象物的权利安排深受价值立场选择差异的影响,精雕细琢的权利话语在字面上呈现为不同价值观的义理推演。但是,知识产权实质上是一种特定抽象物的商品化利用权。从这一权利的构造及其演变来说,价值选择是立法者的预期目标,真实而具体地塑造权利的往往是特定抽象物的商业化利用行为。抽象物须与具体物结合才能完整呈现,这一自然的物理属性造成以往的抽象物的商业化利用主要是具体物品形态的货物交易。这样,将抽象物固定制作为某种物质形态的复制行为成为主要的抽象物商业行为,同时亦是最重要的权利行为。具体以版权作品为例,书籍是版权作品的具体物,抽象物的流通则是以具体物的货物交易来完成。在数据技术应用早期,数据主要用以数字化转化处理已有的作品内容信息,当大量的版权内容信息需要集聚性地数字化转化处理时,制作数据库的技术行为就被认为具有汇

---

① 费舍尔对美国音乐产业版权状况的分析非常清晰地证明了这一点。参见[美]威廉·W.费舍尔:《说话算数》,李旭译,上海三联出版社2008年版,第2章。

编作品的特征。因为这些特殊的相似性,早期数据库的商业形态同样很接近传统图书贸易的抽象物商业模式,典型即是数据库光盘软件销售类比为图书销售。从知识产权商务运营的角度来讲,制作版权作品的数字化产品无疑是对版权作品的商业新开发,将与图书贸易形成并行不悖的商业新途径。而且,以理想状况考虑,数据自身的媒介属性,一方面会适宜地减缩传统作品内容产业中各种僵化的交易成本,另一方面会扩大数据信息流通的各种渠道,对整个社会公共利益具有积极的正外部性。发达的版权内容输出国正是看到了数据库的未来广阔前景,才不遗余力地推进数据库的产业政策和立法保护。

发展数据库,借此催生发达的信息产业,这是欧盟数据库保护立法的基本目标,由此才生成出强大的数据库特殊权利保护。然而,强保护的数据库特殊权利仅仅是欧盟数据立法的一个面向,同样强大的个人数据权利保护则是欧盟数据立法的另一个不可忽视的面向。反言之,欧盟并非视而不见数据的多元价值和重叠利益,相反,其有着更加详细周密的思考。欧盟在立法上兵分两路,一方面激励数据库投资,保护数据库商业模式,以版权保护和数据库特殊保护两重权利塑造出最强力度的数据库财产权利;另一方面,又通过立法个人数据保护指令,全程规制个人数据的收集、存储、流转和利用,将个人数据权利视为宪法基本人权,严格控制个人数据的商业实践。① 由此可见,欧盟的立法本意可能认为数据库和个人数据可以在各自的数据定义范围里获得正当、有效的权利配置,彼此不会冲突影响。换言之,数据库的商业实践与个人数据的法律保护能够获得协调,不会冲突。时至今日,欧盟的这一深远见识利弊两现。第一,互联网与大数据兴起之后,数据库与个人数据成为数据法律的争议核心,表明欧盟双管齐下的数据立法确实切中趋势。第二,商业实践将数据库与个人数据的紧密相连,欧盟将两者并立的立法框架某种程度上反而掩盖了两者的内在联系与价值冲突。其中最为关键的一点,就是欧盟过于自信地认为数据库的产业发展与个人

---

① [德]克里斯托弗·库勒:《欧洲数据保护法——公司遵守与管制》,旷野、杨会勇等译,法律出版社2008年版,第1、2章。

数据的权利构造并无直接冲突。

为什么欧盟会出现这样的认识?笔者认为,这是由于欧盟对于数据库的商业实践有一个基于历史实践的理想预设。这个理想预设就是已经讨论过的抽象物商业利用问题。欧盟沿袭传统的抽象物商业模式,等同看待数据与图书的媒介属性,潜在地将图书商品交易模式视为数据库商业模式的模板即以基于具体物的货物交易来实现抽象物的流通。同时,欧盟亦意识到非物质性的数据难以控制流转的特征,以数据使用替代货物占有,这才在传统版权法的实践基础上构造出行为类型化相对模糊、财产权利程度更强的数据库特殊权利。同时,为与个人数据的法律权利构造相互协调,欧盟在司法实践中甚至忽视数据库的技术与商业发展趋势,以司法判例缩限数据库保护的客体范围。2004 年欧盟法院遵循所谓副产品原则(spin-off theory),判定只有直接投资于数据库的生产,从外部收集、核实、汇编形成的数据库才能够赋予数据库权利,而其他不是主动收集而是因经营活动意外获得的“副产品”数据库则不是保护主体,这就将处于数据库发展前沿的以各种行为数据、事实数据收集和挖掘为商业驱动的互联网数据库排除在外。① 于是,欧盟的数据立法产生了出乎意料的后果,代表数据库发展前沿的互联网数据库不仅仅丧失保护,更重要的是,个人数据的强大权利保护又直接制约着互联网数据库的发展。因此,通观欧盟的数据库法律理论与实践,可以判断,欧盟的数据库与个人数据立法框架、司法实践对不同类型数据的权利配置间接地锁定了数据库的商业模式,即一种类似于图书商品交易的数据商品交易成为权利配置所意外锁定的商业实践模式。然而,意想不到的是,如此权利配置所锁定的商业模式并不是数据库技术乃至数据产业发展的未来趋势,这或许就是导致欧盟数据库立法失败,没有到达预期目的的现实制约之一。

通过立法保护乃至发展以数据为驱动的信息产业同样是美国的经

---

① 高富平:《信息财产》,法律出版社 2009 年版,第 239 ~ 245 页。另见 Sarah wright and Priya Vatvani, “Death of the database right?”, Copyright-world, Sep. 2005. http://www.olswang.com/pdfs/copyrightworld_sep05.pdf,访问时间:2015 年 4 月 29 日。

济战略,由于各方博弈僵持不下,美国始终没有在联邦层面上立法通过一部法律来处理数据库的法律问题。自欧洲1996年通过数据立法以来,美国国会试图推进的数据库立法都未获成功,[①]仅从法律构造的角度而言,财产权与不正当竞争的两难选择始终是美国立法的难点。起初,美国毫无疑义地坚持强财产权保护,第108届国会之前所有法案要旨都是承袭欧洲《数据指令》的数据财产权观,但是,"美国立法建议的出发点是欧盟立法的终结点,而它的终结点与欧盟的出发点非常类似"(戴维森教授语),第108届国会的立法草案表明了美国的最大共识就是回归不正当竞争权利,以商业保护、侵权责任的法律形式处理数据库,信息流动的公共利益如果不是超越信息生产的私有权利,那么至少也同等重要。由于没有统一的法律保护,美国继续沿袭传统的行业自治和竞争法规制,这样的法律现状反而使得美国没有像欧盟那样以具体的权利配置来过早锁定数据库的技术发展和商业实践,最终令美国的数据库产业远远胜过欧洲。[②] 此外,平心而论,美国普通法中分散而庞杂的隐私法判例、灵活处理竞业关系而模糊配置权利的盗用侵权用于解决数据库实际法律问题并不逊色。总而言之,欧美的数据库立法与实践告诉我们,数据的权利配置与商业实践的互动关系微妙而复杂:欧盟雄心壮志的个人数据与数据库立法框架在商业实践中进退失据,令其立法目的最终落空,过强的财产权利不一定利于产业发展,稍弱的财产权利也不一定阻滞产业发展。[③]

(二)中国的数据库法律保护和商业实践

与过去系统地继受国外知识产权法有所不同,没有强大的国际谈判压力,中国面对数据库的法律争议时,没有亦步亦趋国外学说与司法实

---

① 分别为第104届国会的H. R. 3531、第105届国会的H. R. 2652、第106届国会的H. R. 354和H. R. 1858、第108届国会的H. R. 3261和H. R. 3872。

② [美]卡尔·劳斯迪亚、克里斯托夫·斯布里格曼:《Copy Right! 模仿如何激发创新》,老卡、蒋曼、连涟译,电子工业出版社2015年版,第238~245页。

③ 欧洲数据库产业的实证调查参见:Commission of the European Communities, DG Internal Market and Services Working Paper, First Evaluation of Directive 96/9/EC on the Legal Protection of Data-bases, at §1.4, Brussels, 12 December 2005, http://ec. europa. eu/internal_market/ copyright/docs/databases/evaluation_report_en. pdf。

践。相反,谨守抽象物权利配置的知识产权法原理,认定数据库属于汇编作品,尤其强调独创性的重要。① 因此,有学者总结学术界主流观点认为中国法上的数据库法律保护应该是一种混合式的法律交叉保护模式:第一,利用版权法为在编排制作上具有独创性的数据库提供版权保护;第二,利用反不正当竞争法为市场竞争领域内的数据库提供保护;第三,利用民法、商业秘密法为某些种类的数据库提供保护;第四,利用个人数据保密法、隐私权制度及宪法中的某些制度对数据的权利设计进行平衡;第五,利用行政法、刑法为数据库权利提供有力保障。② 当然,在学说与实务上,要求援引欧盟主导的数据库特殊权利保护的主张也不乏其声。③

需要强调的是,在数据库法律保护上,欧洲更强调特殊权利保护论,美国则更侧重不正当竞争法保护,但其共同之处都是一定程度地放弃了版权法上的作品保护原理,迂回地援引其他法律关系作为正当性基础,从而可以重建法律框架来宽泛保护各种内容类型的数据库,特别那些不是作品数据而仅是事实数据,同时在数据库制作编排上亦很难体现独创性的数据库。判断作品的独创性本身是一项相对复杂的法律认定,而数据库制作的技术属性使得其每一个独立数据库的技术架构和制作工艺有很多相同之处,特别是针对同一类信息又具有商业竞争关系的数据库,往往很难区别它们各自所谓汇编作品的独创性。相较其他国家或地区,中国没有回避独创性的底线要求,反而在数据库法律保护中坚持以作品保护为主,反不正当竞争为辅的法律保护原则。显然,这一定程度上造成事实内容型的数据库在中国很难获得实质有效的法律保护。④

---

① 高富平:《信息财产》,法律出版社 2009 年版,第 415 ~ 442 页。

② 管育鹰:《知识产权法学的新发展》,中国社会科学出版社 2013 年版,第六章,第 409 页。

③ 李扬:《数据库的法律保护研究》,中国政法大学出版社 2004 年版,第 57 页。

④ 北京华信捷公司诉机械信息研究院侵犯著作权及不正当竞争纠纷案,(2001)京高知终字第 33 号民事判决书;本案是比较典型的事实型数据库未获保护的案例。不仅如此,互联网产业兴起之后,类似案件中事实内容型数据库依然很难获得法律保护,详见上海汉涛信息咨询有限公司诉爱帮聚信(北京)科技有限公司侵犯著作权纠纷案(大众点评网诉爱帮网),(2009)京一中民终字第 5031 号民事裁定书。

故此，中国的数据库法律保护是一种较弱财产权的权利安排，如果仅从正式的法律渊源角度来看，这种权利安排主要还是针对具有独创性的汇编作品型数据库，而事实信息型的数据库则几乎是裸露于法律真空之中，只在某些特殊个案裁判中获得其他部门法的相应保护。那么，这种弱财产权的权利配置对中国语境下的数据库商业实践究竟意味着什么？

首先，观察中国目前的整体的数据库产业现状。参照欧美数据库立法目的，一般认为，如果没有相应的法律权利保障，数据库产业应该遭受严重阻碍，特别是司法实践中法律保护十分不确定的事实型数据库。然而，相当吊诡的是，中国的数据库产业发展并没有因为较弱财产权的权利配置而受到严重阻碍，短短十几年的时间，中国的数据库产业从无到有、由少变多获得快速发展。① 而且，这还仅仅是作品内容型数据库的商业发展势头，其商业实践与欧美国家的早期数据库商业实践相同即一种类似图书商品交易的数据信息供需交易模式。更令人意想不到的是，裸露于法律保护之外的事实内容型数据库，伴随着中国互联网产业的迅速崛起，获得飞跃性发展，已成为互联网信息产业的核心技术及商业未来。② 其次，从数据库的具体演变来看，事实内容型数据库也并未因为法律权利的缺失而萎缩。相反，生成于互联网产业的事实内容型数据库革命性地扩展了传统事实内容型数据库的数据范围，以人的网络行为数据为纽带重新汇总一切基于人的事实信息，作品、行为或其他事实信息在此意义上均被同质化为数据类型而不视为具有实质区别。从技术演化的趋势来看，作品内容型数据库已被吸纳为互联网产业数据库制作的一个子集，与事实内容型数据库彼此支撑。数据库制作也由此获得新定义，在欧盟数据库司法实践中曾被认为是因经营活动而产生所谓"副产品"的各种非作品内容的数据已经成为数据库制作的主要数据资源。

---

① 季星、丁胜：《我国商业数据库产业发展状况分析》，载《科技情报开发与经济》2007 年第 22 期。另见许春明：《数据库的知识产权保护》，法律出版社 2007 年版，第 4 ~ 7 页。

② 赵国栋、易欢欢、糜万军、鄂维南：《大数据时代的历史机遇：产业变革和数据科学》，清华大学出版社 2013 年版，第 1 章。

通观现状,我们是否可以认为中国数据库法律保护的缺失并没有影响数据库乃至信息产业的发展?为此,我们要深入理解中国数据库产业发展的具体环境。

第一,中国的数据库产业刚好内嵌入中国互联网产业,两者几乎同时起步。因此,传统的作品内容型数据库一开始就只是中国数据库产业发展的一个断面枝节,互联网产业蓬勃兴起的平台战略很快推动事实内容类型数据库跃升为数据库的技术未来和商业愿景。与此相应,作品内容型数据库其类似于图书商品交易的数据交易商业模式也遭到边缘化,由此,数据商品交易中极易引发数据版权侵权的法律问题也并不是事实内容型数据库的主要问题,因为事实内容型数据库已将数据由商品交易对象转化为商业秘密,互联网公司基于自身商业秘密而展开数据挖掘,以优化网络服务和优化产品来摸索数据商业实践。因此,除非网络黑客攻击和自身管理失误,事实数据很难外泄,而保护数据的则是代码;①同时,按照 Pamela Samuelson 教授的理解,商业秘密只是商业竞争中受保护的特殊法律情状,并非一种财产权意义上的权利。② 简言之,事实内容型数据库在实践中并不亟须一种财产权的保护,相反,依循新兴的数据商业模式的生成逻辑,软件代码和硬件服务器已经构筑出相当于版权法上技术保护措施的自力保护。

第二,决定事实内容型数据库的商业实践及其法律构造的个人数据保护法律在中国近乎空白。事实内容型数据库不需要财产权的强力保护,并不表示它不希望获得财产权保护。但是,在理论与实践上如何界定事实信息的权利配置,尤其有关个人行为的人格和隐私等事实数据如何配置财产权和人格权,这是一项世界范围内的难题。如前所述,欧盟的数据立法正是在数据库和个人数据的权利配置上过度自信,错

---

① [美]劳伦斯·莱斯格:《代码2.0》,李旭、沈伟伟译,清华大学出版社2009年版,第245~251页。

② Pamela Samuelson. "Information as Property: Do Ruckelshaus and Carpernter Signal a Changing Direction in Information Intellectual Property Law?" 38 Cath. U. L. Rev. 365. 1989.

误地间接锁定数据库的商业路径，意外造成数据库特殊权利失去实效，整个数据法律框架反而妨碍欧洲互联网产业的发展。在欧盟的统一数据法律制度和美国的分散性处理数据法律问题的法律框架之外，中国则是近乎空白的个人数据法律保护现状。尽管随着实践和立法不断推进，在《民法通则》和《侵权责任法》等法律框架下有关个人数据泄露方面的法律保护正在不断受到重视。① 但是，有关个人数据的收集、存储和分析等正式法律保护依然付之阙如。可以说，正是这样一种“低法治状态”（冯象教授语）下的个人数据保护状况，与中国目前的数据库法律保护形成了某种难以言述的脆弱平衡，这一脆弱平衡所塑造的法律环境成为事实内容型数据库技术及商业实践兴起的最重要的外部条件。② 事实内容型数据库在技术发展和商业实践中所显示出的某种程度的独立封闭性，与这一外部条件相互协调适应，才使得尽管个人数据法律保护严重缺失，但在商业竞争层面之外的个人数据法律争议并不特别引人注目。

因此，不能仅仅以数据库的财产权利配置来理解中国数据库产业的发展状况，数据库的财产权利和其他数据的相关权利并非截然无关，两者在何种程度上形成协调或者彼此冲突，会直接影响数据的重叠利益和多元价值。因为，权利配置的衍生后果将是间接锁定抽象物之商业模式。从这一视角出发，才能将中国数据库法律保护的弱财产权配置和中国个人数据保护的缺失相互联系起来，再完整地结合数据库产业的技术发展和商业趋势，由此理解为什么中国数据立法的“荒芜”会成为中国数据商业实践兴起的重要条件。

中国的数据库商业实践依托于互联网产业，互联网甚至重构了作品内容型数据库的商业模式，将货物贸易改造为服务贸易。随着互联网逐渐深入中国社会的各个层面，中国庞大的网民数量及各类

---

① 郭瑜：《个人数据保护法研究》，北京大学出版社 2012 年版，第 45 ~ 72 页。

② “低法治”状态下的市场竞争是经济全球化之后的经济新现象，尤其是在知识产权法和劳工法方面。中国情况的研究详见冯象：“The End of Intellectual Property”，*International Critical Thought*, Vol. 2, No. 1, March 2012, 99 – 106。美国情况的研究详见 Anupam Chander. “How Law Made Silicon Valley”，63 *Emory L. J.* 639. 2014。

数据将会加速推进事实内容型数据库的发展。而这一切将引出与担忧信息生产激励相比更加深重的疑虑,即数据库信息垄断的要害可能并不在阻碍作品生产,而是各种基本事实信息的绝对垄断。特别是,在大数据兴起之后,个人主体的各类数据、商业运营的各类数据和社会国情的各类数据成为互联网时代的主要事实数据,这些备受关切的事实数据被视为经济发展和技术进步的驱动力,而围绕数据的收集、存储、分析乃至最终形成商业服务与数据产品则全部建基在数据库制作之上。数据库的法律问题将以更加复杂的形态呈现出来,这个时候我们重新反思欧盟数据库立法的意外失败、美国数据库立法的屡战屡败和中国数据库立法的"空白荒芜",就有着非常重大的现实意义。

三、大数据的冲击

时至今日,大数据的概念依然没有一个获得绝大多数科学界、产业界人士所认可的权威定义。目前,商业机构所宣传的大数据商业概念是较为流行的论调,其中美国咨询公司麦肯锡是较早向社会公众推介大数据商业概念的机构,其认为,大数据就是大小、类型超出常规数据库工具处理能力的数据集。① 观察舆论,这样一种"口袋型"的定义反而脱颖而出,成为大众广泛讨论的大数据概念。纯粹从技术特征而言,学界与产业界普遍认为大数据与以往传统信息数字化技术的区别在于"三V"特征:第一,数量(volume)极大,随着移动互联网、物联网的逐渐成形,社会所积累的数据量正在不断刷新,正迈向前所未见的PB(petabyte)级、ZB(zetabyte)级数据量,而至今五千年以来的人类文字

① 参见"McKinsey Global Institute Big data: The next frontier for innovation, competition, and productivity",百度文库:http://wenku. baidu. com/link? url = 1K6tPJsKjv4SqKdbw3QbuA_xiPfB-g-FSdC7ZvCkzoeiuAjJegYpjl-aQuQETeL7bE0Rv0z2yxtZ39olj4NQtTpyzF2KpjY7IXU1Im-T449K,访问时间:2015年4月29日。

数据只有5EB而已。第二,数据类型的多样性(variety),数据多样性是指数据类型的复杂性,包括结构化、半结构化和非结构化数据,主要有文本、图片、传感器数据、音频、视频、点击流、代码文件、人机互动的行为痕迹等,类型庞杂,现有的常规软件与算法都无法精准分析这些汇聚一起的多样性数据。第三,数据的实时速度(velocity),与传统的静态数据相比,大数据必须是运动中的实时数据,通过互联网信息传播、各种实时传感器与在线监测不断收集海量数据,始终保持数据的新鲜度。①

(一)大数据对数据库的超越

互联网技术及其经济形态的演化是大数据出现的主要动力,从传统数据库技术角度来看,数据库是大数据的技术基础,大数据则是数据库的技术飞跃,两者都是针对信息数字化产生的海量数据而发展的数据技术。不言而喻,大数据的技术突破将会深重影响到数据及数据库的商业实践及其法律构造,从原有法律关系的客体角度来观察,大数据相比之下有着非常鲜明的特点。

第一,大数据的数据类型突破了传统数据库的作品数据和事实数据的狭窄范围,以互联网与移动互联网为平台收集各种结构化、半结构化和非结构化的数据信息,一切信息的数字化是其最终目标。而传统数据库的具体应用则起源于文字作品的信息数字化,方便文字信息存储与传播,数据类型多为版权法上的作品。同样的,传统的事实内容型数据库所收集、存储和分析的事实数据也是易于结构化的数据,而且事实内容型数据库的早期商业实践之一就是将能够结构化、可视化认知的事实数据信息作为商品出售。第二,传统数据库的编排和制作需要独创性才能获得版权法上汇编作品的相关权利,这是传统知识产权理论中抽象物赋予权利的智力创造原则;如前所述,传统数据库的数字化编排、制作技术过于雷同,尤其针对同一信息而具有竞业关系的数据库彼此之间很难区分出独创性,造成数据库的智力创造性偏低,最终引出

① [英]维克托·迈尔、舍恩伯格、肯尼思·库克耶:《大数据时代》,周涛等译,浙江人民出版社2013年版,第27~97页。

投资保护与创作保护之争。然而,大数据不仅仅意指海量数据的汇总集聚,更是意谓海量数据的挖掘与分析,这就重新发现数据的信息媒介属性之外的技术属性,因此大数据其最终表现为一种基于数据的智力洞察和决策判断。这无形中使得大数据与软件算法关联起来,当大数据真正实现媒介属性和技术属性的高度融合,呈现为一种实体化的技术产品,此时的数据财产权利究竟更接近于版权还是专利?毫无疑问,大数据相较数据库具有更多的智力创造性。[①] 第三,传统数据库收集原始数据需要大量的资本投入,数据库的制作和维护非常昂贵,但从数据库制作与维护的法律关系主体来看,相对比较单一,主要为数据库制作者的主动收集和作品版权所有人的被动参与。大数据的参与主体则日趋复杂,呈现为多向互动的情况,在互联网和移动互联网的数据信息网络平台上,互联网公司是数据库所有人,互联网用户则是数据提供者,双方通过网络服务协议而彼此关联,缺一不可。换言之,大数据意义上的数据库制作,制作商的资本投入只是其中一方面,网络用户的服务参与是数据的直接来源。随着物联网的兴起,作为财产上的物也将汇入大数据的数据收集之中。[②] 第四,传统数据库的法律关系中存在着类似于版权法上的作品生产者、作品传播者和作品消费者的三角关系,具体为数据内容版权所有人、数据库制作者、数据库消费者。这样的数据库商业模式及其法律关系决定了传统数据库具有某种程度的开放性和公共性,同时亦因数据库的开放和数据复制的便捷,造成盗用或侵犯数据库的侵权行为极易发生。但是,大数据的数据库商业模式及其法律关系则有封闭性的特征,以服务协议合同为纽带,将数据库所有人和数据提供者、数据使用者两两结合在一起,数据库极少开放给社会公众意义上的大众使用。换言之,数据收集并不是主要为了达到对外数据交易的目的,而是内部运营,将大数据意义上的数据库转为数据库所有人产品研发、商业服务和战略投资的重要支柱。从此意义来说,大

① 大数据战略重点实验室:《块数据》,中信出版社2015年版,第六章、第91~117页。

② 同上,第80~92页。

数据意义上的数据库确已成为数据库所有人的商业秘密和战略资产。

大数据的商业实践还刚刚起步，目前表现出以下几种形态：第一，汲取过去数据商业模式的有效经验，通过数据挖掘，将数据制作为某种内容信息产品，以版权交易或版权实物交易获得收益。① 第二，大数据其实指向的是一种基于数据的智力洞察，所依靠的是软件算法，所获得的是数据分析能力，以数据能力提供服务贸易——尤其是基于数据独占而获得的数据能力——同样是大数据的重要商业实践形式。② 第三，在没有法律风险的情况，直接或间接地以原始数据作为商业交易的标的物，这种商业实践比较精巧的形式是通过公司收购或公司入股的公司资本运作间接地将原始数据作为公司资产而货币化，这一现象在中美互联网产业界屡见不鲜。③ 当然，更加完整地体现大数据所表现的商品服务化和内部封闭性的商业实践毫无疑问是各大互联网巨头公司都将数据视为自身公司发展的驱动力，换言之，大数据内化为公司的核心竞争力④。

这些技术特点和商业实践投射到法律关系层面会造成什么样的影响呢？当初传统数据库财产权利争议兴起之时，与信息网络技术相伴随的新型数据库并非没有被研究者关注到，因为两者本身就是一个数据信息技术系统的不同板块组成。只是由于依然局限于数据客体类型作品与事实的简单分类，依然局限于制作商投资巨大的单一主体视角，局限于传统抽象物之上的财产权利框架，因而一开始就将数据库的法律起点定位在财产权利。事实证明，如果这不是一个错误的方向，也是一个模糊的起点。

---

① 大家都意识到原始数据交易具有较大的法律风险，这方面案例以贵阳大数据交易所为典型，详见下文。

② 周艳清：《数据堂：新三板上的大数据公司》，载创业邦，http://www.cyzone.cn/a/20150614/276203.html，访问时间：2015年6月15日。

③ 有“BAT”之称的中国互联网三巨头百度、阿里巴巴和腾讯通过资本运作，并购、控股和参股相关公司获得数据，整合业务。参见苏龙飞：《BAT并购争霸》，载新财富，http://www.xcf.cn/jrdd/201408/t20140815_626665.htm，访问时间：4月29日。

④ 徐晋：《大数据经济学》，上海交通大学出版社2014年版，第105～123页。

(二)大数据的法律冲击与价值冲突

大数据的法律冲击主要体现在两个方面。第一,重新唤起人们对数据保护的法律思考,反思过去数据库法律保护所延续的财产法框架,抽象物上赋予较强的财产权利是否能适用数据保护,是否有利公众利益。在实践中,商业秘密、版权、专利权、个人数据权利、合同权利及广泛适用的不正当竞争法都从不同层面去参与数据法律构造的复杂演化,这些强弱不同的财产权利在具体个案中反复伸缩,不断探试着数据私产化的程度及其可能激起的各种强烈反对(如图所示的法律链条)。显然,财产权利的数据法律框架会突破了以往的三种模式,未来将呈现极大的偶变性。

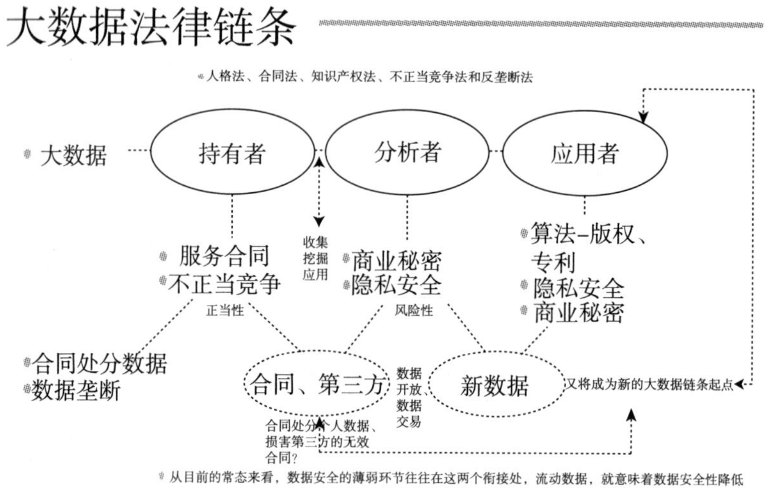

大数据商业实践中凸显的法律关系图

第二,数据的财产权利安排已经不再是有关数据的权利(力)建构的主要争议,个人数据权利和国家数据主权全方位地进入数据权利(力)的演化逻辑之中。个人数据权利和国家数据主权并不是现有的法律概念,它们都是在已有的法律概念中推理衍生出的新内涵,个人数据权利来源于人格权和隐私权;国家数据主权来源于国家最高主权对一国内的自然资源具有占有、管理、控制、利用和保护的权力,[①]数据主权最典型的体现是2014年以来一些国家所规定的数据本地化现象,尤其是2015年9月1日生效的俄罗斯数据本地化法案,其要求互联网公司将俄罗斯用户的个人信息数据存储到俄罗斯本地服务器。[②]

当前最为紧迫的现实问题则是数据的权利配置困境,个人的数据权利与占有原始个人数据的数据库所有人财产权利之间充满了紧张矛盾,甚至可以说,传统数据库基于财产权利的体系建构由此将遭到重构。率先在这一方面破冰试水,甚而改弦更张的地区依然是欧洲。欧盟的《数据保护指令》已公布执行15年,目前又计划提出新的《一般数据保护条例》(Draft of General Data Protection Regulation)来取代前者。值得注意的是,欧盟一反故态,不再坚持反复强调的数据库保护的财产权立场,重新正视个人数据与数据库之间的权利冲突,提出了以“被遗忘权”为代表的个人数据权利,其所专门针对的就是大数据意义的数据库模式:2014年5月欧洲法院判决谷歌公司必须依法承担侵犯个人数据“被遗忘权”责任。[③] 同时,在具体法律规范的适用方面,数据收集、使用、流动和泄露等几个层面都不同程度地渗进个人数据权利主张,例如,“数据最小化”原则已经成为数据收集方面最基础的法律原则,很多国家数据保护法中都有所体现;在数据使用方面,用户应该享有数据控制权以对抗数据库所有公司的数据滥用已成为一般性的大众共识;而极其复杂的数据流转问题,则受到更加严格的政府监控和个人限制,澳大利亚在《隐私法》修正案中明确规定数据流动,尤其是数据

---

① 齐爱民、丁胜:《数据权、数据主权的确立和大数据保护的基本原则》,载《苏州大学学报》(社科版)2015年第1期。

② 参见《俄加快网络信息本土化》,载人民网,http://media. people. com. cn/n/2015/0409/c40606 - 26817706. html,访问时间:2015年4月29日。

③ David Coursey. How The Right To Be Forgotten Threatens TheInternet, FORBES (Feb. 24, 2012). Meg Leta Ambrose & Jef Ausloos, The right to beforgotten across the pond, Telecommunications Policy Research Conference, 2012, p. 7. 最新判决情况参见:https://privacyassociation. org/news/。

售卖要受到严格监控。[1]

尽管欧盟关于数据库法律保护的基本框架在名义上并未更改,但大数据兴起之后,数据库特别保护论在欧洲似乎已经式微,这样的急剧变化很难以法律理论的自身逻辑来解释,必须予以政治经济学的洞察。简单地说,欧盟的数据库特殊保护论并未保障欧洲传统数据库产业的高速发展,相反,在互联网产业兴起之后,美国与东亚地区在20年互联网产业竞争发展中已经跃升为世界性的互联网产业核心,而互联网公司巨头成为大数据意义上的数据库所有人;欧洲在这一场新的数据圈地运动中明显是失利的一方。而且,由数据所有权而衍生的数据主权在"棱镜门"事件中已经让全世界都学了一课。欧盟的数据立法风向变化似乎更应该从经济产业公共政策和国家安全的角度去审视,申言之,围绕数据的价值冲突已经突破了信息私有化与信息公众化的原有结构矛盾,数据信息原本所具有的多元价值和重叠利益终于在数据这一新形式里重新完整地释放出来。对于已经奇迹般地弯道超车、在互联网产业中异军突起的中国互联网产业来说,数据的法律构造同样迫在眉睫。

目前的数据产业直接根源于互联网产业的变革和创新,环顾各国,中美两国不仅在互联网产业上具有某些相似性,而且在互联网产业崛起的过程中其法律治理也具有某种同构性即所谓"低法治"状态。更加意味深长的是,比之欧盟依然全面规划、大兴土木地改建数据立法框架,中美两国面对本国异常复杂的商业实践,在法律治理上都呈现出一种"补丁"式立法,利益重叠、权利交错的数据使得利益攸关的各个领域的法律治理都显得保守审慎。比如,面对数据产业与隐私保护的冲突,在国内,美国至今维护其信息隐私权的分散化法律趋势,明确表示不会照搬欧盟的"被遗忘权",同时以国际安全为由,强化其与各大跨国互联网公司的数据合作,并"军工复合体"的商业投资形式与众多互

---

① 腾讯研究院法律研究中心:《中国互联网法律政策研究报告》,第六部分"个人信息保护"内部报告。

联网公司合作发展数据产业前沿。[①] 在国外，面对欧盟缩紧其数据跨境流动的“安全港”规则，侧重从国际贸易的保守角度以经济互利、产业交换的手段去弥补，“跨大西洋贸易与投资伙伴关系协定”（TTIP）即是典型一例，同时“跨太平洋伙伴关系协定”（TPP）也有类似规定。中国与此类似，受人期待的《个人信息保护法》并未出台，只有工业和信息化部 2013 年制定了《电信和互联网用户个人信息保护规定》，结合之前颁布实施的个人信息保护国家标准《信息安全技术公共及商用服务信息系统个人信息保护指南》，糅合形成了个人信息保护政策的初步框架。之后，2015 年又出台《网络安全法》（草案）以网络信息安全一章节的形式融入综合的网络安全治理中。与此同时，数据留存、数据交易和数据开放也纷纷在国家与地方各级层面上展开，而这些法案都显现出尊重甚至迎合现有商业实践的某种暧昧立场。是的，商业实践的号角比法律治理的试探要勇敢得多。

2015 年 4 月 14 日，地处西南的贵州贵阳市正式挂牌成立贵阳大数据交易所。据报道，贵阳大数据交易所是工信部批准的唯一一个试点机构，其作为第三方机构对数据进行清洗和建模分析，为买卖双方提供一个数据结果交易的场所，而不是直接进行底层数据库的原始数据交易。但是，该所认为大数据本身是一种资产，值得进一步探索数据抵押融资、典当和期权融资的数据金融模式。[②] 大数据产业的商业模式探索日趋激进，在规避原始数据库交易的同时，数据挖掘和数据交易被默认为一种资产使用及交易方式。抽象物的权利配置历来都与抽象物的商业实践模式息息相关，目前中国大数据的资产界定和交易探索由于沿袭着传统数据库的财产权利框架，如前所述的种种权利交叠和价值冲突，在激烈的商业竞争面前暂且搁置。

数据作为信息新的存在形式，依据抽象物赋权的传统法律原理

---

① Frank Pasquale, *The Black Box Society: the Secret Algorithms that Control Money and Information*, Harvard University Press, 2015.

② 参见《历史变革：贵阳大数据交易开启互联网金融新版本》，载贵阳网－贵阳日报，http://www.gywb.cn/content/2015－04/28/content_2955903.htm，访问时间：2015 年 4 月 29 日。

进行权利安排本无不可,而且退一步说,如果依然因循过去的数据法律框架思路,反而更容易且更深入地将抽象物"非物质性"所内蕴的多元价值和重叠利益暴露出来。不管赞成还是反对目前知识产权制度安排的学界观点,都有一定程度的共识,认为知识产权的价值目标应该多元化,但实证考察知识产权制度的实际运作却又不约而同地发现,知识产权主要功能其实是在保护投资而非所谓的作品创造。① 然而碍于知识产权传统理论与实践的种种限制,投资保护论最终只能在新型抽象物的法律构造中跃为主流意见,并以此希望突破传统知识产权相对较弱的财产权框架,赋予抽象物更强的财产权利。大数据兴起之后,围绕数据的价值冲突愈加明显,财产权利和人身权利、商业发展和国家安全、信息流通与作品激励这些彼此冲突的利益与价值需要一个重新的安排。而且,不容乐观的是,大数据时代的数据库所有人比其他任何时代的抽象物所有人拥有更为强大的技术垄断能力,对于个人数据权利人来说,没有法律的直接介入,几乎没有任何技术能力去维护个人数据权利。② 正是在这样的情况下,将支配性更强的财产权利赋予数据库制作人,是否有利于数据产业发展,是否有利社会公众,恐怕都是悬而未决的问题。现实的产业经验表明,欧盟的数据库特殊权利保护并没有促使其信息产业的加速发展;中美数据公司巨头依靠各自的大数据商业实践最终造成了至今拉锯不断的数据孤岛现象;③公众数据非常态的跨境商业流动将很大程度上威胁国家数据主权。④

以数据为资源的信息产业兴起不能简单视为一个经济现象,数据已经深入到现代社会的方方面面,对我们的个体表达、文化创造、社会生活、政治意识产生了重大影响,与周遭的自然环境一样,信息产业为

---

① 熊琦:《著作权激励机制的法律构造》,中国人民大学出版社2011年版,第23~24页。

② [英]维克托·迈尔-舍恩伯格、肯尼思·库克耶:《大数据时代》,周涛等译,浙江人民出版社2013年版,第7章。

③ 大数据战略重点实验室:《块数据》,中信出版社2015年版,第8~21页。

④ 齐爱民、丁胜:《数据权、数据主权的确立和大数据保护的基本原则》,载《苏州大学学报》(社科版)2015年第1期。

我们构筑了一个崭新的人造环境,这是一个用"比特"来构造的数字化生存空间,在这里,思想和信息的传递成本已经近乎于零。但是,信息产业所塑造的这样一个新世界并不是如许多人所臆想的那样虚拟而无限,相反,它是由各种数据产品、服务合同、知识产权和基础设施所围造的物质实体,这些各种数据、代码和电流所承载的绝不是免费之物,同时,它们所承载的也绝不是单纯的经济利益所能覆盖的。必须重新探索数据的法律构造路径,这需要我们从理论上反思抽象物的法律构造传统原理,从现实中去观察抽象物的商品交换模式,从价值冲突层面去正视无可回避的权利困境,这样才可能博弈出一个相互协调的法律政策框架。

首先,我们必须承认抽象物的法律构造不存在一个单一的、线性的所谓客观规律,而是财产权观念、人身权观念和政策利益考量相互影响,历史路径与现实格局彼此交错。现代知识产权法的渊源之一英国知识产权法的历史演变已经充分证明,围绕抽象物的知识产权法由"一组复杂而变化着的环境、实践和习惯共同作用的产物"。[①] 故而,抽象物的价值多元和交叠利益表明不存在任何优先权利而预定抽象物的法律构造,相反,权利配置可能是一个妥协性应对的权宜之策,但内含复杂而艰难的利益协调。因此,作为抽象物新类型的数据它不应该贸然锁定为新类型的财产,反需谨慎对待依附其上巨大财产利益,以网络个人数据为例,互联网公司以免费服务换取个人数据的对价是否合理合法尚有斟酌。更何况,数据的媒介特点和技术属性已经超越过去种种抽象物媒介,不断演化的商业实践还在持续发掘其中价值,过强的财产权权利配置可能会严重影响依附其上的其他重要价值,例如,过于强调数据跨境流通的商业价值,个人数据的隐私性和国家数据的安全性又将如何保障。欧洲的历史经验表明,过强的财产权利配置如果不与其他权利相互协调,适得其反的结果也可能出现;谦抑的立法理性不是一句空话。

---

① [英]布拉德·谢尔曼、莱昂内尔·本特利:《现代知识产权的演进》,金海军译,北京大学出版社2012年版,第7页。

其次,历史上很多新型抽象物——如计算机软件、形象公开权、商业方法专利——都是伴随着技术与商业的双重变革而进入非物质性的知识产权体系之中,但是技术革命与商业贸易究竟怎么改变知识产权的,新的知识产权权利如何证成,新的知识产权客体又如何认定,这里面的具体逻辑为何?笔者认为,真正将技术革命与商业贸易相互勾连起来的正是商业模式的变迁,商业模式的变迁根源于商品交换行为的变化,而抽象物的商品交换行为正是知识产权的权利行为在商业实践中的具体体现,三者环环相扣,彼此支撑,最终投射进法律规范层面即是知识产权的历史演变;而数据不过是这一古老逻辑的新展开。大数据将促进当代经济中抽象物商业模式的巨大变迁,商品交换关系的变化必然要投射进法律规范之中,法律规范会将实践中的现实逻辑重新颠倒性地叙述在法律文本之中,完成对现实中的商品交换关系的正当性叙事,顺利实现古老财产权对新兴非物质客体的攫获和控制。数据库特殊权利保护论和大数据资产论正是前述逻辑展开的自然结果。因此,我们不能仅仅依据传统知识产权所给定的法律框架刻舟求剑地搬用到数据的法律构造之上,也很难做到一厢情愿地以个人数据保护的优先性去严格控制拥有强大技术能力的数据巨头。而是应该回到现实商业场景中去观察数据的商品交换行为,测定其限度、观察其效果、衡量其得失,确定各种交叠权利彼此冲突的范围,这才是对其数据进行权利设置的切实之道。数据的技术发展表明其与商业实践息息相关,其法律构造依然受制商业实践的曲折演化,恰如马克思主义法学家帕舒卡尼斯所言"反映法律形式的唯一社会关系就是商品拥有者之间关系"。① 通过数据媒介,作品内容、事实信息、人格隐私这些抽象物才整合进新的商品交换关系之中,没有数据媒介,这些抽象物难以进行商品交换,没有商品交换,这些抽象物之间难以爆发激烈的利益、价值冲突。

---

① See Evgeny B. Pashukanis, Law and Marxism. A General Theory Towards A Critique of the Fundamental Juridical Concepts translated by Barbara Einhorn, London, 1978, p. 138.

最后,以上两个不同方面的论述似乎存在矛盾,一方面谨慎对待抽象物财产权的配置,另一方面强调观察数据之商业实践具体演化。难道数据商业实践的前提不是财产权吗?传统的知识产权并非一种典型的财产权利,知识产权并不保护相关抽象物客体的信息独占和垄断,而是对客体的商业利用行为进行垄断,典型即为财产权利力度最强的专利权,公开专利技术方案内容信息而获得独占专利技术方案的商业利用独占权利。这种具体权利体现为一种禁止权,垄断某一商业利用行为而禁止他人未经许可而实施该行为。因此,这种权利配置模式并不是以财产权利的所谓价值目的性为伸张,相反,而是通过甄别具体的商业行为的正当性来定义财产权利的具体权能,这在知识产权基础理论里通常被理解为权利法定原则,体现了知识产权的功利主义和社会本位。① 从这样一种功利主义和后果主义立场出发,确实会陷入权利配置和行为正当之间的两难判断,但是,这未尝又不是对财产权利并非来源于道德论辩而是来源于实际行动的真实揭露?抽象物之上的财产权历来皆是发现的而非自然的。申言之,谨慎对待数据财产权,是强调抽象物之上的财产权利构造须参照知识产权法的历史经验和价值定位;观察商业实践的演变,是突出数据作为新型抽象物的独特属性和潜在影响还远远未被人们清晰认知,此时,辨析某种数据商业实践行为的正当性对于抽象物之权利配置就显得尤为关键。

四、结　语

因为出现了数据这种新型信息形式,我们借此机会重新发现某种抽象物如何在历史路径和现实条件之间沿着商业实践逐渐演化其权利构造。欧美国家的立法得失与中国的法律空白显示,数据的权利配置与商业实践关系复杂。第一,数据财产权利的自身限度需要在商业实

---

① 崔国斌:《知识产权法官造法批判》,载《中国法学》2006 年第 1 期。

践中获得确认;第二,数据之上种种权利的各自边界须在商业实践中相互协调。商品交换的行为及其限度成为理解数据权利的基本视角。

信息数据的公共性与私权性交织而冲突,已无可争辩,从数据库到大数据的演化过程不过是将其深层次的公共性重新通过商业实践而暴露出来。不断演进的各种革命性巨变还在持续地推进这一过程,如以云计算、大数据为代表的技术革新、以"数据资产"为代表的商业革新和"数据开放"为代表的观念革新,在某种程度上这是对抽象物私权性质简单认知的拨乱反正,权利(力)的边界只能是另一权利(力)。因而,围绕数据的法律主体和法律场域已经在性质上、范围上超出以往,要以一种层次分明的宏大视野才能包容透视到数据之上的重叠利益和多元价值,大数据需要一种公私混合的"大法律"框架与之对应,一种三类主体互动博弈的数据法律构造活动已在逐渐展开,即个人数据提供、享用者——商业数据使用、管理者——国家数据监管者正在实践中各自站位。① 申言之,数据抽象物之法律构造的起点应该是公共性与私权性并重。

① 张新宝、葛鑫、张乐:《从隐私到个人信息:利益再衡量的理论和制度安排》,载《中国法学》2015年第3期。

《法律和社会科学》(2016)
第15卷第1辑,第101～133页

在互联网时代回顾版权演化历史

李斯特*

摘要:当今巨大的科技和文化进步,是不是归于知识产权制度的功劳,需要更多的实证研究。可以先从版权制度与文化进步的关系着手,深入探讨版权在知识积累和增长中的作用,版权在技术革命中如何演化,国家法律和版权演化的关系。持续的创新完全可以与大规模的模仿、抄袭行为并存,因为基于现有创造进行再创造对于创新非常关键。版权既是斗争的起点,又是斗争的终点,国家因此也就不得不深深地介入到"自然"演化中去。以信息封锁为手段的独家版权策略与初成气候的信息自由和信息共享的互联网文化严重抵牾。建议在互联网产业革命中建立一个更加宽松、多元和公平的版权制度。

一、引　言

这两年在课堂上结合部门法来教授法理学,讲

* 华南师范大学法学院副教授,电子信箱:lisite@ scnu. edu. cn。本文为华南师范大学青年教师科研培育基金(13SK18)和广东省学科共建项目(GD13XFX07)的阶段性成果。

到版权法时出现了一个诡异的画面:当问同学们有谁没用过盗版应用和游戏软件,没下载过盗版音乐影视的,一个也没有;可如果问及现行知识产权制度是否合理时,赞成者又居大多数,而且一套一套的,人权呀、私有产权呀、激励创新呀,基本无须学习知识产权法就已然非常熟悉教科书的套路,讨论的态度还相当真诚,毫无违和感。

后来想了想背后的原因,就不觉得奇怪了。改革开放三十余年,产权与市场话语的教育宣传深入人心,风靡了不止一代人,家庭教育、中小学教育和社会舆论都是法学教育的提前启蒙,相对优异的生活环境又更利于今天的大学生接受产权与市场的话语操练。当然,以令人目不暇接的电子产品、指数级别增长的互联网通信技术、似乎远在天边实际近在眼前的机器智能,及鲜花着锦般的文化和娱乐产业为代表的巨大的科技和文化进步,是令人对同期越来越严密的知识产权法律持有高度信心的现实依据。

做研究,凡事要多打几个问号,不能仅就时空序列的共生共存建立因果关系是社会科学研究的常识。当今巨大的科技和文化进步,是不是归于知识产权制度的功劳,需要更多的实证研究。这方面的理论争论国内早有,①但对主流意识形态的撼动似乎有限。在工业革命4.0和“互联网+”的大潮中,中国似乎把摘帽“中国制造”和实现“中国创造/智造”的筹码,重重地押在知识产权之上。② 这使得对知识产权与文明进步的关系的讨论具有了特别的意义。但题目太大,或者可以先从版权制度与文化进步的关系着手。在连绵大雨的湿热的南国5月里,带着上述关注,笔者拿到亚马逊快递的《Copy Right! 模仿如何激发创新》③(以下简称《模仿》)一书。两位作者转换思路,没有紧盯有着强大的版权保护传统的行业,转而对若干不强调版权保护的重要行

---

① 参见李琛:《论知识产权法的体系化》,北京大学出版社2005年版。

② 参见国务院颁发的《国家知识产权战略纲要》《深入实施国家知识产权战略行动计划(2014～2020年)》《中国制造2025》等文件,以及近几年来力度极大的“剑网行动”等执法措施。

③ [美]卡尔·劳斯迪亚、克里斯托夫·斯布里格曼:《Copy Right! 模仿如何激发创新》,老卡、蒋漫、连琏译,电子工业出版社2015年版。

业深入调查，讲述的故事精彩纷呈，一改学术作品历来的严肃习气，妙趣横生又有理有据，故事毕而道理自明——持续的创新完全可以与大规模的模仿、抄袭行为并存，因为基于现有创造进行再创造对于创新非常关键。一口气读下来，仿佛热成一团糨糊的头脑中阵阵清凉，使我忍不住要公诸同好。本文希望借着《模仿》的好故事，接上其他书本上或生活中的故事，使它们生动且展开去，碎片式地讲述版权的演化历史，要点有三：版权在知识积累和增长中的作用，版权在技术革命中如何演化，国家法律和版权的演化的关系。

二、军功章授予谁

衣食住行，《模仿》第一个讲述的就是时尚行业。美国版权法的保护范围没有覆盖时尚设计，所以在服装市场上山寨版无处不在，甚至朝发夕仿。总部位于洛杉矶的 Forever21 店仗着近水楼台的地利，抄袭起好莱坞时尚又快又准又狠。[①] 看来山寨不独华夏有之，美国时尚行业倒像是中国时尚行业（或者说各行各业）在大洋彼岸的孪生兄弟。按照常理，时尚产业应当由于抄袭的泛滥而缺乏激励从而走向创意枯竭，但现实版本正好反转，这个“年销售额超过 13,000 亿美元，比电影、软件、图书和音像制品行业的收入总和还多”的行业在版权缺位、仿冒成风的环境中逆风飞扬且蓬勃发展，丝毫没有衰退的迹象。[②]

《模仿》对此给出几个原因：曰缩短时尚周期，曰锚定，曰先发优势。[③] 时尚服装承担着“地位性商品”的功能，人们追随体育和演艺明星、文化名人、创业新贵、国家政要的服装时尚，并非为了实用，而是通过衣着传递某种承载社会资本的信息。大规模的仿冒，着实是降低了

---

① [美]卡尔·劳斯迪亚、克里斯托夫·斯布里格曼：《Copy Right！模仿如何激发创新》，老卡、蒋漫、连琏译，电子工业出版社 2015 年版，第 31～35 页。

② 同上，第 35 页。

③ 同上，第 62～83 页。

消费者的搜寻成本,推动着新潮流的蔚为大观,加速着新时尚的来临。硬币的另一面则镌刻着“诱导性过时”。铺天盖地的仿冒极速地开发殆尽潜在的市场,也耗散了时尚的“地位性商品”功能。哪位白领丽人愿意跟办公楼的清洁大妈分享同一款裙子呢?撞衫惨过撞车。月满则亏,从万人拥戴到沦为“街货”只是一步之遥,于是下一波时尚又开始涌动,生生不息。“抄袭是时尚的助推器。”①

跟时尚行业一样,烹调行业也一直面临着抄袭的大环境。这可不是因为缺少油水,仅美国餐馆的2010年营业额就接近6040亿美元。②但对于抄袭的态度,厨师们却莫衷一是。许多大厨对创新的概念并不感冒,认为“太阳底下无新事,我们的工作就是把现有菜式做得更好”“我们都在一条轮盘上拿来菜式,进行改良”“轮盘一直在转,很难说哪道菜是抄袭,哪道不是”“我真的不介意(抄袭)。我并不觉得不舒服,这是因为我们早就(这么做过)……这是站在我们厨师角度的看法,我觉得人们知道这是怎么一回事。”③著名的法国洗衣房餐厅的凯勒大厨谈起被广泛抄袭的看家菜鲑鱼蛋卷说:

真的是我原创的吗?是我创造了它吗?还是说,我是换了种角度观察冰激凌蛋卷产生的灵感呢?我有权宣传这个创意除我之外不属于任何人吗?我不知道……如果我的鲑鱼蛋卷有了版权会怎么样?要使用它,别人需要征得我的允许吗?要向我支付版税吗?我觉得我不能接受,真的不能。④

《模仿》精心选择了若干版权保护缺位的行业故事,是由全书的写作目标决定的,它并不全盘否定版权制度,只是向我们展示了在版权之外的广阔的创新世界。但即使在严格实行版权保护的行业中模仿和复制的恶之花也开遍了原野。以电视剧制作为例,国内电视编剧的大规

① [美]卡尔·劳斯迪亚、克里斯托夫·斯布里格曼:《Copy Right! 模仿如何激发创新》,老卡、蒋漫、连琏译,电子工业出版社2015年版,第67页。

② 同上,第89页。

③ 同上,第116、117页。

④ 同上,第117页。

模抄袭由来已久,[1]圈内人知之,观众亦知之,诉诸法庭的只是冰山一角,然而中国电视剧的进步又是不争的事实。套用《模仿》的分析,大量模仿、抄袭造成的神剧现象不一定全为消极。当某剧独领风骚之后,必定是大量剧集一拥而上地跟风。退一万步,假设电视剧和剧本不受版权保护,但是剧情的模仿——不论合理性使用与否——依然不可能是全盘照抄,只是根据需要采撷前剧的套路、结构或情节,正如时尚行业的仿冒只是模仿成衣中的若干元素;而最终由有血有肉的演员表演固定在银屏上的作品——不论演员如何模仿前辈——更不可能是完全雷同的,因为完全雷同不会有市场。而模仿有市场,所以模仿不是完全的抄袭。模仿(不论合法与否)使某类神剧形成气候,加速开发殆尽了潜在的市场,同时又催生着新的潮流,这就是“诱导性过时”。事实上仿冒需要比他人抢先一步的意识,更为独到的慧眼,仿冒者不但要时刻了解时尚风向,准确预判潜在市场,制定价格方案,选准将仿冒的功能和设计元素,添加新元素,寻找可能的替代材料,控制成本。[2] 这一系列的行动,与我们所说的市场竞争并无二致。

那么,如果模仿是有正效用的行为,便利了模仿的盗版作品自然也可能具有正效用,因为在受版权保护的行业里,盗版就是降低模仿成本的大规模杀伤性武器。如果断言在音乐选秀节目中得心应手地玩着爵士、雷鬼、说唱的年轻人中,通过正版音乐来学习模仿的人数为零,会显得略为鲁莽,但也基本属实。培养起一大批草根歌手的不是大红大紫的综艺节目,而是对各类音乐作品的自由而低廉的获取、聆听、模仿。在腾讯研究院和 Techweb 联合举办的“反盗版,撑正版——2015 打击盗版和数字音乐产业之路”互联网前沿沙龙上,有人指出 20 世纪八九十年代的老歌经久不衰的背后是权利保障不力导致的音乐产业近十年发展的停滞,因此应提高侵犯音乐版权的赔

---

① 参见琼瑶诉于正一案中牵扯出来的枝枝蔓蔓。案情见陈喆诉余征案的一审判决书,(2014)三中民初字第 07916 号。

② 关于仿冒的有关讨论,参见冯象:《从卡拉 OK 与人体写真想到的》,载冯象:《政法笔记》,江苏人民出版社 2012 年版,第 71 ~ 82 页;张五常:《打假货是蠢行为吗?》,载张五常:《新卖桔者言》,中信出版集团 2010 年版,第 157 ~ 162 页。

偿标准,推行互联网音乐收费模式。① 但这种说法被同一战壕里的伙伴不小心打了脸:

> 改革开放之后,中国音像业有了快速发展,在1979年至1983年间,全国新成立的音像公司多达三百多家。由于当时中国还没有完整的著作权法,因此当年大量的音像制品形成翻唱热潮,无论对于海外的音乐作品,还是国内的原创音乐作品,根本不存在著作权和版权的概念,由此引发了音像业,特别是流行音乐的急剧发展,也留下了日后盗版泛滥的巨大隐患。②

现实和童话总是相反,20世纪八九十年代成为中国流行音乐的流金岁月,不是出自前互联网时代的清白,反而是法盲们视版权为无物的结果(因为盲嘛)。书籍和影视也无须多言了。年长的读者请闭上眼睛,稍稍回忆一下20世纪八九十年代,几个人手里捧着的不是盗版的金庸、琼瑶,《平凡的世界》,还有《圣斗士》和《七龙珠》?有几个人没去过录像厅看盗版电影?谁又没到过遍地开花的音像铺里或买或租上一篮子的盗版录像带和碟片?③ 想到山寨的普遍存在和盗版已成为"我们每天的面饼",我们既可以说版权保护的不断加强与各行业的高速发展并存,也大可以说版权保护的极为不力与各行业的高速发展并存。至少,军功章上有你的一半,也有我的一半吧。

即使仅仅着眼于版权法的条文,版权制度也不能被简单地归结为私有产权制度。事实上哪怕是在号称版权保护最为严格的国家,版权制度也不得不罗列出私权的种种例外,如合理使用以及法定许可的情形。且以一个突出的问题为例:在互联网时代如何重新规定历史悠久的个人使用豁免。个体用户大规模地下载作品的行为令各国版权法头

---

① 访问地址:http://law.tencent.com/Article/lists/id/3691.html,访问时间:2015年7月20日。

② 徐沛东:《互联网与音乐版权保护》,中国版权协会编:《版权的力量》,北京大学出版社2015年版,第103页。

③ 张立宪《关于买碟的记忆碎片》,载张立宪:《闪开!让我歌唱八十年代》,人民文学出版社2008年版,第164~191页。

疼不已。法国、意大利、比利时等国家在国内音乐产业界的推动下，主张收缩版权限制的范围，欧盟委员会采纳了大多数的主张，但随后还是基于严重的分歧采取“选择性的例外”方案，允许各成员国自行立法。① 法国在2009年通过号称“最严厉的互联网法案”后，不得不因为各政党及社会团体的激烈反对认定该法案无效，重新界定个人使用的领域。② 美国判例对互联网中的个人下载行为持否定态度。③ 中国著作权法规定了基于个人学习、欣赏和研究目的的使用为合理使用，但《信息网络传播权保护条例》没有把网络环境中的个人使用规定为合理使用。④ 从目前的著作权法送审稿来看，个人使用的范围在收缩。⑤ 随着互联网复制成本的下降，个人使用的规定也经历着重大调整，其实际范围是扩是缩尚不明朗，但毫无疑问的是在个人使用问题上的争持表明任何一个没有在公共利益和私人利益之间失去基本平衡的版权制度都不能是纯粹的私有产权制度。

假如目光不限于白纸黑字之间而投向行动中的法律，我们会发现相当多版权法的条款在现实中并没有或很少投入使用。譬如，不管各国法律规定如何，版权方也甚少把普通的个体用户告上法庭。虽然不少国家的版权法对于整本地复制学术著作作了严格限制，但在奉行严厉的版权法的美国，大学教员在准备教学材料时依然进行猖獗的未经许可的复印，不管是教授，还是复印室管理员，都没有执行监管，校园里的版权违法是“广泛的，明目张胆的和惊人的”，但是却没有一起公开的案例是关于大学教授因教学复印去起诉另一位教授的。⑥

---

① 李杨：《著作权法个人使用问题研究——以数字环境为中心》，社会科学文献出版社2014年版，第22页。

② 同上，第27~29页。

③ 王迁：《著作权法》，中国人民大学出版社2015年版，第330~332页。

④ 同上，第331页。

⑤ 张红斌、左玉茹：《〈著作权法（修订草案送审稿）〉评述》，载《交大法学》2015年第1期。

⑥ [美]罗伯特·C. 埃里克森：《无需法律的秩序——邻人如何解决纠纷》，苏力译，中国政法大学出版社2003年版，第318~325页。

因此不要把互联网时代看成版权受侵的创世纪,它不过是前互联网时代的星火的燎原。无论在互联网时代还是之前,无论在国内还是国外,由于许多不受版权法调整的行业的存在(无法可依),由于版权法对私有权利的种种限制,由于缺少对知识产权的尊重(有法不依),由于版权法在执行中的阙如(执法不严),还很可能由于相关部门的腐败(违法不究),版权的私有形态长久以来所管辖的不过是被知识共享(合法或非法)的广袤海洋环绕着的一小块陆地。版权制度和知识进步的关系,又怎能轻率地跟私有文化产权和知识进步的关系画上等号?基于《模仿》中有力的事实和分析,我们甚至可以进而言之:也许长期以来的版权保护不力,也即教科书批判的缺乏尊重知识产权的传统、执法不力等种种原因造成的维权难的局面,反倒成全了许多高度竞争的行业?如是,则“低法治”不止于中国模式,而极可能是一个被中国最有力地证明和总结着的世界经验。

三、创造性破坏

《模仿》简单地讨论到音乐创作成本的变化。在 20 世纪 90 年代中期,制作一张专辑需要昂贵的音乐工作室和技巧娴熟的工程师。如今,艺人们只需借助廉价便捷的免费软件就可以在 PC 上录制产品。从前,专辑要靠良好的宣传渠道才能在空间宝贵的唱片商店出售,现今数字作品可以立刻上传到连接至全世界的互联网。由此带来的影响是:第一,意味着创作者可以接受更多的因复制导致的回报损失。第二,低成本带来的低价格构成对盗版的有力竞争。作者得出的结论很简单也很重要:许多加速盗版的技术同时也能激励创新。①

我们再次穿越回 20 世纪 90 年代中后期的中国。两个十六七岁的渣男,穿着皱巴巴的土渣的白衬衫,脚踏军绿色的解放牌塑料包头凉

① [美]卡尔·劳斯迪亚、克里斯托夫·斯布里格曼:《Copy Right! 模仿如何激发创新》,老卡、蒋漫、连琏译,电子工业出版社 2015 年版,第 307 ~ 309 页。

鞋，蹬着两辆永久牌自行车，在南方沿海某县城的音像铺间流窜，收录着自己喜爱的歌曲。因为当时的CD（即使是盗版）价格依然偏贵，很多家庭还没有CD唱机，而且专辑里的歌曲是固定的，常常并不完全符合顾客的喜好，铁杆法盲的音像铺无知者无畏地适时推出翻录服务，顾客可以自己提供空白磁带，也可以在音像铺购买空白磁带，由音像铺帮忙翻录指定歌曲，然后收取一定费用。上面两位渣男干的就是这个活儿，他们不但自录，还到处借人，有时还以成本价录给男同学，或无偿地录给女同学。渣男还恬不知耻地在磁带盒的空白页上认真地抄录歌曲信息，秀一秀蹩脚的书法，并在盒脊上给磁带取上个性化的名字。渣男的曲目选择有时还颇得音像铺老板的青睐，以致老板本人也会录上几盘放在架上兜售。①

在上面的故事里，由于新技术的出现，价格偏高、专辑曲目固定的问题得到了解决，听众充当起编辑和录制者的角色。回头看，这股潮流一刻都没有消停过，数字时代的罪孽早在模拟技术时代就已生根发芽。创造和分享简直是原罪！夏娃第一个吃禁果是创造，递给亚当则是分享——而互联网的出现带来原罪的狂欢。以数字形式呈现的作品完全可以在解码和编码中不断组合重生，听众不但可以更自由地选择他们喜爱的歌曲，打破专辑曲目的捆绑，更可以自由地修改歌词和旋律（如李海鹰的《我不想说》的网络改编版），②混音（如宋祖英的《辣妹子》加拌周杰伦的《本草纲目》），③把毫不相干的视频和音频凑合在一起（如《魔戒》和《霍比特人》的视频混搭《射雕英雄传》电视剧主题

---

① 上述故事为作者本人亲历。

② 2005年年底，署名“K铃制造”的Flash音乐动画《我不想说我是鸡》通过互联网发表，该动画使用了李海鹰作曲作词的《我不想说》曲调，修改了歌词，以小鸡的拟人化演唱，表达禽类动物因发生禽类感被灭杀的无奈心情。见中国音乐著作权协会法律部编著：《为了音乐有价值——中国音乐著作权协会二十年维权案例汇编（1992～2012）》，法律出版社2012年版，第78～80页。

③ 有意思的是，这个创意源于很多人对《本草纲目》的高潮部分与《辣妹子》雷同的质疑。作为反击，周杰伦曾与宋祖英共同演绎了两首歌的结合版。这是不是也丰富了我们对模仿和创新的关系的理解。

曲),而这些,充满着创造力。[①] 听众和观众同时充当作者和表演者,在模拟技术出现以前尤其是标准记谱法出现以前,本来便是传统音乐创作和传播的主要甚至唯一的形态,数字音乐时代似乎在向古老的音乐传统回归。

2015年3月,《众乐纪》通过微信和众筹平台等开放性平台筹集资金,使整个环节围绕着作曲、插画、填词、与音乐人同台演出等,调动了许多普通用户参与到专辑的制作当中。最终项目在原计划的77天内完成了众筹,而且金额是原计划的1.5倍。这张名为《众乐纪壹·迷城行歌》的专辑在虾米音乐APP提供试听,听众还可以在乐童众筹平台下单购买一张同主题汇演门票。[②] 音乐人通过众筹的方式可以减少被盘剥的环节,减低投资的风险,而且更有效地实现与粉丝的互动;也许不会成为superstar,但创作的自由增加了。2014年的格莱美奖已经涵盖了两张众筹唱片。[③] 生产的组织形式在变化,粉丝参与其中的音乐集体创作形式,也许将成为新的音乐文明的基因。

变化着的何止音乐?《读库》主编张立宪已经在畅想按需印刷的未来:"现代出版业在印制环节,属于大批量、大机器的工业生产,必须要达到一定数量才可以开机。用当下流行的字眼,出版可以视作提前预支的众筹,或是需要对人数做出预判的团购。"数码印刷技术使一本起印与批量印刷的成本相差无几,那么,张立宪说,数码印刷的核心是一本起印,按需印刷,它将实现小批量、个性化产品的工业化生产。[④] 有意思的是,自出版这个互联网时代的新生儿,也同样继承了来自前

---

① 关于混音文化,参见[加]唐·泰普斯科特、[英]安东尼·D.威廉姆斯:《维基经济学——大规模协作如何改变一切》,何帆、林季红译,何帆审校,中国青年出版社2007年版,第145页。

② 杨雪丹:《"临时唱片公司",小众音乐人的春天?》,访问地址:http://www.tmtpost.com/221649.html? utm_source=tuicool,访问时间:2015年7月20日。关于音乐众筹的介绍,参见阿里研究院:《互联网+:从IT到DT》,机械工业出版社2015年版,第249~252页。

③ 黑麦:《一千个"粉丝"与音乐互联效应》,载《三联生活周刊》2014年第35期。

④ 张立宪:《出版的一种可能》,载张立宪主编:《读库》(1500),新星出版社2015年版,第315~317页。

现代的古典血统。“历史上,图书曾经是一种奢侈品,直到20世纪才随着价格的降低逐步成为大众用品。到21世纪,数字技术和全球市场进一步推动了图书的普及。”“在19世纪之前,作者自己出版图书是很普遍的事情,那种行为虽然并不丢人,但却会给买卖双方都带来巨大的不便。”①然而互联网时代的新技术有助于解决这个难题,出版可以成为读者和作者沟通、合作的共同事业。在西塞罗的时代,作者准备推出新作品的时候,便会邀请一众好友到家中或公共场所慷慨朗诵,听众可以大声表达自己的喜爱之情。② 在今天,西塞罗们恐怕得搬家到微博、微信、豆瓣小站、YouTube 或脸书(Facebook)这种地方了。

在版权遭受新技术的大规模破坏之后,产业的竞争程度反而更趋激烈。由于无法依靠版税牟利,竞争者必须真刀真枪地靠产品和服务本身进行厮杀,因此产品和服务不断升级进化。仍说回音乐产业。现在的音乐服务只提供歌曲本身是远远不够的,还需要提供更好的音乐品质和对音乐风格、历史版本及年份、专辑制作花絮的介绍和评论。③如后期才杀入数字音乐市场的网易云音乐,面对似乎已完成大体布局的行业,依然凭借社交音乐的战略定位和歌单、电台、明星主播等优质服务,迅速获得大量的用户。在人才竞争方面,优秀的歌手、电台 DJ 和录音制作技术人员都非常的抢手。在新技术的支持下,竞争者在积极地尝试网上音乐直播间、O2O 音乐会、KTV + 等各种新产品,开发电子门票和电子礼品等有偿服务方式。总之,改变带来竞争,竞争又加剧着改变。

对秉持版权正统观念的人来说,这不仅不公而且奇怪:为什么会有人愿意去提供和改进免费服务?如果去问2014年诺贝尔经济学奖得主梯若尔,他会说:“当你分文未花就用上了一款产品,那你就成了商

---

① 《图书的未来》,载《经济学人》,转载自:http://www.aiweibang.com/yuedu/dushu/8193502.html,访问时间:2015年7月20日。

② 同上注。

③ 阿里研究院:《互联网+:从 IT 到 DT》,机械工业出版社2015年版,第249页。

家(真正的)产品。”[①]数字经济时代,当你沾沾自喜地从网上欣赏和下载文字读物和音乐影视,你同时也是为网站不遗余力地生产着数据的工人。你在网上刷数据,搜集数据的人在网后面看你,数据丰富了你的生活,你丰富了别人的数据。在早期,你的点击只是增加了网站的流量,提高了广告投放的价格,依靠数据来制作和销售音乐作品还不现实。据网易云音乐总监王磊称,他们在十多年前就尝试把数据运用到音乐创作中——比如发现一分钟80拍左右的歌曲更容易被接受——但没有成功。[②] 随着大数据时代的来临,你的点击和浏览都被记录在案,成为行业前景分析、广告精确锚定的大数据的一部分。以音乐为例,数据可以帮助精准定位音乐时尚的风向,提供更具个人性的音乐服务。[③] 虾米音乐在2014年推出的互联网唱片《寻光集》则深度借助了互联网和大数据来运作。“用户在庭的时候不知不觉将海量数据沉淀在虾米平台上,在确定选谁发专辑时,相关数据就成为选择的重要依据。”[④]2013年,著名的社交音乐点播平台Rdio与音乐数据服务平台Echo Nest合作推出了个性化电台服务“You FM”,它可以根据用户收听记录及其在Facebook和Twitter上关注的歌手为用户提供歌单实时调整服务。[⑤] 音乐流媒体服务商Pandora正在洽谈收购音乐数据分析商Next Big Sound,此前苹果公司已收购Next Big Sound的竞争对手

---

① 钛媒体:《新科诺奖得主还写过这样一篇论文,谷歌可以借来“反垄断”了!》,钛媒体编译,载http://www.tmtpost.com/160542.html,访问时间:2015年7月20日。

② 张昭轶:《音乐也是玩情怀,创业者玩不起,消费者要听得起》,载http://www.huxiu.com/article/37161/1.html,访问时间:2015年7月20日。

③ 《看看国外公司如何玩转音乐大数据?》,载http://www.chinambn.com/show-1230.html,访问时间:2015年7月20日。

④ 阿里研究院:《互联网+:从IT到DT》,机械工业出版社2015年版,第251页。《来认识下刚刚被Spotify收购的智能音乐数据分析平台:The Echo Nest》,载http://www.huxiu.com/article/29670/1.html,访问时间:2015年7月20日。

⑤ 《音乐点播平台Rdio与音乐数据服务平台Echo Nest合作推出个性化电台服务“You FM”》,载http://36kr.com/p/205324.html,访问时间:2015年7月20日。

Semetric 公司以及其音乐数据分析工具 Musicmetric。[①] 不仅如此，大数据还可以打通音乐与其他领域间的界限，把音乐数据纳入更大的分析模型之中，缺少音乐数据就像木桶缺了一块。一种全新的商品——围绕着音乐的一切数据——被创造出来，音乐产业的形态永远地改变了。音乐制作的主导权也从传统的唱片公司手中更多地转移到掌握着用户和数据的互联网公司手中。

而且，跨界和融合是互联网时代的特征。在音乐领域的胜出，将有助于提高综合性平台的声誉并增加其在游戏、视频和社交等其他方面的用户人数和黏性，反之也是一样。事实证明，音乐已成为新闻、社交后的第三大导流应用。[②] 如果照教科书的解释，版权保护不力将导致音乐市场的萎缩，那该如何解释怒潮一般涌入的资金和技术以及快速提升的音乐产品和服务质量呢？

再说，如果一种产品，或一个行业已经无法适应新的生产模式，为什么国家和法律要为它的无法盈利而操心呢？不是说好了要自由市场的吗？对于音乐而言，只要有人就有生活，有生活就有音乐，它是不会消逝的，变化的只是音乐的介质，也就是说音乐市场永远在那儿，它可以是现场表演的门票，可以是卡带或唱片的价格，或者其他。版权缺位后给新兴的数字音乐市场留出了大片的竞争空间，正如上帝出走后给人类世界留出了大片的自由空间。获取音乐的成本降低后，音乐爱好者肯定是增加的，假设收入水平不变，人们愿意花费在音乐上的钱会更多。免费只是减免了人们对旧式音乐产品的支出，这部分支出将会转移到其他付费的音乐服务上去，这就是为什么互联网时代唱片的收入减少了，但现场表演的收入在增加。[③] 音乐的周边产业

---

① 《Pandora 宣布收购音乐数据分析商 Next Big Sound》，载 http://www.re-chord.net/shot/news/4993，访问时间：2015 年 7 月 20 日。

② 孟庆建：《网易反诉酷狗音乐侵权，版权混战将加速行业洗牌》，载《每日经济新闻》2015 年 1 月 9 日。

③ “音乐产业靠唱片吸金的时期非常短暂。音乐产业在过去主要的盈利渠道并非唱片销售，而以后也将如此。”（贾格尔言）见《模仿》，第 327 页。现场音乐演出市场在二三线城市持续增长。参见李晶：《O2O 演唱会能否挽救音乐产业？》，载《经济观察报》2015 年 6 月 11 日。

也正在开拓中。[①] 生产技术和方式的改变必然对应着产业形态的改变。

音乐行业的变迁从头到脚都阐释着熊彼特的"创新性破坏"理论,它从商品形态、生产或传输方式、市场到产业组织形式都是全新的。[②] 这一变迁也无可避免地发生在互联网时代的其他文化产业当中。[③] 互联网的出现和版权的破坏大大便利了人们对知识的获取和交流,以数字形式存贮的信息使作品可以无限复制和重组,从而降低了创新的成本,模糊了作者与读者、听众、观众之间的界限。这不仅使个性化的创作成为可能,并使大规模的业余化成为可能。职业选择变得更加自由,专业组织的权力受到削弱,信息共享的个性得到解放,[④]新的作者呼之欲出了。

四、无须法律的秩序

为什么版权的缺位没有妨碍时尚和烹调行业的不断推陈出新?没有法律不等于没有秩序,《模仿》在行业准则中找到答案。在高端时装设计中,过度的"借鉴"会导致评论界的恶评和媒体的封杀,最终损害品牌形象。[⑤] 一项对法国精英大厨的研究指出了法国高端餐饮业的三条主要行业准则:第一,技艺精湛的厨师希望其他厨师不要完全照搬他

---

① 中国文化产业投资基金执行董事唐肖明先生在"道略音乐产业投融资论坛"作了《比起音乐本身,我们更关注周边产业》主题演讲,他坦承:"这么多年做下来发现,音乐是一个伴随性的东西,而不是一个主要的消费内容。"访问地址:http://www.hdrich.com/newscontent-647677.html,访问时间:2015年7月28日。

② [美]约瑟夫·熊彼特:《资本主义、社会主义与民主》,吴良健译,商务印书馆1999年版,第7章。

③ 譬如新近热播的电影《大圣归来》的宣传资金和周边产品制作资金,就是通过互联网众筹的方式募集的。众筹本身同时就是数据搜集、市场调研的过程。

④ 参见[美]克莱·舍基:《人人时代》,胡泳、沈满琳译,中国人民大学出版社2012年版。

⑤ [美]卡尔·劳斯迪亚、克里斯托夫·斯布里格曼:《Copy Right! 模仿如何激发创新》,老卡、蒋漫、连琏译,电子工业出版社2015年版,第77页。

们的菜谱。第二，技艺精湛的厨师希望得到菜肴信息的人不要未经允许将信息透露给其他人。第三，技艺精湛的城市希望得到菜肴信息的人承认他们是原作者。如有违反，受害的厨师可能会在行内写一封公开信，同行们会一致谴责、孤立违规的厨师，但多数人不愿意用法律手段对抗抄袭。烹调、调酒行业都由此保留了浓厚的分享气氛。①

版权也很难在单口相声行业扎根。虽然抄袭模仿的现象不胜枚举，但真正诉诸法律的案例却少之又少，原因之一是诉诸法律的成本过高。曾经，在单口相声的现场秀年代，演员们并不在乎相互抄袭，抄袭成风和层出不穷的新段子是共存的。随着新媒体的出现，同一演出的观众完全突破物理空间的限制，重复发生的概率更高，演员们开始警惕抄袭，新演员入行的热门书《喜剧圣经》写着行规："汝切勿觊觎邻家之段子、素材或构思。"与烹调行业相仿，侦察、监督和惩罚抄袭行为成了业界的共同任务。其他成员会联合起来，排挤不守规矩的演员，批评、揭发和抵制与其同台演出，十分有效地保证了行规的被遵守。② 与喜剧界相仿，魔术界很少依靠商业秘密法来防止魔术技巧的揭秘，但是解释魔术奥秘的魔术师同样会被同行视为叛徒受到共同抵制。一位参与《破解魔术密码》的电视节目制作的魔术师在十多年后还遭到同行的辱骂和驱赶。③ 本文第一部分提到的学术共同体亦为适例。发生在学术圈的抄袭事件几乎从不通过版权官司来解决，但广为接受的共同体准则会使剽窃者声名狼藉，招致全体成员的唾弃和放逐。

《模仿》由此总结出："与创造力相关的社会准则可能在行业社会化程度最高的环境中——从业者都是重要的参与者且其能经常与同行交流——效用最佳且根基最牢固。"④《模仿》认为，现行知识产权法是一个笼统体系，更有效的法规应针对各行业不同特点分别制定。⑤

---

① ［美］卡尔·劳斯迪亚、克里斯托夫·斯布里格曼：《Copy Right！模仿如何激发创新》，老卡、蒋漫、连琏译，电子工业出版社2015年版，第119～143页。

② 同上，第161～172页。

③ 同上，第181页。

④ 同上，第173页。

⑤ 同上，第174页。

《模仿》详细而准确地描述了诸多行业的发展特点以及它们的行业准则的演变,令人信服地论证了规则是由多元的社会控制体系构成的,而法律不过是其中的一环。这一点与《无需法律的秩序》是一致的:在一个关系紧密的群体中,成员为了管理他们的日常互动,通常会演化出非正式的规范,他们经常选择非正式习惯而不选择法律,并不仅仅因为习惯一般说来管理费用更低,而且因为它们更可能实现福利最大化。[①] 埃里克森教授据此总结:“规范,而不是法律规则,才是权利的根本来源。”[②]一个全面的社会控制体系包括个人伦理、合约、规范、组织规则和法律,分别对应于自我、双方、第三方、组织和政府。[③] 无疑,在社会控制体系的形成过程中,自然演化是必需的。法律不过于绝对地介入,留有时间和空间以便社会培育出有效的非正式规范,是更有效率的做法。

德姆塞茨教授把产权的基本功能定义为通过引导激励实现更大的外部性的内部化,伴随着社会变迁带来的新的正负效用,将出现新的产权规则或旧规则的调整。[④] 我们现在正身处这样的转变之中,我们当前的任务就是清醒认识版权制度应当如何重建或调整以适应互联网时代的巨变。下面将论证,互联网时代的变化带来更为细化的市场,并在此之上相对更为密切的人际关系,从而可能降低了对版权保护的整体需求,且有利于非正式规范的形成和执行。

请以张立宪老师及其主编的独立刊物《读库》言之。在盗版电子书猖獗的今天,《读库》成为一朵逆生长的奇葩。不单全书,就是书中的单篇文章,都很难搜索到电子版。笔者认为原因在于《读库》的制作和流通限于一个不大的细分市场和一个认同感较高的群体当中。作者写作和投稿之前往往已经和编辑有过数次或多次沟通,并能够

① [美]罗伯特·C.埃里克森:《无需法律的秩序——邻人如何解决纠纷》,苏力译,中国政法大学出版社2003年版,第350页。

② 同上,第63页。

③ 同上,第158~160页。

④ Harold Demsetz, Toward a Theory of Property Rights, The American Economic Review, Vol. 57, No. 2, pp. 347-359(1967).

保持长期的良好关系,作者之间也不乏熟悉。由于《读库》的市场定位十分明确,因此她的读者群在生活趣味和阅读偏好上具有较高的同质度。现代通讯技术的出现进一步扩大了《读库》的经营模式的优势。便捷的产品展示和线上支付形式更便于《读库》采取直销为主的方式,减少中间环节。而电商平台、个人主页、微博和微信的沟通,以及借助这些平台安排的多种形式的线下交流活动,创造了良好的氛围。虽然没有公布任何行为准则,但《读库》创造的整体气氛使作者和读者群产生高度认同感和归属感,自愿遵守对《读库》有利的规则。这倒不等于说盗版必定意味着损害,盗版书(包括电子版)能对《读库》造成的伤害很有限,因为《读库》锚定的读者群基本不会选择盗版作为替代品。这种转变是革命性的。群体的形成和交流突破地域的限制,产品和服务提供者可以便捷地同消费者深入交流,对于广度有限但代之以深度保障的经营模式是极其适宜的土壤。《读库》因此得以在书本内容的选择以及成本和价格的平衡上更加从容地制作更具个性的图书,在边际上不断挤压盗版的生存空间。因此以个性化为特征的私人订制时代对版权保护的总体需求可能是降低的。

这是一直存在但在互联网时代更能大放异彩的模式,可以总结为"长尾理论",①也可称为"社群经济",②形象一点,我把它喻作深耕。这与上一部分提到的大规模业余化是相联系着的。淘宝和微店开启的电商模式大大降低了生产经营和宣传的成本,越来越多的人得以基于兴趣和追求开辟第二职业或重新选择第一职业(张立宪就是放弃了编辑工作,选择创办独立刊物《读库》),传统的职业观念正在被颠覆和重新定义着。社群经济不是粉丝经济,它相对会更小众化,因为社群越大,情感联系就越薄弱。③ 但由于生产成本的降低,经营者只要通过深

① [美]克里斯·安德森:《长尾理论》,乔江涛、石晓燕译,中信出版集团2012年版。

② 徐远重主编:《社群经济——移动互联网的生存哲学》,中信出版集团2015年版。

③ 胡泳:《社群经济裂变启示录》,载徐远重主编:《社群经济——移动互联网的生存哲学》,中信出版集团2015年版,第64页。

耕拥有了一小块市场自留地,保有稳定的客户源,就可以维持下去。而从兴趣和追求出发的职业选择是形成社群经济的前提和保障,情感和价值观相近的个体得以逐渐聚拢。由于互联网时代信息交流的便捷,基于熟人推荐的口碑而不是传统广告也正在变得越来越重要。与这些伴随着发生的可能是一个低配版的熟人社会。买卖双方不再是一次性交易的陌生人关系,而是可能保持着或高或低的联系密度的熟人社区,这正是《模仿》和《无需法律的秩序》所描述的适合非正式规范发育的社会环境。

大规模业余化、深耕市场和低配版的熟人社会的出现同时大大提高了发现抄袭的概率,从而部分抵销了数字信息技术对抄袭成本的降低。人们在互联网时代接触和获取作品大大方便了,人多力量大,群众的眼睛是雪亮的。而且具有相近的职业、兴趣或生活习惯的人的聚合和交流也变得更加容易,所以弱意义上的同行评价也更容易形成。切记"网友很强大,高手在民间"。比起瞒骗普通人,欺瞒同行要难得多。从前你仿冒一个产品,在另一个市场可能会被视为新时尚,但今天哪怕你把仿冒自外国的作品说成自家的,恐怕没几天就会在网上被扒得体无完肤(看看复旦大学的校庆宣传片)。[①] 2005年,年轻的主厨威肯斯在澳大利亚墨尔本的一家餐厅推出创新菜肴,但很快就被eGullet论坛的网友指出是直接抄自美国餐厅的。紧接着大量攻击性的评论蜂拥而至,许多顶级餐厅的厨师加入论证,最后威肯斯删去几道菜肴,并澄清他从未说过这些菜是他原创的。eGullet就是一个由厨师和食客组成的论坛,新技术增强了行业准则的交流传播和约束作用。[②] 抄袭更容易被发现,以及富有效率而且无远弗届的同行评价,都意味着行业准则的私力救济更容易发挥作用。倘若如此,被版权方视为寇仇的互联网时代是不是也带来了积极的一面?行业准则或社群规范有没有可能在更

① 最早关注宣传片的是大学从业人员和接受或即将接受高等教育的人士,这个群体构成同行。而且,在今天接触和获取东京大学的宣传片根本不是什么难事。

② [美]卡尔·劳斯迪亚、克里斯托夫·斯布里格曼:《Copy Right! 模仿如何激发创新》,老卡、蒋漫、连琏译,电子工业出版社2015年版,第110~125页。

大程度上代替一个统一的版权制度发挥作用？或许问题只在于版权制度的部分职能移交到非正式行业准则和社会规范的手中将不利于起先的制度受益者？

五、所谓自然演化

上述条件充其量只是规范的自然演化的有利因素，绝不是充分条件。与其把它们说成有利条件，倒不如反过来看作规范自然演化的约束更有启发。由于存在约束，规范的自然演化并不总是能够有效地替代无效率的法律，不然我们也就无须再做什么努力了。

版权起源的故事，我们不去重复了，那里充斥着印刷技术革命带来的新世界里的各种利益斗争。斗争改变了产权规则，而产权，的确如经济学家所言，理应包括"使他人受损的权利"，①但现实连善意的经济学家加在前面的限定语"通过自由竞争的方式"都删去了。此后，对制定版权规则的主导权的争夺成了一场永不停息的战争，并影响着"自然"演化的整个过程。

20 世纪 30 年代，美国厂商肆意地抄袭他人的设计，服装制造业正是欣欣向荣，一个为限制仿制的卡特尔组织——美国时尚创造者公会成立了。它将设计师和设计草案登记在案，要求大型零售商抵制抄袭本国作品的设计师（抄袭外国设计是允许的），聘请了 40 名调查员来执行上述的公会准则。但是公会内部存在零售商和设计师之间的利益冲突，对于零售商而言山寨货的销售额仍然是销售额。最终服装公司起诉公会。零售商虽然输掉官司，但美国联邦贸易委员会（FTC）认为公会实际上在操纵卡特尔，阻碍市场竞争，在 1941 年的 FTC 诉公会案中，最高法院否定了公会的辩解。就在判决下达之后，公会的前领袖开

① Harold Demsetz, Toward a Theory of Property Rights, The American Economic Review, Vol. 57, No. 2, pp. 347 – 359 (1967); Armen A. Alchian, Economic Forces at Work, Liberty Fund, 1977, p. 131.

始游说国会为时尚设计提供版权保护但未果。直至《模仿》付梓之日,这一努力仍没有消停。①

可见,美国服装时尚行业"有幸"没有得到版权法的眷顾,不是市场竞争及产权制度自然演化的结果,而是出于行业内部、政府、法院及国会对利益集团的卡特尔操纵的挫败。正如哈耶克所言,那种把自由主义看成彻底否弃国家活动的做法,与政府以直接或间接的方式支持垄断的做法一样,都会阻碍自由竞争。② 雷同的故事在诸多创意行业中上演着不同的版本,版权既是斗争的起点,又是斗争的终点,国家因此也就不得不深深地介入到"自然"演化中去。如是,版权演化的关键,绝不在于是否广泛成立了行会组织,而在于成立了代表谁的利益的组织;也绝不在于国家是否介入,而在于国家代表着谁的利益介入。版权演化的关键词不是市场,是阶级。我们将透过音乐产业的发展清楚地看到这一点。

在音乐产业经历了全面的创造性破坏后,虽然版权制度在现实中被打成了筛子,但由于各国利益集团的活动,以及发达国家主导下的国际秩序,版权法的躯干基本没有被触动,仍处于非常强势的地位并牢牢地掌握着话语主导权。正是在知识产权激励创新的话语的强势支配下,中国近年来越来越积极主动地推进知识产权法治工程。2014年政府报告指出,要以创新支撑和引领经济结构优化升级,则需加强知识产权保护。9月中国政府在沃达斯年会上表态,对严重侵犯知识产权的行为要依法惩处,包括实行巨额赔偿惩罚,使违法者付出难以承受的代价,为创新助力。③ 12月国务院办公厅转发各部门联合制定的《深入实施国家知识产权战略行动计划(2014~2020年)》。近年来"剑网行动"的打击力度史无前例,成绩可圈可点,连连查处亚马逊销售盗版图

① [美]卡尔·劳斯迪亚、克里斯托夫·斯布里格曼:《Copy Right! 模仿如何激发创新》,老卡、蒋漫、连琏译,电子工业出版社2015年版,第48~53页。

② [英]F.A.冯·哈耶克:《个人主义与经济秩序》,邓正来译,北京三联书店2003年版,第162页。

③ 访问地址:http://www.gov.cn/guowuyuan/2014-09/11/content_2748703.htm,访问时间:2015年7月20日。

书案、快播和百度播放器侵权案、一点资讯侵权案、射手网字幕组侵权案、天线视频网侵权案、一听音乐网侵权案、番茄花园网侵权案、思路网侵权案等一批侵权盗版大案要案。[①] 2015 年剑网行动的重点之一就是严查网络音乐版权盗版行为，"将加强对音乐网站的版权执法监管力度，严厉打击未经许可传播音乐作品的侵权盗版行为，推动音乐网站版权自律和相互授权，建立良好的网络音乐版权秩序和运营生态"，措施包括"加大对网络侵权盗版案件的行政处罚力度，确定一批网络侵权盗版重点案件，集中力量、快速查办，提高办案的数量和质量，对侵权事实严重、社会影响大的侵权盗版网站，要依法从严查处"等。[②] 2015 年 7 月，酷狗因涉嫌盗版包括中国好声音（第三季）在内的音乐作品，在北京市版权局召开网络版权监管工作会议上，被点名批评。[③] 同月 8 日，国家版权局发布《关于责令网络音乐服务商停止未经授权传播音乐作品的通知》，责令各网络音乐服务商停止未经授权传播音乐作品，并于 2015 年 7 月 31 日前将未经授权传播的音乐作品全部下线。[④] 仅一个星期后，国家版权局在京召开"网络音乐版权保护工作座谈会"，表示对逾期没有下架未授权音乐作品的网站，将按照法律上限从严处罚。在国家版权局的主导下，QQ 音乐、阿里音乐等 19 家国内主要网络音乐服务商签署了《网络音乐版权保护自律宣言》，表示将严格遵守"先授权、后使用"的基本原则。[⑤]

借着这股东风，互联网维护版权组织迅速发展壮大。中国音像与数字出版协会下专设的音乐产业促进工作委员会于 2014 年 2 月

---

① 《十年"剑网行动"，连创佳绩；网络版权执法，再谱新篇——国家新闻出版广电总局（国家版权局）副局长阎晓宏接受新浪微访谈》，载 http://www.gapp.gov.cn/news/1671/254452.shtml，访问时间：2015 年 7 月 20 日。

② 张贺：《剑网 2015 专项行动启动》，载《人民日报》2015 年 6 月 11 日，第 6 版。

③ 孟庆建：《网易反诉酷狗音乐侵权——版权混战将加速行业洗牌》，载《每日经济新闻》2015 年 1 月 9 日。

④ 赖名芳：《未获授权网上传播音乐作品，停！》，载《中国新闻出版广电报》2015 年 7 月 10 日第 2 版。

⑤ 张贺：《网络音乐版权监管空前严厉——未授权作品月底前须下架》，载《人民日报》2015 年 7 月 16 日，第 11 版。

成立,受国家新闻出版广电总局指导。① 2015年1月,由近30家成员单位发起的"中国网络正版音乐促进联盟"在京成立。② 早在2013年6月,QQ音乐就开始组建"数字音乐维权联盟",在2013年12月对外宣布成立。③

要论早,高晓松等著名音乐人在2011年就牵头成立了"华语音乐作者维权联盟"。④ "联盟"一词在中文里显得郑重其事,其实只是对大大小小的各种社会组织的泛指,没什么唬人的。但"中国网络视频反盗版联盟"和"数字音乐维权联盟"等组织的成立是中国数字版权史上的重要一页,它标志着互联网公司终于正式地拾起它们自己从传统版权方手中击落的利刃,重新挥舞起来。被"数字音乐维权联盟"用来祭旗的是赫赫有名的酷我音乐。2014年1月,腾讯旗下QQ音乐起诉酷我音乐侵犯信息网络传播权系列案在北京市海淀区人民法院正式立案,案件涉及包括五月天、刘若英、品冠、梁静茹等知名歌手在内的近30张专辑、近400首音乐作品,索赔金额上千万元。⑤

战事一启,便"洒向人间都是怨"。2014年11月,腾讯公司在武汉中院起诉网易公司并大方地递上300万元的申请诉前禁令担保金,武汉中院很快发出诉前禁令,要求"网易云音乐平台"及下游分销商立即停止传播《时间都去哪了》等623首歌曲,以实际行动响应了加强知识产权保护的政策。⑥ 网易云音乐马上还以颜色起诉QQ音乐,武汉中院也迅速裁定腾讯公司立即停止通过QQ音乐平台向公众传播《外婆的

---

① 国家音乐产业促进工作委员会:《关于音促会》,载 http://www.cnmipc.org.cn/list/? id=42&siteid=1,访问时间:2015年7月20日。

② 张维:《中国网络正版音乐促进联盟成立》,载 http://www.legaldaily.com.cn/index/content/2015-01/29/content_5950630.htm,访问时间:2015年7月20日。

③ 腾讯娱乐:《数字音乐维权联盟搭建,网络音乐进入版权时代》,载 http://ent.qq.com/a/20131226/009020.htm,访问时间:2015年7月20日。

④ 祁琦:《华语音乐作者维权联盟成立》,载《深圳商报》2011年3月31日,C04版。

⑤ 王利阳:《数字音乐维权联盟首次出招,QQ音乐起诉酷我索赔千万》,载 http://column.iresearch.cn/u/wlyfan1108/667750.shtml,访问时间:2015年7月20日。

⑥ 肖菁:《腾讯告了网易——法院下了诉前禁播令》,载《钱江晚报》2014年11月27日。

澎湖湾》等 192 首音乐作品。① 2015 年 1 月,因被腾讯公司投诉 1542 首歌侵权,广州市文化市场综合行政执法总队对网易做出行政处罚决定,责令其停止侵权行为并处以罚款 25 万元。② 其他人也没有闲着。2014 年 12 月,酷狗音乐在广州市天河区人民法院起诉网易云音乐,称对方涉嫌未经许可向公众传播音乐作品,涉案歌曲达两百余首,索赔金额达上百万元。③ 网易云音乐马上反击,起诉酷狗音乐侵权,共 37 个案件,涉及 37 张专辑,约 300 首歌曲。④ 2015 年 5 月,酷狗音乐又收到了浙江省杭州市余杭区人民法院提出的诉前禁令,要求其立即停止播放阿里音乐独家版权范围内的数百首歌曲。⑤ 酷狗自然也予以还击,其针对阿里音乐的诉前禁令请求同样得到法院的支持。⑥ 大家抄起石头乱砸,但他们却没有一个身家清白。

究其原因,硝烟弥漫的背后是不断投入重兵布阵的资本。虽然全世界都在哀号音乐版权的衰落,资本却在不断加快进军的脚步。⑦ 酷狗和酷我在 2014 年完成合并,与音乐版权公司海洋音乐共同组成新的在线音乐集团。⑧ 阿里巴巴收购天天动听和虾米音乐,共同组建阿里音乐。⑨ 变局后的数字音乐行业将迎来更为集中的寡头市场,由 QQ 音

---

① 余春红:《网易申请诉前禁令获准》,载《浙江法制报》2014 年 12 月 16 日,第 3 版。

② 王婧:《腾讯投诉网易云音乐致其被罚 25 万元》,载 http://companies. caixin. com/2015 - 01 - 20/100776149. html,访问时间:2015 年 7 月 20 日。

③ 李万祥:《酷狗起诉网易云音乐侵犯 200 首歌曲版权》,载 http://www. ce. cn/culture/gd/201412/23/t20141223_4186316. shtml,访问时间:2015 年 7 月 20 日。

④ 火焱:《网易起诉酷狗侵权索赔超过 300 万》,载 http://it. southcn. com/9/2015 - 01/07/content_115783597. htm,访问时间:2015 年 7 月 20 日。

⑤ 林曦:《阿里音乐诉前禁令获准酷狗禁播 260 首涉案歌曲》,载《羊城晚报》2015 年 6 月 4 日。

⑥ 姜旭:《诉前禁令:音乐版权保护的重要保障》,载《中国知识产权报》2015 年 7 月 17 日,第 9 版。

⑦ 自 2008 年以来,酷狗、天天动听、虾米等数字音乐服务商均密集地获得多轮融资。见吴旭光:《版权冲击波:QQ 音乐诉网易挑起烧钱战——视频忙合并》,载《理财周报》2014 年 12 月 1 日,第 52、53 版。

⑧ 曹晓龙:《酷狗:"牵手"酷我——整合来袭》,载《新金融观察》2015 年 3 月 23 日,第 13 版。

⑨ 《阿里巴巴收购天天动听和虾米音乐将组建阿里音乐》,载 http://www. guancha. cn/Science/2015_03_16_312406. shtml,访问时间:2015 年 7 月 20 日。

乐、阿里音乐以及合并后的酷狗、酷我和海洋三足鼎立,①余下还有网易云音乐、百度音乐等第二集团。

资本的加速集中,既是市场发展的必然,又是国家行动的产物。因为一方面政府大力加强版权保护,资本只有通过兼并才能实现版权资源的高度整合,从而减少版税的重复支出。另一方面,资本的积聚又冲积形成着新的版权平原。因为当资本加速流向数字音乐产业之际,占优势地位的互联网公司发现,版权是能够有效摧毁竞争对手的武器。于是圈地运动再次出现在数字音乐的市场上,这一次它的名字叫"独家版权"。2015 年 3 月,阿里巴巴同德国贝塔斯曼集团旗下的音乐业务子公司 BMG 签署协议,阿里巴巴将成为 BMG 在中国的独家在线分销商,②并一举拿下滚石、华研等唱片公司的独家版权。QQ 音乐同样挥金如土地拿下 20 多家的独家版权,包括韩国 YG、华纳、索尼、杰威尔、华谊、英皇等。③ 2014 年,阿里巴巴宣布旗下虾米音乐和天天动听将独家享有第三季《中国好声音》的音乐版权,腾讯则斥 2.5 亿元的巨资拿下了第三季《中国好声音》视频独家网络版权。酷狗和酷我与海洋音乐合作,舞剑之意就在海洋音乐拥有的丰富的版权资源。④ 百度与韩国 SM 娱乐公司签署战略合作备忘录,百度音乐、爱奇艺将获得 SM 旗下艺人正版数字音乐、MV、演出视频等在中国内地的全面授权。⑤ 在这轮圈地运动中,独家版权的许可费被土豪们任性地一再推高,而根本不考虑短期的盈利。在 2011 年,百度音乐与三大唱片公司(环球音乐、华纳唱片、索尼音乐)签署合作时,总价才 3000 万元;但虾米最近在购买台湾华研唱片的版权时,花费约为 2000 万元;QQ 音乐购买华纳全套数字版权和分销权,总价格为数千万元;有消息称在同《中

① 卢扬、郑蕊:《在线音乐市场首现批量整合》,载《北京商报》2015 年 3 月 16 日,第 4 版。

② 《阿里与德国音乐公司 BMG 签协议成独家分销商》,载 http://www.techweb.com.cn/world/2015-03-31/2138525.shtml,访问时间:2015 年 7 月 20 日。

③ 韩佩:《天价买下版权,数字音乐商们却继续一亏再亏怎么办?》,载 http://www.tmtpost.com/222955.html,访问时间:2015 年 7 月 20 日。

④ 《从酷狗深陷侵权困扰,看数字音乐的模式出路》,载 http://www.huxiu.com/article/117154/1.html,访问时间:2015 年 7 月 20 日。

⑤ 《百度牵手韩娱巨头》,载《人民日报海外版》2014 年 5 月 10 日,第 7 版。

国好声音》进行独家合作时，阿里砸进去 3 亿元。[①] 独家版权战略的厉害，就在于用高昂的版权费筑起护城墙，让中小音乐网站或平台因为没歌可播而“失声”从而只能接受进不来或出局的命运。果然，2015 年 7 月 31 日，版权局定下的未经授权的音乐下架的最后期限到来之际，并未对几大网络音乐平台造成冲击，而一些小众平台在版权禁令下，选择关闭音乐服务。[②]

波斯纳法官曾言，如果一种生产要素的垄断生产商向最终产品的生产商收取垄断的价格，那么后者会通过使用更多的其他投入要素来替代这种生产要素。[③] 虾米、网易云音乐都在积极借助网络平台和资源培养自己的新生音乐力量以防版权之虞。[④] 这个有老皇历可查。20 世纪 30 年代，广播兴起，美国作曲家、作家与出版商协会（ASCAP）要求电台用每年广告总收入的 3% ~5% 支付版权费用，到 1940 年协会还要求进一步提高税率。美国各家广播公司成立了自己的音乐版权机构——美国广播音乐公司（Broadcast Music Incorporated），吸引了许多人气不高的歌手加盟，他们同意电台免费播放自己的音乐。蓝调音乐和乡村西部音乐就这样发展起来，而旧的商业模式最终轰然崩溃。[⑤] 也许“青山遮不住，毕竟东流去”，但无论如何，以版权为垄断手段打压竞争的策略阻碍着音乐创作和传播。

融资、合并、独家版权，同样的战争也在数字视频行业进行着，甚至

---

① 韩佩：《天价买下版权，数字音乐商们却继续一亏再亏怎么办?》，载 http://www.tmtpost.com/222955.html，访问时间：2015 年 7 月 20 日。

② 黄启哲：《免费成为历史，网络音乐产业遭遇拐点》，载《文汇报》2015 年 7 月 31 日。

③ [美]波斯纳：《反托拉斯法》，孙秋宁译，中国政法大学出版社 2003 年版，第 268 页。

④ 朱晓佳、罗欢欢：《难道要下载七八个音乐软件吗？数字音乐版权的“战国时期”》，载《南方周末》2015 年 4 月 9 日文化版。

⑤ [美]克里斯·安德森：《免费》，蒋旭峰、冯斌、璩静译，中信出版社 2012 年版，第 43 ~45 页。

更早。[①] 同理,网络游戏、文学、新闻等行业也不可能绕开这个战场。在这场互联网时代的版权混战中,我们看到国家的态度、国家的投入力度、资本的流动、技术革新的特点是如何影响着版权秩序的重新塑造,也看到了在上述因素的影响下众多维权联盟的成立和反盗版宣言和行业公约的公布。只是,这真的还能称为自然演化吗?

六、学会尊重版权

互联网时代前所未有的复制和传播的便宜、迅捷和广泛,的确令人震撼。如果你是知识产权鼓励创新的话语的抱持者,你就应当像有关部门那样忧心忡忡,并且会决定用更加严厉的版权保护击退这些对创新的威胁,正如急急忙忙颁发诉前禁令的法院。但也许你过虑了。《模仿》指出,其实在前互联网时代,抄袭周期就已经非常短促,仿制者借助普通照相技术和传真机,能够在拍摄或者临摹后几个小时内开始仿制。据1936年的《时代周刊》所言:“任何设计的‘独家’身份都难以维系24小时以上。”但先发优势却没有因为抄袭周期短而消失,原因在于先发优势决定于消费者而非生产者,只要消费者购买和时尚形成之间存在滞后,先发优势就不会消失。[②] 在本文的第三部分,我们也论证了新的产品和市场已经提供着全新的而且充分的激励。

互联网时代的特征,在于革命性创新每每由一些名不见经传的新企业发起,这本就得益于互联网时代不断壮大的以开源运动、创意集

① 2013年11月,优酷土豆、搜狐视频、腾讯视频、乐视网等多家公司联合成立“中国网络视频反盗版联盟”。以上多家视频公司在2013年向法院起诉百度、快播的盗版侵权案件已立案百余起,涉及百度盗链、盗播移动视频版权的影视作品逾万部。“中国视频行业发展史,更像是一部关于版权争夺的混战史。”而这个过程和资本的积聚、企业的合并是交织着发生的。见吴旭光:“版权冲击波:QQ音乐诉网易挑起烧钱战 视频忙合并”,载《理财周报》2014年12月1日,第52、53版。

② [美]卡尔·劳斯迪亚、克里斯托夫·斯布里格曼:《Copy Right! 模仿如何激发创新》,老卡、蒋漫、连琏译,电子工业出版社2015年版,第81~83页。

市、协同生产为特征的共享文化。[①] 无论在数字音乐还是其他行业，大公司拥有资本的优势，但产品和服务的革新往往是后来者居上。版权策略可以放大资本的优势，但对于我们在第三部分已经很详细地讨论过的版权被破坏后出现的激烈竞争，它恰恰起到抑制的作用。在本文的第五部分，我们遗憾地看到国家极力支持维持版权制度，推动着大公司的主导下的维权联盟的形成和行业自律公约的发布，版权演化的过程中人为多于自然。

独家版权战术只能是一个短期策略，因为它的许可期一般是1～2年，在期满之后真正决定竞争成败的还是产品和服务的质量。[②] 被独家版权策略在短期内拉高的版权许可费用也会逐渐回落至正常水平。在此期间，如果维持免费或低收费模式，高昂的版税将成为互联网公司生命中不能承担之重。但除非数字音乐仍维持合理的收费标准（倒不是机械地理解为免费，而是指充分竞争后的定价），过高的版权许可费用将更强烈地刺激盗版行为，因为“一个足够大的价格提高会使得处于竞争价格上的劣质替代品在消费者看来也是好的”。[③] 在近乎零的边际成本和高昂的版税之间，作弊是大有可为了。

所以毫不奇怪，在这场独家版权的盛宴中，我们看到各路神仙狼吞虎咽，连不太文雅的吃相不符合那代表着互联网新贵的身份也顾不得了。刚刚牵头成立反盗版联盟，高调出击快播和百度的优酷，因为《狼图腾》盗版视频成了被告，说好的不盗版呢？[④] 在数字音乐行业里，QQ音乐、阿里、酷狗和网易云音乐互相撕咬，谁也不比谁更无辜。2015年5月，刚刚成为“中国APP移动应用正版联盟”的首批单位，还唯一加

---

① 参见［美］克莱·舍基：《人人时代》，胡泳、沈满琳译，中国人民大学出版社2012年版；［加］唐·泰普斯科特、［英］安东尼·D.威廉姆斯：《维基经济学——大规模协作如何改变一切》，何帆、林季红译，何帆审校，中国青年出版社2007年版。

② 《从酷狗深陷侵权困扰，看数字音乐的模式出路》，载http://www.huxiu.com/article/117154/1.html，访问时间：2015年7月20日。

③ ［美］波斯纳：《反托拉斯法》，孙秋宁译，中国政法大学出版社2003年版，第174页。

④ 何天骄：《中影起诉百度优酷等非法传播〈狼图腾〉优酷屡涉盗播》，载《第一财经日报》2015年3月24日。

入了“移动互联网应用自律白名单”的音乐类APP的酷狗,因为版权问题被数十家软件应用市场及几大品牌手机的应用商店集体强制下架。① 在QQ音乐诉网易云音乐一案中,腾讯列举的被侵权音乐作品中,有数十张并没有完全获得国家相关法规手续的作品,也就是腾讯引入了一批非法出版物,然后再以这批非法出版物来起诉别人侵权,“这个连所谓的版权方都不想跳出来告知天下的事,却被腾讯拉出来游街了”;腾讯主张权利的其他作品中,有些可能不属于独家版权,因为中国三大运营商的版权许可还没到期,有些来自华研授权的作品已经到期,现在的被授权方是阿里旗下的天天动听!②

究竟是谁在造成版权的声名狼藉,只看《中国好声音》一例就够了。2013年酷我音乐和百度音乐都兴高采烈地推了微博“我们拥有好声音独家网络音频哦”,才震惊地发现“撞了车”。百度称,他们的版权授予方是好声音第二季的权利人梦响强音文化传播公司,好声音的官微认可并转发了百度音乐的微博。“而酷我音乐则与授权方星云乐众文化传播公司一起召开了发布会。星云乐众称自己在第一季时,就和灿星签署了好声音音频、视频和图文的独家版权转让合同,这一合同的有效期截至2014年7月9日,并展示了相关合同的影印件。星云乐众常务副总裁赵铮说,由于合同已经签署,在这期间,哪怕是灿星自己,也是没有权限再进行版权售卖的。”为什么上演了一出李逵斗李鬼的闹剧呢?原来“灿星曾向星云乐众发函称,自己未能取得荷兰版权方关于好声音模式的授权,所以原协议无法继续。不过,星云乐众却了解到,灿星已经在销售各路版权了,所以他们要求灿星出示荷兰版权方与灿星解约的文件,但事情最终不了了之。”星云乐众常务副总裁赵铮称:“我们不认为那个函电具有法律效应。而且如果灿星的函电成立,那么好声音是播出不了的,因为灿星没有拿到(荷兰的)授权。”酷狗和

① 《酷狗因涉嫌盗版被应用市场集体下架》,载http://ent.sina.com.cn/y/yneidi/2015-06-09/doc-icrvvrak2972985.shtml,访问时间:2015年7月20日。

② 《腾讯为音乐侵权为什么要闹到武汉去》,载http://diaolong.baijia.baidu.com/article/54494,访问时间:2015年7月20日。

百度均表示要对簿公堂，这样一来还可能殃及了从梦响强音手里购得独家视频版权的搜狐视频这条池鱼。[①] 互联网公司刚想学习如何“尊重”版权，就发现版权方和版权代理公司也是“贵圈好乱”，版权无处不在被破坏中，维权之路真是漫漫其修远兮。

因此，能够在这轮版权厮杀中存活下来的只能是资本雄厚的竞争者。但很快，它们会发现这种杀敌一万，自损八千的打法消耗过大，大概将来它们也只能不断作弊，在台底下达成妥协，而专以版权作为防范、扼杀新生力量的策略。但是，只要版权是被作为这种不正当竞争的工具来使用，作弊就会在所难免，版权就不可能得到尊崇的荣光。

将国际唱片业协会（IFPI）在2015年4月发布的报告与版权保护的加强联系起来看，会令人受益匪浅。报告显示：音乐销量是下降的；流媒体持续增长，但不盈利，造成亏损的主要原因之一是昂贵的版税，2014年著名音乐流媒体服务提供商Spotify向各大唱片公司支付了高达8.82亿欧元的版税，2013年Pandora向唱片公司支付了3.13亿美元，相当于全年总营收的49%；然而音乐人的实际收入是下降的，这不仅是因为他们能够卖出的唱片变少了，还因为数字音乐带给这些音乐人的分成变少了；而被认为处境困难的大唱片公司的收入实际上是增长的；越来越多的音乐被消费，只是方式变了；实际上赚钱的依然是你想不到的版权公司，版权管理成为转型后的唱片公司的新经营模式。[②] 前些时候遭曝光的Sony和Spotify之间的合同中的暗箱操作之所以引发众怒，是因为双方在“尊重”版权完成利益瓜分之余，并没有给予音

---

① 《谁的好声音？百度音乐和酷我音乐独家版权之争的背后》，载http://musicianguide.cn/whos-a-good-voice-baidu-music-and-cool-music-behind-the-exclusive-copyright-dispute，访问时间：2015年7月20日。

② 韩方航：《我们用6个“实际上”，告诉你音乐这个生意眼下到底是什么状况》，载http://www.qdaily.com/articles/10690.html，访问时间：2015年7月20日。亦可参见《透过Pandora电台，解读数字音乐的版权之争》，载http://36kr.com/p/210820.html，访问时间：2015年7月20日。

乐人任何尊重。[①] 同样遭到曝光的有Soundcloud与美国音乐出版联盟及三大唱片公司之间达成的版权授权协议。为避免版权官司,音乐分享平台Sound Cloud将向后者分别提供3% ~5%的股份,并承诺收入分成。[②] 令人困惑的是,加强版权保护到底在激励创新还是在造就一个依靠资本和版权进行垄断的食利阶层?

版权还成了封闭网络的有力理由。2015年2月,腾讯微信封杀了阿里旗下的天天动听和虾米音乐,还有网易云音乐三款音乐APP,理由十分高大上:什么时候"解决了音乐版权侵权,我们再来谈这个问题"。可是QQ音乐上就有虾米音乐拥有独家版权的滚石音乐。[③] 各庄的版权有各庄的高招,但对于用户来说,难道真要他们下载七八个音乐APP才可以?[④]

持续进行中的技术革命也继续挑战着僵化的版权法。在大数据和移动互联网兴起的今天,不论新闻类还是娱乐类APP和微信公众号的竞争在于各种个性化的信息服务,数据的深耕在所难免,对内容的介入越来越多,仅仅以侵权内容为第三方上传作为免责理由就不够了。独家版权正体现着这种对立的尖锐化。如果独家版权可视为在同行竞争者面前树起的鲜艳的红旗,其他竞争者就无法得到"避风港"的庇护了;至少,他们身上的"通知—移除"义务就会大幅上升。[⑤] UGC(User Generated Content,用户原创内容)本来是互联网充满活力和个性的内容渠道,但版权的加强会使它成为网络音乐和视频服务提供商需要时

① 贾郑婧:《Spotify与SONY音乐合同曝光:版税去哪儿了?》,载http://www.zhihu.com/people/jiazhengjing,访问时间:2015年7月20日。

② 《为避版权官司,"音乐界的YouTube"SoundCloud将向三大唱片巨头提供股份,并承诺收入分成》,载http://36kr.com/p/213668.html,访问时间:2015年7月20日。

③ 杨鑫倢、张秋婷:《微信因版权封杀三款音乐App》,载《东方早报》2015年2月6日。

④ 朱晓佳、罗欢欢:《难道要下载七八个音乐软件吗?数字音乐版权的"战国时期"》,载《南方周末》2015年4月9日文化版。

⑤ 据说,"通知—移除"规定已遭受重大困难,谷歌公司自己统计,它在2014年3月收到的举发通知就达27,751,105份,而2013年超过3亿7千万。孙远钊:《〈著作权法(修订草案送审稿)〉修改与完善建议》,载《交大法学》2015年第1期。

刻审查的沉重包袱。反之,频频利用第三方内容打法律擦边球引发的纠纷也使版权法疲劳不堪。

更重要的是,以信息封锁为手段的独家版权策略与初成气候的信息自由和信息共享的互联网文化严重抵牾。先前已述,新的技术革命引发的“创造性破坏”改变了文化生产的形态,随之而来的必定是新的社会交往方式和风气。在无数网民的参与下,互联网正在自发地摸索、磨合出新的文明及其之下的信息利用规范。但是,旧有的版权制度仍然在顽固地阻挠着新的制度文明的来临。回想一下版权行动的战果,有多少是广大网民欢迎的呢?是射手网和人人影视的关闭?① 对弹幕网站的打击?② 还是对付费数字音乐的积极倡导?没有什么比字幕组事件更有代表性的了。③ 在字幕可以轻易析出和插入的数字影视出现后,众多国外影视的爱好者纯粹出于自由、热爱和分享精神,不图名利,利用业余时间为大量的国外影视翻译制作了字幕,使许许多多同好那么方便地欣赏到常常是高质量翻译的影视作品。④ 这就是我们所讲的在信息边际成本接近零的时代里,在大规模业余化的时代里,自由、共享的风气将会逐渐蔚为大观。⑤ 字幕组代表着的这股风气是“对石器时代的礼品经济的更高复归”。⑥ 然而我们的版权制度站到了它的对立面。当一个制度在不断增加你的学习、工作和娱乐的不便,而它应诺的好处迟迟不见兑现时,试问谁又能做到“版权虐我千百遍,我待版权如初恋”呢?

---

① 栾喜良:《射手网宣布关闭人人影视暂时关闭》,载《新文化报》2014 年 11 月 24 日,B04 版。

② 胡彪:《14 天被诉 9 次,弹幕网站暴露版权软肋》,载《中国知识产权报》2015 年 1 月 14 日,第 9 版。

③ 参见《字幕组:“共享主义战士”的黄昏》,载 http://www.21ccom.net/articles/culture/wenyi/20141205117126.html,访问时间:2015 年 7 月 21 日。

④ 陈瑶:《字幕组背后的那些人》,载《新京报》2014 年 12 月 1 日,A11 版;蔡晓玮:《字幕组何去何从》,载《东方早报》2013 年 10 月 10 日。

⑤ 参见[美]杰里米·里夫金:《零边际成本社会——一个物联网、合作共赢的新经济时代》,赛迪研究院专家组译,中信出版社 2014 年版。

⑥ 左煜烇:《字幕组:一个对谈录》,载《绿叶》2012 年第 2 期。

即使经济学家也把获得社会成员的内在认同视为产权制度的一部分。[①] 每一次要加强版权保护的时候,关于要培养尊重知识产权的习惯的声音便甚嚣尘上,但从未使得人们像对待普通产权那样对待知识产权,因为它们确实是不同的。“窃书不算偷”,在 2009 年美国的一起版权案件中,被告某 BT 网站的经营者在网站上宣称:

他们控告我们为小偷,他们是对的。只是我们“偷”的是那些淫棍(他们)的东西,而不是原创者(艺术家)的。

确实,我是一个基督教徒。“汝不可偷盗。”但是对我而言,就算发生版权侵权,也不一定算是偷盗。[②]

法院当然据此认定了被告在故意鼓励他人实施侵权。但是,对于版权制度,如何要求得到爱和尊重,倒是一个很伤脑筋的问题。

七、结　语

今天站在互联网时代回顾版权的演化,我们发现在版权制度经历强震的地方,古老的自由创作传统和文化共享传统从地壳深处苏醒过来,随意模仿、改编、重组,不复固定的作品,自由写作,免费分享,结社,协同创作……比文化私有产权古老得多的被压抑已久的幽灵,要在新的时代里附在新的技术上复活了。在经历了互联网时代的破坏性创造后,不仅文艺创作,就连资本的发育都不可能局促在版权设立的旧秩序当中。正如我们所看到的,在版权越是遭到削弱的地方,竞争就越是激烈,资本就越是活跃、壮大。新酒只能装到新皮囊里去了。哈耶克倒是很早就说过这一点,他指出现代以降把产权概念扩展到发明专利权、版权和商标权之上在很大程度上助长了垄断的发展;要保护竞争,必须进行彻底的改革,因此不应当适用现成的原则,而必须回到市场体系中,

① Armen A. Alchian, Economic Forces at Work, Liberty Fund, 1977, p. 129.

② 王迁:《网络环境中的著作权保护研究》,法律出版社 2011 年版,第 199 页。

然后再为每一种情形确定政府应当加以保护的权利。① 简言之,就是先彻底破坏再重建。

回到文章开头,笔者认为,如果要彻底肃清版权教条主义的流毒,必须对权利话语作一次清算。“牵一发而动全身”,对版权话语的反思势必成为对整个权利话语的反思,因为版权话语必须“服务大局”,为整个产权制度维持逻辑自洽的权利意识的输送。但本文的分析已清楚地显示,权利与权力并没有多大区别。谋求版权(利)难道不同于谋求控制信息的权力吗?产权随时可能变为无效率的垄断,变为压迫他人的权力,这不是在版权的演化中时时发生的吗?经济学家关于产权包括使他人受损的权利(难道权力不是更准确的措辞吗?)的理论不是非常直观地说明了这一点吗?尽管不是他们的本意。权利,依照教科书的定义,为行动的资格、主张、自由和力量;②权力即针对他人的合法的强制力。然而做某事的资格、主张、自由和力量,不就意味着对他人的强制力吗?因此权利或权力,无非都指向某种行动的特权。在先秦及汉代典籍中,权、利并用,其含义多指权势与货财,不涉今义。③ 今人常以权利/权力不分指摘古人缺乏权利意识,殊不知这恰恰包含并且打破了虚构的权利/自由和权力/压迫的对立。人们喜欢的两个主题——自由和产权,实际上是水火不容的,④罗伯特·费尔默的这一论断只有在接受权利话语以后才有意义。不然,便是欲主张权利者,必得主张权力,因而权利和权力理应统一在同一个“权”字上。在版权的演化当中,在每一次的利益变动当中,权力都化身成权利而斗争,因而“法也和宗教一样是没有自己的历史的”。⑤ 这才是版权——不,是产权的精髓。

---

① [英]F. A. 冯·哈耶克:《个人主义与经济秩序》,邓正来译,北京三联书店 2003 年版,第 166～168 页。

② 参见张文显主编:《法理学》,法律出版社 2007 年版,第 161 页。

③ 金观涛、刘青峰:《观念史研究——中国现代重要政治术语的形成》,法律出版社 2009 年版,第 103、111 页。

④ 转引自左煜烇:《字幕组:一个对谈录》,载《绿叶》2012 年第 2 期。

⑤ 《马克思恩格斯选集》(第 1 卷),中共中央马恩列斯著作编译局译,人民出版社 1972 年版,第 70 页。

《法律和社会科学》(2016)
第15卷第1辑,第134~148页

失败的知识产权?

——从中国视频企业的版权原罪说起

余盛峰*

摘要:中国视频企业的版权之争,指示了知识产权在中国实践的特殊性逻辑。知识产权既非“一张白纸”,也非“法律信仰”。它业已成为寡头企业商业竞争和资本操作的基本手段,成为排挤和打击中小企业的法律利器。传统的劳动价值论和新自由主义都无法有效解释当代知识产权的运作特征。中国的庞大市场规模决定了互联网企业竞争的行动逻辑及其约束性条件,互联网市场的等级化结构也赋予不同企业在运用知识产权时的不同实用策略。互联网企业与网民消费者最终都同时具有了“守法”与“违法”的悖论性特征,这构成了理解中国知识产权特殊性的内在基础,也再次说明了中国的知识产权研究必须超越法条字面上的教义性阐释。

* 北京航空航天大学法学院、北京航空航天大学人文与社会科学高等研究院讲师,电子信箱:ysf2009@gmail.com。特别感谢冯象教授给予的启发和指点。

作为仪式的版权献祭

2012 年，腾讯视频和 PPS 网络电视互诉侵权，腾讯称 PPS 盗播其 5 部剧集，索赔金额超过千万元，而 PPS 则在上海、深圳、香港三地对腾讯盗播提起上诉，索赔金额过亿元。搜狐视频随后也对 PPS 发起了侵权诉讼，指责 PPS 共盗播其 23 部共 800 集剧集，PPS 则反诉搜狐涉嫌盗播其独家影视剧 173 部。有意思的是，各方均否认自己存在盗播行为。[①] 无独有偶，2012 年 3 月，中国视频市场占有率居前两位的优酷网和土豆网宣布合并，而在此前，两家公司也围绕版权互盗问题展开过激烈的相互指责。据媒体报道，2011 年 12 月，土豆网高层公开面对媒体用针痛扎一大片代表优酷的蓝色气球，将其炸成碎片，宣布要“斗争到底”，并发起 1.5 亿元的视频行业天价索赔。冲突源于土豆声称其重金购买的综艺节目《康熙来了》遭优酷侵权盗播。优酷当天便迅速反应，痛斥对方盗播自家几十部剧版权，已将其告上法庭。随后，双方多位高管在微博上演隔空骂战，场面煞是热闹。[②]

中国视频企业的版权互盗司空见惯，任何有视频网站登录经验的网友都可发现，同一视频内容，往往可通过搜索引擎在不同网站轻松找到，不同视频网站的内容高度重合。视频网站这种行业性默契的互盗版权，形成了一种矛盾局面：一方面，视频内容的高度重合无疑反映视频版权的互相侵犯是行业普遍的潜规则；另一方面，版权也不是完全失效，否则，难以解释各大视频企业都在宣传自己对于某部影视剧的独家播映权。而这些独家播映权，其版权收购价格经常达到天文数字，以热播剧《心术》为例，其每集价位高达 260 万元到 280 万元（以剧长 30 集

---

① 参见慕习：《搜狐收购 PPS 缺乏现金流，视频企业互诉实为营销》，载 IT 商业新闻网，http://news.itxinwen.com/internet/inland/2012/0517/412308.html，访问时间：2012 年 5 月 26 日。

② 参见秦川：《视频宿敌宣布合并，优酷网土豆网“闪婚”》，载《新闻晚报》，http://finance.ifeng.com/news/tech/20120313/5742038.shtml，访问时间：2012 年 6 月 2 日。

计算,版权成本将高达8000万元)。①

这形成了中国视频版权保护的独特生态:视频版权的普遍侵犯并非代表版权的完全失效,而视频版权的畸高价格又建立在司空见惯的版权互盗之上。在视频网站市场,因而形成一种非常奇特的半知识产权保护状态——一种特殊的半法治局面。一方面是市场对版权的普遍侵犯,另一方面是市场对版权的选择性保护。为争夺优质广告客户,视频企业需要借助独家版权策略,而捍卫与确认版权的结果,是不断抬高了版权价格,在这种版权竞争策略的价格竞逐抬升下,任何一个视频网站都越发不可能支付其全部播放内容的版权费用。因而,越是强调对单一视频版权的保护,就越使一个网站增加了对其他视频版权盗播的可能性。无法想象的是,在残酷的互联网竞争环境下,一个视频网站可以通过播放少量独家版权视频就能存活下来。

但是,视频企业虽然不可能收购所有播放版权,却也不可能盗播全部播放内容,相反,最终会在所有具备竞争实力的视频企业之间达到一个均衡点:一个企业所收购的独家版权视频的数量,要能诱使其他企业也来盗播它的部分内容。以此,视频企业相互之间的盗播才能形成一种内在的均衡状态。某个网站盗播了其他网站的部分内容,其他网站也盗播了这个网站的部分内容,这样一双互盗版权的"看不见的手",既能保证内容的共享,又能阻止侵权诉讼的发生。然而,最终也只有那些占有一定数量版权的企业,才能获得进入这一互盗游戏的资格,版权制度则构筑起一道狙杀中小企业的高墙。只有占据一定数量版权的视频企业,才能获得对其他企业版权侵犯的资格。

这在某种程度上使版权保护变成了一种宗教仪式。选择性的版权宣告是对版权之神的献祭,以求得日常的版权破坏的许可。因为,在高

① 该剧此前由搜狐视频宣布独家高价买断,但随后又出现其他视频网站与版权方秘密接洽,并以更高价格利诱版权方毁约。参见马闯:《数十亿风投沦陷视频业,短视频模式解盈利困局》,载《央广新闻》,http://tech.qq.com/a/20120430/000098.htm,访问时间:2012年6月2日。

版权保护状态下，一个企业的生存必须依赖于一定程度的盗版行为；而完全的盗播，也不可能逃过版权之神的诅咒。因而，在视频版权领域，最终就形成了一种行业性的“原罪”：要在行业中生存，就必须获得版权之神的救赎，而这也就需要对版权之神做常规的法律祷告与献祭，通过选择性的版权保护和版权确认，不断为版权之神提供祭品。与此同时，每个企业也要诱使其他企业对其版权禁果进行偷食，从而让所有参与其中的企业都陷入普遍侵权的堕落状态。最终，所有这些企业之间的分化与联盟，号召版权保护（一种竞争策略，而非实质性的保护），借此排挤和消灭掉那些中小企业竞争对手。至少在视频领域，对于版权的尊重，就不是出自于某种虔诚的法律信仰，版权保护并非意在推动文学艺术殿堂的缔造，而变成了版权之神与资本魔鬼之间的交易。

视频行业的盗版困境并非当代知识产权世界的孤例。随着互联网技术的迅速发展，比如智能手机、平板电脑、3D 打印技术的涌现，都在预示以集成诸多单一知识产权于一体的新技术形式的逐渐普及化，创新正以一种要求集成大量知识产权于一体的形式出现。这些技术趋势预示着知识产权将面临新的困境。技术革新正逐渐告别传统的单一版权与专利权作品的时代，集合诸多版权与专利权于一体的产品与商业模式正在不断突破传统壁垒而大量出现（比如视频网站、音乐网站、智能手机、平板电脑、整体产品打印等）。竞争优势的转移，越来越不可能以单一或少数版权与专利技术的实现而完成。当代知识产权所构建的法律保护体系，正在塑造出一个非常不对称的市场权力结构：占有一定数量知识产权的企业才能获得侵犯一定数量知识产权的可能性，中小企业成为信息寡头收购创新技术的对象，知识产权的高水准保护形成了一个等级式的企业竞争筛选网络，市场竞争结构借助知识产权的介入被不断得以固化。与中国视频企业面临的困境一样，一切只要是必须通过大量集成才能获得技术突破与商业模式创新的产品或运营形态，都面临与之相似的困境与原罪。[①] 在知识产权的神灵面前,只有那些资本力量雄厚的企业才能获得赎罪券;而中小企业,则只能在零散的知识领域做"创新"的苦行。

正是因此,关于中国视频企业的法律原罪,从法治基础薄弱(立法不健全、执行不得力、司法不独立)、惩治力度畸轻、中国模式论、文化特殊主义出发,都无法做出令人信服的解释。知识产权,作为当代企业与资本竞争的法律工具,实际已逐渐变为企业间"战略恐怖平衡"的威慑性手段。知识产权对于当代资本经济的革命性影响,甚至可以譬之以核武器对于现代战争与和平形态的颠覆。这一原罪所指示的问题其实已超出一时一地的困境与挑战,而指向一条前途未知的法律道路。

"知识产权"稀缺性的吊诡

首先,关于知识产权的劳动价值学说正面临深刻危机。如果说,在古典经济时代,是以富有和贫穷来界定社会分化,在货币经济时代,是以资本和劳动来界定社会分化,那么,在进入知识经济时代之后,劳动和资本的区分图示已不敷使用。过去,人们希望通过劳动来降低自然的稀缺性,劳动价值学说因而承担了一种功能,即告知人们可以通过劳动来调和富有与贫穷。但是,对于知识财产而言,劳动价值学说的解释已显苍白。因为,知识稀缺性与土地财产有限性所导致的稀缺性完全不同,它在更大程度上揭示出稀缺性本身即是社会建构的产物。

因为,知识稀缺性并不出自知识的有限性(知识并不因为使用而耗

---

① 比如,苹果与三星的专利权纠纷,以及与谷歌安卓系统的专利权纠纷。可参见中关村在线:《三星与苹果专利纠纷谈判未能达成和解》,载 http://tech.163.com/digi/12/0531/13/82RB16UF00161MAH.html,访问时间:2012年6月3日;《华尔街日版》网络版:《HTC与三星:智能机厂商境遇的两极分化》,载 http://roll.sohu.com/20120608/n345067156.shtml,访问时间:2012年6月2日;潘敬文:《体系专利拥有权薄弱,安卓手机深陷专利纠纷》,载《新闻时报》,载 http://informationtimes.dayoo.com/html/2011-07/27/content_1428975.htm,访问时间:2012年6月3日。

尽),知识的稀缺性,实际完全出自于社会的规约。只有对一个有限数量的范围进一步筛选和界定,才能形成稀缺性。对于知识的攫取制造了稀缺性,而这种人为建构的稀缺性又成为进一步知识攫取的动机,而由这种攫取所形成的自我循环,则是整个知识产权制度得以构建的内在动力。由此所形成的吊诡局面是:它一方面创造出自己的运作条件,另一方面又将这种由自己所造成的结果理解为制度运作的动机。而为了掩盖这一吊诡,知识产权制度则建立起一整套连续运作的框架与条件。如德国社会理论家卢曼所说,通过分岔和编码,这使稀缺性被进一步浓缩为拥有和不拥有的财产形态。[①] 知识稀缺性本来是建构的产物,但通过这样一个遮掩吊诡的过程,人们就被置入一个由知识攫取而不断编码化的法权结构之中,从而形成一个知识产权体系的特定历史处境。知识稀缺性的吊诡,经过洛克式劳动价值理论的阐释,也就被转化为有关知识交换与分配的政治经济学问题,转化为如何正当化知识占有不平等的法律技术问题。

在知识产权自我的意识形态诠释中,对于知识的攫取本是为了降低知识的稀缺性,是为了推动文学艺术创造和发明创新的进程。但实际上,正是攫取本身制造出了知识的稀缺性,而且,经过"拥有/不拥有"这样的财产编码之后,原先的知识的多少问题(A 多一点知识,B 少一点知识,但不会是全有全无的状态),就转化为知识的有无问题(A 有权占有知识,B 无权占有知识),在一个特许的时间范围内,谁要是拥有什么东西,就可以一再利用这个拥有;谁要是不拥有什么东西,就一直缺少这个东西。而这种人为建构的知识稀缺性的吊诡,也就进一步被遮蔽起来,而这一切,正是通过劳动创造知识的价值论说来完成的。

可以发现,在传统的宇宙论框架中,稀缺性很难与有限性区分开来(以土地财产为典型),但在知识经济时代,知识的稀缺性相反以知识的无限膨胀和持续使用的矛盾形式展现出来。古典经济是一种"道德经济",因为稀缺性往往联系于有限性,因而也被联系于剥削的可能

---

① [德]卢曼:《社会之经济》,汤志杰、鲁贵显译,联经出版社 2009 年版,第 217 页。

性。但是,在知识经济时代,知识的稀缺性不再被体验为一种对非权利人的剥削,稀缺性不再是一个针对总量恒定的客体进行具体配置的问题,而成为一个纯粹功能化的可操作性概念。而这正是通过知识财产制度的奠定而实现的。对于知识的攫取,被浓缩为知识财产权的拥有和不拥有(不再是知识较多或知识较少的问题)这两个选项。表面上,对知识的攫取是通过劳动而正当化的,但实际的逻辑却不是如此。

依照传统的论述,知识财产被视为一种由法律所保护的,对于劳动所创造的知识价值的支配权(dominium)。但实际上,知识财产其实是作为一种符码机制在发挥作用,因为,它不需要物理手段上的实际占有和控制,也不是某种必须通过劳动才被创造出来的知识价值,而知识的财产/非财产这组区分才是关键的。正是基于这项区分,一个人不是知识的财产所有者,就是知识的非财产所有者,而不再有第三种可能性。劳动并未使知识财产变成"权利束","知识"也不必是一个需要被主体意识所占有的对象。在传统的劳动价值学说那里,既然人们通过劳动创造了知识价值,那么,人们自然可以自由地"享用"其知识成果,但知识的财产/非财产的符码化——知识的"产权化"——却要求知识必须通过一种"合理性经营"的方式为自己辩护,在此,它就必须嵌入到理性资本经济的脉络之中。

大致从17世纪资本主义兴起开始,西欧的所有事物都开始变为买卖的对象,包括灵魂救赎、政治职位、贵族头衔、土地占有等。① 灵魂与贵族头衔都变为买卖的对象,这当然不是因为劳动价值灌注于其中的缘故。"知识"的"产权化",正是自17世纪开始其历程,这并不是偶然的。当代"知识"的全面产权化,不过是自17世纪就已开始的资本主义逻辑的深化。财产不再是静态的占有和支配形式,而必须通过动态的方式才能达成运作式平衡。知识作为一种抽象物,也只有在这种不断的流动性之中才能发挥它的效能。和灵魂救赎成为买卖的对象一样,知识的产权化也绝对不是建基在劳动之上,它奠基于一种完全不同

① 详参[英]洛克:《政府论》(下篇),吴恩裕译,商务印书馆2005年版,第五章,论财产。

的编码形式之中。通过这个编码过程，知识生产就变成了一种围绕于资本而展开的商品化形式。知识本身无法控制交换，以资本形式展开的交换，反过头来控制了知识生产。

因此，可以看到，现代知识产权制度的建构，一方面排斥了劳动维度，自此才能建立起财产/非财产的权利符码，从而实现对知识稀缺性的精确控制；另一方面，劳动范畴又被保留下来，作为证明知识财产制度合理性的"寄生者"。它维持住劳动创造智力成果的表象，却遮蔽了资本主导知识产权建构的事实。劳动使知识财产获得了一种神圣光环，也使人们不断陷入诸如知识改变世界的陈词滥调之中。而当代知识产权制度，在许多方面也使"知识劳动"陷入与19世纪产业工人同样的困境，知识通过资本的组织化过程，逐渐陷入异化境地。如果说，资本/劳动图式能够描述20世纪之前的工业形态，那么，它已无法把握当代的新阶级图景。因为，不平等已不再仅仅基于生产资料占有的不平等，而更多被知识生产、消费与分配的特殊权力结构所决定。我们不再听命于一个资本家，却被充斥于世界的无所不在的"知识产权"弄得无所适从。

保护竞争，而不是保卫社会

正是基于劳动价值学说的苍白，我们可以进一步审视哈耶克有关知识产权的论述。[①] 在哈耶克看来，知识产权制度就是一个由国家刻意设计，由外部强加的外生性秩序(exogenously order)的失败典型。哈耶克否定了知识产权制度的合理性，而呼吁一种知识生产和传播的"自生性秩序"(endogenou order)。对于哈耶克，作为国家强加的外部性规则，知识产权是导致人为垄断的罪魁祸首，只有取消知识产权，才

① [奥]哈耶克：《个人主义与自由秩序》，邓正来译，三联书店2003年版，第167页；[奥]哈耶克：《法律、立法与自由》(下册)，邓正来译，中国大百科全书出版社2000年版，第398页。

能重新使市场恢复良性竞争的前提。但是,哈耶克完全否定了这样一种可能性:实际上,知识产权制度本身即是竞争型市场体系的内在要求。正如前文已指出的,知识财产的稀缺性本身,并非出自知识本身的有限性,并非出自劳动/不劳动的二元界分,也不是出自于国家的人为干预。稀缺性实际上是现代经济作为一个自创生系统通过其特殊的编码与分岔形式自我演化所成。假设按照哈耶克的构想,一种取消了国家外部干预的自生性秩序,可能只会进一步固化某种特殊的知识产权保护机制。市场竞争本身无法有效解决知识产权垄断问题,正如中国视频企业案例所显示的,版权制度正是当代企业通过选择性遵守灵活展开资本竞争与垄断的法律利器。

当代知识产权制度,已不再仅仅满足于个人智力成果交换的需要,它在很大程度已经成为企业重要的竞争性武器,当代知识市场的首要逻辑已经不再是交换,而是企业竞争。当代知识市场的参与主体,也主要不再是传统意义上的平等民事主体,而更多是不对等的竞争型主体。古典的放任自由并不反对政府通过知识产权的特许制度来调和市场竞争,而哈耶克的放任自由则留下这样一种可能性:自生自发的市场竞争将呼唤一种比"外生性秩序"更为激进的知识产权制度,并最终导向一种更为严重的垄断形式。因为,当代知识产权已经不再主要服务于平等主体之间的交换,而是服务于企业资本逻辑的展开。当代信息资本主义的发展,正是建立在对整个知识产权制度的重新整合和调整的基础之上,并不断呈现出"信息封建主义"的发展趋势。资本主义利润链条的最高环节,已经不在生产终端,而是围绕企业营销、版权保护、专利许可、转让、交叉持有、资本联盟、标准化、诉讼等形式展开。整个产业链条通过知识产权的分解与塑造,通过相关法律和标准的引入,通过相关议程与议题的设定,从而以一双"看不见的手"来控制和垄断利润。

它在表面上带来一个琳琅满目的知识社会,但其背后则是一个围绕于抽象财产而不断复制的企业社会。因为,建筑在传统的土地、劳动和资本之上的企业,其扩散和繁殖能力是有限的,而围绕于知识财产蔓延开来的企业形态，则甚至可以“个人”的形态存在。这样一种关于企业社会的定位与想象，就绝不只是自生自发秩序的结果，它必然要求一种相应的法权结构对之塑造和规范，而知识产权制度就是其中最为核心的机制。它所关注的，已不再是知识的交换问题，甚至也不是知识的生产和分配问题，而是服务于企业围绕知识所展开的资本竞争。

因此，在竞争性市场的组织形式中，取消知识产权就不可能是“自由放任”的自然结果。不用违背哈耶克的理论构想，知识产权也完全可以绕开国家，成为一种跨国界的严格执行机制（WTO 的 TRIPs 协议即是其证）。而对于哈耶克来说，竞争也绝不只是一种自然现象，因为对于所有的新自由主义者来说，竞争实际上是一种形式化的动力原则，它是现代经济系统除“财产/非财产”这一组符码之外更富力量的编码形式。对于市场竞争中的优势主体，知识产权制度的内在需要，丝毫不比国家立法的冲动更弱。正如福柯所言，新自由主义只是为国家普遍的行政干预采取了掩护手段，干预只是通过新自由主义的形式被隐藏了起来。政府干预越是在经济层面保持谨慎，在包括技术、科学、法律、人口等背景整体方面，政府介入的程度就会越重，它必须提供一整套市场秩序和资本竞争的法律框架。①

所以，在当代社会，没有人能够平等地接近知识，知识市场有赖于一种差序格局，竞争机制也正是通过这种差序格局才能顺利展开。而哈耶克所倡导的取消知识产权，也绝对不是为了保护知识社会的目的，不是为了对抗知识产权的垄断化趋势，相反，他是对反竞争机制的一种反对。对于哈耶克，取消知识产权，不是为了追求一种相对公平的接近知识的机会，相反，是为了进一步推动知识财产的流通和资本化。他所追求的，其实是一种更为激进的知识财产私有化形态。

另外，我们也应当注意到哈耶克对于劳动的暧昧态度。在古典政治经济学那里，劳动没有被认真对待，李嘉图就倾向于把劳动化约为时

---

① ［法］福柯：《生命政治的诞生》，莫伟民、赵伟译，上海人民出版社 2011 年版，第 125 页。

性的变量。[①] 而作为新自由主义者,哈耶克(也包括如舒尔茨等芝加哥学派),他们希望重新把劳动维度引入经济学领域。在他们看来,古典经济学只把劳动视为一种力和时间的范畴,这是一种根深蒂固的误解。在新自由主义者看来,对于劳动深度和广度的质的方面的挖掘,是"自生性秩序"生成的重要途径,这使他们更加强调知识作为一种劳动的维度。但是,对于新自由主义者来说,知识劳动,当然已不再是纯粹的文学艺术创作或发明创造的时间化历程,而其实更是一种资本、一台机器、一座企业,只有借助于知识的劳动化与劳动的知识化,才能对个人与社会进行空前规模的深度和广度上的开掘。

劳动在这里再一次扮演了掩盖吊诡的正当化功能,只不过,在洛克式自由主义那里,劳动所遮盖的是财产/非财产的编码形式,而在哈耶克式的新自由主义这里,劳动所掩盖的则是竞争/非竞争的符码逻辑。哈耶克当然不会真诚地相信是劳动创造了价值,劳动对他来说只是一个"寄生者"——它既被排斥也被涵括。而对于新自由主义者来说,一个好的知识产权制度也不应当寻求杜绝知识产权被侵犯的可能性,这是一种"致命的自负"。正像法律经济学的刑罚理论一样,不是为了消灭犯罪,而是为了达到犯罪供给曲线与负需求曲线的某种平衡。保持一定的知识产权违法率,其实也正是这套制度运行良好的表现。

也正是在这个意义上,中国视频企业的版权互盗,其实并不是知识产权失败的表现,相反,也是知识产权在中国其独特活力的象征,它将我们带向一个更为微妙的法律世界。

版权违法与版权保护的悖论生态

2014年快播CEO王欣的入狱,是中国视频互联网史上的一个标志性事件,它代表了视频行业丛林竞争时代的终结,以及一个新的寡头垄

---

① [英]李嘉图:《政治经济学与赋税原理》,王学文译,商务印书馆1962年版,第1章第2节。

断行业格局的正式形成。而曾经比快播更被视为盗版先锋的百度,基于它作为BAT巨头以及流量分发的巨型平台,最终成功摆脱了盗版原罪的审判。① 它和举报快播的“中国网络视频反盗版联盟”一起,②通过一场版权的集体献祭,实现了对自身盗版原罪的救赎和洗白。

从法律技术而言,百度对于侵权诉讼采取的回击策略,是利用了《著作权法》的“避风港”原则——诉讼主体必须是版权内容上传者——从而将盗版主体转移到众多小微网站,而百度则作为视频“搜索技术”的“创新”提供方,可以“合法”地利用这些“非法”的小微视频网站(其分布式的存在广度大大超出执法禁止的成本),进而占有这些小微视频网站提供的“非法”“授粉”产生的“蜂蜜”——广告流量和收入。在“法律”上,百度是“合法”的,在“技术”上,百度又是“创新”的,尽管其模式与快播并无本质不同,但它却可以借助其互联网平台的垄断地位、雄厚的资本市场动员能力以及力量庞大的律师团队,最终成功逃脱“知识产权”的审判,并转身成为知识产权的“捍卫者”。这无疑为我们展现了有关知识产权守法与违法的复杂面向。

实际上,虽然版权的壁垒被不断筑高,但中国的视频企业仍然可以通过版权“分销模式”来对冲高额版权带来的商业模式困境。当视频网站以高价版权获得首播权,它可以在其平台播出后,继续将其版权分销给其他企业,或者直接与它们进行等价的版权内容交换。但是,这种

---

① 以搜狐CEO张朝阳为首的“中国视频反盗版联盟”称百度旗下四款产品(百度视频搜索、百度影音、百度视频APP和百度影棒)均存在盗链侵权问题。详见《IT时代周刊》2013年12月封面文章《他们为什么围攻百度?》,记者:张樊(特约)、李琳,载http://www.ittime.com.cn/index.php?m=content&c=index&a=show&catid=27&id=7073,访问时间:2015年6月12日。

② 根据百度百科介绍,中国网络视频反盗版联盟成立于2013年11月13日,是一个视频版权权利人、网络视频企业以及相关利益方组成的,在政府版权部门指导下,实施自我管理和联合维权活动的跨行业社会组织。其主要成员包括优酷土豆、搜狐视频、腾讯视频、乐视网、酷6视频、激动网等。值得注意的是,其成立当天发布的联合行动宣言,就表示将联合对抗百度、快播等日益严重的网络视频盗版和盗链行为,并称已对百度起诉索赔损失3亿元。详见百度百科《中国网络视频反盗版联盟》词条,载http://baike.baidu.com/link?url=kb76T50SU8amAs3-FwXwqrMUvgQtiFbBaH51C6w_DQo8w9lEuX0_oiroDl4aHK1vtJWFRLl8kO2OP38LfB2eqa,访问时间:2015年6月12日。

分销模式不足以对冲和平衡版权的严格保护,成为视频寡头垄断时代的商业平衡器。因为,分销模式最终不可避免形成了视频网站之间的内容趋同化,这难以满足互联网时代对于"更多、更新、更快"的信息需求,从而会被逐渐排除出企业竞争策略的优先选项。这已在中国当下的视频产业发展中得到了验证。根据媒体报道,2013 年 11 月 7 日,爱奇艺宣布砸下数亿元重金购买国内外影视剧版权,而且"不分销,不换剧"。爱奇艺首席内容官马东表示,爱奇艺将坚持"独家播出、不分销、不换剧、不赠送"的内容策略。① 尽管分销模式能够降低购买版权的成本,但寡头视频企业的竞争胜出,最终并不取决于"价格战",而是取决于"内容战"。而"行业共享"的版权模式之所以只能是脆弱的短暂平衡,其根源则在于中国视频行业发展面临的内在困境。

一方面,与其他一些国家不同,中国庞大的互联网市场规模和受众群体,决定了成功的视频企业必须进行大量的剧集聚合,这因此就必须支付庞大的版权采购费用。② 但由于这个庞大的市场规模本身超出了任何一个视频企业自身的财政容量,所以它就只能在不同寡头视频企业之间形成一种有所默契的相互盗版空间,只有如此才能支撑起一个庞大互联网市场的信息消费需求。版权的高保护标准和中国体量的互联网市场,这两者之间所形成的价值和容量落差,在很大程度上决定了中国视频行业盗版的内在必然性。既然视频企业必须吸引更多的观众进而招揽广告投放,并由此来支撑财政平衡,那么,在这样一个具有庞

---

① 爱奇艺 CEO 龚宇认为,用更大的资金买更好的内容,并改变之前分销或换剧的模式,是行业变化的结果:"行业越来越集中,剩下来的互联网企业一定拥有更加优秀的内容。"详见《IT 时代周刊》2013 年 12 月封面文章《他们为什么围攻百度?》,记者:张樊(特约)、李琳,载 http://www. ittime. com. cn/index. php? m = content&c = index&a = show&catid = 27&id = 7073,访问时间:2015 年 6 月 12 日。

② 据数据显示,中国网络视频的用户已经达到 4. 28 亿,移动端用户是美国的 2. 5 倍,每人每天花费在视频上的平均时间将近 40 分钟。此外,2014 年第 1 季度中国网络视频市场广告收入为 29. 7 亿元人民币,较 2013 年 4 季度降低 19%,与去年同期相比增长 22. 2%。参见《〈爸爸 2〉引版权纷争,视频网站盈利或成可能》,央广网科技 6 月 24 日消息(记者周涛),载 http://www. ncac. gov. cn/chinacopyright/contents/518/210434. html,访问时间:2015 年 6 月 5 日。

大互联网受众规模的巨型市场,盗版空间也就会被进一步放大。

面对这样一个任何巨型企业都不足以支撑全部高额版权支付要求的庞大市场规模,高版权保护标准带来的结果,就很可能会是一种高投入(版权支付)、趋同化(分销模式)、低质量(低劣自制剧)的恶性循环局面。而对于一个具有高度多样性和差异化信息获取需求的巨量规模市场国度,在这样一个由高版权保护标准所构筑的,一个被网民所痛恨的"什么也看不了"的正规视频内容市场之外,就会不断催生出数量极为可观的广大分布的地下微型网站及其"非正规经济",①它们可以聚拢在"百度"这样一些可以"合法"地通过"技术创新"来规避版权"违法"的"保护伞"之下,通过百度这样一些存在于寡头视频企业互联网等级架构之上的巨型信息平台和流量端口,从而形成一种相互寄生的版权规避生态和互联网"授粉经济"。②

而更值得注意的是,前述的"爱奇艺"网站之所以敢于打破业已形成的寡头平衡生态,违背视频行业的"分销模式"潜规则,其根本原因就在于"爱奇艺"通过"百度"的资本收购和商业包装,俨然已成为一支绩优的"概念股",它可以成功地进入"资本市场",通过金融资本的财力动员,迅速获得远超出其他视频企业的资本规模,从而可以获取进一步筑高版权壁垒标准的资本能力,从而形成对既有寡头格局的持续冲击。既然资本市场可以容纳的"概念股"是有限的,那么视频企业的法律游戏也就变成了一场拼谁能更快进入资本市场的追逐游戏,谁先获得了IPO,谁先进入金融市场获得融资,谁就可以最先打破既有游戏规

---

① 根据媒体报道,国内仅仅依靠快播做盗版影视内容的网站就多达万家,其中年收入超过千万元的网站就接近10家。这仅仅是盗版电影网站的情况,而发展更为隐蔽、吸金能力更强的色情网站,则根本无从统计。有资深站长猜测,每年这部分业务的市场整体规模,应该是普通盗版视频业务的2倍以上。而且,这些网站盗播往往演变为形式复杂、法律性质模糊的"搜索指向""深层链接""流媒体传输"等技术。这些行为是侵权,还是技术创新,在司法和版权执法界有较大争议。参见《快播被罚背后:深陷反盗版诉讼》,载《北京青年报》2014年6月23日,记者吴琳琳,载 http://finance.sina.com.cn/chanjing/gsnews/20140623/031919488139.shtml,访问时间:2015年6月12日。

② 有关授粉经济的概念,可参见巴唐在另一个有所区别的意义上的讨论,Yann Moulier-Boutang, *Cognitive Capitalism*, Cambridge: Polity Press, 2012。

则进而获取战略上的主动权。

这就形成了一种十分吊诡的从“版权违法”到“版权筑垒”的连续传导和循环链条:“百度”正是基于前述的“‘合法’的‘违法’授粉模式”,获取了互联网经济生态的超垄断利润,它由此可以借助这样的超垄断利润攫取模式,完成对寡头视频企业的收购和包装,进而再一次获取进入金融资本市场的先机,由此,可以转而进一步抬高版权收购和法律保护的标准,来形成对既有视频寡头格局的冲击。它利用“版权违法”完成了对“版权保护”的筑高,又经由“版权保护”的筑高来反向提高“版权违法”的超额利润。

由此,视频寡头企业一方面不断被迫提高版权保护标准,另一方面又面临愈益严重的难以执法的互联网地下盗版活动,而这实际上正是通过“百度”这样的互联网“总开关”公司来推动实现的。它既可以“违反”知识产权,但同时又比任何人“宣扬”知识产权。它同时容纳了正规与非正规的版权运作逻辑,从而超出了“合法”或“非法”的简单范畴。而作为中国的视频网民,则既可以乖乖做支付版权费用的守法好公民,也可以在不需要太高技术能力的情况下相对轻松地获取各种“非法”的视频资源。中国网民的“信息权”,在这里也显然不同于传统互联网法律领域所讨论的“中立性原则”(net neutrality),因为中国互联网产业实际提供了一个“差序化”的信息接触和法律生态。和“百度”一样,中国网民在知识产权的“守法”意识上,也超出了“遵守”或“破坏”的二元范畴。二者的同构性,也由此构成了中国奇特的互联网法律生态的内在基础,而这个内在基因,则成为了理解悖论性的中国知识产权的关键。

《法律和社会科学》(2016)
第15卷第1辑,第149~177页

因果关系在大数据时代的转变

吴义龙*

摘要:传统的也就是必然性的和确定性的因果关系概念在法律中不断遭遇到各种困境,这不仅来源于社会世界表现出日益的复杂性趋势,更由于从事实上严格证明因果关系存在几乎是不可能的,由此引发了各种理论学说的出现和变更。本文试图展示在这背后实际上隐含着必然性因果关系概念的逐步衰弱,而渐进转向不确定性的因果关系。在大数据时代的背景下,因果关系进一步地转变为相关关系,至少在部分领域已是如此,法律制度对此有必要给予及时回应。尽管大数据的力量日趋显著,但这并不意味我们只能受制于大数据,对于决策者包括法律人来说,最重要的仍然是权衡和判断。

一、背景和问题

因果关系在法学理论和法律实务中是一个重

---

* 河南大学法学院讲师,电子信箱:yilongwu@ sina. com。本文得到河南省教育厅人文社会科学研究项目(2014—QN—031)资助。

要且困难的问题。说它重要,是因为它涉及责任的确立与否和赔偿范围的大小;说它困难,是因为几乎到处都充斥着各种观念的混乱以及不同争议持续地涌现,以至于"可能在整个法律领域里,再没有其他问题如此混杂着诸多不一致的意见了。而且尽管做过各种努力去澄清最好的途径是哪一种,至今仍然没有在总体上达成一致"。① 甚至波斯纳认为,在侵权法的经济学分析中,原因的概念在很大程度上可省掉。②

这是为什么?理由是多样的。但在笔者看来,其中有两点较突出。一个是语词的本质主义观念在作怪。人们通常认为,语词有一个本质上确定的含义,这一点可通过对语词进行定义来发现。实际上,这是一个错误的观念。③ 语词并没有一个绝对的固定不变的含义,其意义是在特定语境中通过使用它来体现的。就此而言,因果关系这一概念在不同领域中使用所表现的意思可能是不同的:在日常生活中,就不同于哲学领域,或许也不同于科学意义上的,并因此在法律领域中也会不同,甚至有很大不同。在苏力看来,法律上的"因果关系",与诸如"自愿""故意和过失""正当防卫"等概念一样,都不具有一种自在的性质;都不是本质主义的,而是一种社会和法律制度的建构,其中隐含的是一系列特定的社会公共政策判断或价值判断。④

这就带来了与之紧密相关的另一点:社会建构中的语词及其含义,不过是人们为了应对各自特定社会中各种现实问题的副产品而已。人们往往只看到了表面上的词,而没有或不愿看到背后的事。一旦社会环境发生了变化,或社会中的问题发生变化,或者两者同时发生变化时,语词的含义就会随之变化,尽管使用的还是同一个词,变化的程度也各不相同。甚或还会出现这样的情形即当一个语词很难或无法解决

① W. Page Keeton, Robert E. Keeton and David G. Owen, Prosser and Keeton on the Law of Torts, 5th ed., St. Paul: West Publishing Company, 1984, p. 263.

② [美]威廉·兰德斯、理查德·波斯纳:《侵权法的经济结构》,王强、杨媛译,北京大学出版社2005年版,第250页。

③ 关于语词的本质主义的定义观的批评,参见[英]波普尔:《开放社会及其敌人》(第2卷),郑一明等译,中国社会科学出版社1999年版,第22页。

④ 苏力:《司法解释、公共政策和最高法院》,载《法学》2003年第8期。

或回应生活中的问题时，人们就会用另外的语词来替代先前使用的那个词。本文所讨论的因果关系转向相关关系就是一个例证。在这个意义上，语词间的转变类似于库恩所说的科学理论由常规时期到革命时期进行的范式转换。

可以说，语词的构建、制度的形成以及它们的变化很大程度上来源于社会的变迁，是对社会变迁的回应。马克思唯物史观告诉我们，社会变化的主导力量来源于科学技术发展和发达的水平。我们当下这一特定时代最为突出的特征之一，或许莫过于人们所谓的“大数据时代”。大数据时代的到来，社会的改变是全方位的：改变了人们的生活、工作，甚至是思维的方式。被誉为“大数据时代的预言家”的著名学者舍恩伯格认为，“这仅仅只是一个开始。大数据时代对我们的生活，以及与世界交流的方式都提出了挑战。最为惊人的是，社会需要放弃它对因果关系的渴求，而仅需关注相关关系。也就是说，只需要知道是什么，而不需要知道为什么”。[①] 这意味着什么？对法律有何影响？

本文就是在大数据时代背景下重新审视法律中的因果关系以及与之相关的一些问题。首先必须承认的是，这个问题极为复杂，不可能在一篇短文中对此给予详细的论证。笔者将试图通过粗线条的速描方式来考察若干因果关系的理论学说，并将论证在它们之间，背后实际上隐含着的一个共同点是，这些不同理论学说的形成和演变，很大程度上是基于社会日益复杂性的趋势，以及知识和信息的缺乏所引发的传统意义上的因果关系在证明这一问题上出现了困难。这又导致了人们关于因果关系的看法从必然性的和确定性的转变为盖然性的和不确定性的，从而为进一步从因果关系转变为相关关系奠定了智识性基础。而这一切由于大数据时代的到来将变得可能。尽管如此，笔者还是试图对这一转变对法律制度冲击的影响、前景和局限进行了反思。毕竟在经过简要论证后，人们还是会禁不住问：这一转变在多大程度上是可能的？

---

① ［英］维克托·迈尔－舍恩伯格、肯尼思·库克耶：《大数据时代：生活、工作与思维的大变革》，盛杨燕、周涛译，浙江人民出版社2013年版，第9页。

二、困境的由来:因果关系的证明

与多数国家法律条文中关于因果关系有直接规定之情形不同的是,[①]从2010年7月1日正式实施的《侵权责任法》第6、7条来看,其本身并没有对因果关系做出直接规定(《民法通则》对此也没有直接规定)。在草案一审稿中曾规定:“受害人应当证明侵害行为与损害后果之间存在因果关系。”只是后来的草案二审稿最终删除了这一规定。立法说明给出的理由是,在征求意见过程中,有人提出因果关系问题较为复杂,草案一审稿的规定较为简单,不足以解决问题,从而在原则上,如何判断因果关系需要由法官根据个案实际情况并依照社会经验决定。[②] 尽管没有明说,这里的所谓复杂性,在笔者看来,或许就是与因果关系的证明有关。没有直接规定因果关系,并不意味侵权责任的承担无须因果关系的存在,因果关系的证明仍然是必需的且由受害人来完成。第6条适用的是过错责任原则,第7条是对无过错责任原则的规定,尽管这一条免除了受害人证明行为人过错的举证责任,但因果关系的证明仍由受害人承担。

例如,环境侵权作为一种特殊的侵权方式,适用的是无过错责任原则。由于侵害行为并不直接作用于受害人,大多是间接性的;造成危害的原因是多方面的而且造成危害的过程复杂;对受害者来说,潜伏期通常较长且不易发现;作为排污的主体在相关信息方面占据优势;以及危害的结果一般都较为严重,涉及的受害者范围较广。[③] 因此,让受害者

---

① 例如,《日本民法典》第709条。参见李薇:《日本侵权行为法的因果关系理论》,载《外国法评译》1995年第4期。另外,普通法中的诸多重要判例都对因果关系进行了说明。参见范利平:《侵权行为法中的因果关系——理论和实践》,中山大学出版社2004年版,第22~48页。

② 全国人大常委会法制工作委员会民法室编:《中华人民共和国侵权责任法——条文说明、立法理由及相关规定》,北京大学出版社2010年版,第23页。

③ 关于环境侵权具体特征的详细论述,参见陈泉生:《环境法原理》,法律出版社1997年版,第87页。

证明侵害者主观上有过错基本上不可能,从而适用无过错责任能较好地保护受害者。尽管在环境侵权中适用无过错原则,在过错这一侵权构成要件上减轻了受害者的证明负担,但同样的问题(上述环境侵权特点造成的)仍然存在于因果关系的证明上,即受害者对侵害行为与损害结果之间有因果关系的证明是非常困难的,如果不是完全不可能的话。

那么,如何来证明事实上是否存在因果关系呢?通常的方法,是问一问,“假如没有侵害者的行为,受害者的损害还会发生吗?”也就是所谓的“假若没有”规则(bue for test)。如果回答是否定的,即受害者的损害不会发生就证明了事实上的因果关系的存在。对于大量简单侵权案件来说,这一证明方法的确具有简洁可靠的优点。比方说,行为者将一个燃烧的烟头扔进了废纸篓从而将受害者的房屋烧毁。很显然,如果没有行为者扔烟头这一先前的行为,受害者就不会有后来房屋被烧毁的损害,从而很容易地就能够确定行为与损害之间具有事实上的因果关系。

然而,日常生活中经常发生的问题却是,在两个或多个可能的因果过程之中,究竟是哪一种过程在一个特定场合的具体事例中得到了证明。因而,实践中法院可能要确定的是:疾病是由于吸入有毒气体所造成的,还是由于吃了被污染的食物。① 换言之,如果要从事实上确定性地证明A是B的原因,必须要同时排除其他诸多潜在的可能原因,比方说,不是C或者D可能导致了B的出现。然而这是非常困难的。任何一个单一事件的发生在特定情形下总是存在着多种多样的可能原因,而且很难或无法穷尽这些可能的原因。在稍微复杂的情况下,例如,在同时原因或取代原因的情形下,简单使用这一证明方法会遇到更多问题。为此学者又提出其他补充的证明方法,代表性的是实质因素

① [英]哈特、托尼·奥诺尔:《法律中的因果关系》,张绍谦、孙战国译,中国政法大学出版社2005年版,第367页。

规则。但由于这一术语的含义过于模糊,实践中很难操作。①

那么,该如何解决这一事实上因果关系证明上的困难呢?我国立法中的做法之一,是将因果关系的证明责任倒置给侵害者,从而免除受害者对于因果关系的证明责任。例如,《侵权责任法》第66条明确规定,因污染环境发生纠纷,污染者应当就法律规定的不承担责任或减轻责任的情形及其行为与损害之间不存在因果关系承担举证责任。② 之所以将污染行为与损害之间的因果关系的举证责任分配给污染者,是为了有利于保护受害人的合法权益。因此按理说,这样的立法规定简单明确,受害者胜诉的可能性应该很大。但实践中的情形并非如此。有学者针对上千份有关环境侵权司法裁判文书的调查结果显示,只有接近50%的裁判文书中,法官自觉运用了举证责任倒置这一证明规则。更令人不解的是,一些文书一边适用举证责任倒置规则,一边仍坚持运用鉴定结论(由第三方来判断)来认定因果关系。在判断侵害行为与损害结果之间的因果关系的问题上,大多依赖于鉴定结论,其他证据的运用明显不足。③

有趣的是,在收集到的水污染侵权案件中,发现一个案件多次鉴定的情况大量存在,而当事人有关损害后果的辩论主要放在鉴定结论是否有效上,文书反映发生争辩的达到了40%。④ 我们仔细想一下,鉴定机构的鉴定结论无非是两种情况,存在或不存在因果关系。但从因果关系举证责任规则来看,侵害者要想免除自己的责任,鉴定结论的结果

① 具体的例证和论证,参见陈铁水、李清林:《英美侵权行为法中因果关系的认定规则》,载《云南大学学报法学版》2004年第4期。

② 然而,对于该条规定究竟是因果关系的推定,还是举证责任的倒置,学者争议很大。民法学者多认为是因果关系的推定,而少数环境法学者认为是举证责任的倒置。参见童光法:《举证责任倒置抑或因果关系推定——对〈侵权责任法〉第66条的解释分析》,载《清华法治论衡》2014年第3期,尤其是注释1中的相关文献对此做出了较详细的说明。笔者认为,如果仅仅从该条款的表述来看,的确是举证责任倒置。但限于篇幅对此不与论证了。

③ 吕忠梅等:《中国环境司法现状调查——以千份环境裁判文书为样本》,载《法学》2011年第4期。

④ 同上注。

必须显示的是没有因果关系。否则,如果结论显示存在着因果关系的话就难以理解:对于受害者来说没有必要,因为他没有证明的责任,没有找鉴定机构进行鉴定的动机;而对侵害者来说这不是他想要的,从而就不会要求鉴定机构这样做。

但问题是,试图让鉴定机构证明不存在事实上的因果关系,这怎么可能?比如,许多年以前,原告的母亲在怀孕期间购买并使用了被告制造的产品,被告怎么去证明不是他的产品给原告造成了有害结果?因此实践中经常发生的情形是,侵害者往往找不到愿意为其鉴定的鉴定机构。[①] 如果严格适用法律中规定的因果关系举证责任倒置的证明规则的话,实践中就不应当出现有因果关系的鉴定结论。但情形却相反,鉴定结论往往在案件裁判中起着决定性的作用,而且发现法官在裁判时对肯定性的因果关系存在的鉴定结论有着过度依赖的偏好,从而在事实上形成消极抵制立法中的制度安排。另外,如果这一证明规则真的如立法者所认为的那样,能有效解决生活中问题的话,我们应该有理由推测出其他国家也会采用这一制度。但实际上西方大多国家并没有采用。

这是为什么?很大程度上,既与"证明"有关,也与"因果关系"有关。在几何或代数的推理中,对于证明结果,人们一般不会发生争议。这是因为结论是从不证自明的公理或是既定预设出发,运用演绎逻辑得出的必然结果而已,关键在于证明的前提是确定性的和肯定性的。然而在真实世界,我们关于许多事物的知识都不是确定无疑的,总是存在着其他可能性,尤其是当事情变得复杂时,这一点就更为明显。要想得到确定性的证明结果,就必须把所有的其他可能性都排除掉才行。在这个意义上可以说,证明不同于证实。证实很容易,只需从正面说"是"就行了;而证明却很难,不仅要从正面说"是",还必须从反面说其他东西"不是"。另外,我们如果把因果关系视为事实上的,就意味着因果关系是一种确定无疑的关于事物之间的必然性关系。但这样一

---

① 胡学军:《环境侵权中的因果关系及其证明问题评析》,载《中国法学》2013 年第 5 期。

来,困境就出现了:我们如何才能知道某一关系就肯定是确定无疑的?我们根本无法将与之有关的所有信息都收集到。简言之,证明问题的困境来源于知识和信息的缺乏和不确定性,而这从根本上说是因为这个世界本身就是不确定的。确定性只属于逻辑和数学,而不属于事实和事件。

三、制度替代:因果关系推定和相当因果关系

上文提到,对于《侵权责任法》第66条的解释,大多学者认为是因果关系推定,而非举证责任倒置。令人困惑的是,在学者们讨论关于因果关系推定的论文中,却很少有人将其与《侵权责任法》第66条联系起来。那么,什么是因果关系的推定?大致是指,“对于某种表见事实发生损害,即推定损害与该事实的因果关系存在,受害人无须再证明其间的一个关系,即可对表见事实之行为请求损害赔偿,而行为人则惟于以反证证明损害与该事实无关时,始可免责的法则”。① 由此可见,因果关系的推定作为一种证据规则,主要是为减轻受害者的证明负担。从这个角度看,其与因果关系举证责任倒置没什么不同。

具体来说,推定意味着:第一,推定是一种证明手段;第二,推定依据是法律规定或者经验法则;第三,推定的前提是已知的基础事实;第四,推定的结果是将基础事实视为推定事实;第五,推定的结果即推定事实并不必然为真,允许反驳。因此在推定中有两个事实:基础事实和推定事实。受害者只需对基础事实进行初步证明,如果证明成功就视为推定事实存在。侵害者如要免责,必须成功地提出反证才行。② 这里的关键问题是,对基础事实的初步证明意味什么,如何才能达到这一点?

在众多学说中,盖然性标准逐渐成为主流。该学说最初由日本的

---

① 邱聪智:《民法研究》,中国政法大学出版社2002年版,第225页。

② 宋宗宇、王热:《环境侵权诉讼中的因果关系推定》,载《中国人口·资源与环境》2008年第5期。

德本镇教授提出。在德本看来,对受害者要求的因果关系的证明,应该是只就因果关系的存在表示出相当程度的盖然性的程度即为充分;主张在结果上,应是将实质上的证明责任从受害人转换到加害人。并指出,相当程度的盖然性的证明指的是虽然超越了大致明确的领域,但尚未到达证明的程度的举证。[①] 学者们又提出不少其他学说,诸如间接反证、比例认定、疫因学理论、大致推定理论等。表面看这些学说有差别,但实际并非不同于盖然性学说,它们都不过是提出某种相对具体的证明方法,以试图达到所谓的盖然性的证明标准而已。在不同情形下的基础事实是不一样的,要想使基础事实的初步证明能够顺利完成,从而使法官确立因果关系存在的自由心证的话,就可能会运用不同的证明方法。简言之,证明的标准只有一个,即因果关系的盖然性,而证明的方法却可以多种多样。

在基础事实得到初步证明后,推定事实即因果关系就被视为存在,同时也允许侵害者进行反证。因此,学者所说的因果关系推定的步骤可分为三步:初步证明、推定、和加害人反证是错误的。[②] 首先由受害者对可能的因果关系提出初步证明;然后由侵害者对该可能的因果关系进行反证,如果反证成功,就无法适用推定。但注意的是,反证成功也只能说受害者证明的可能的因果关系是错误的,而不能直接说必然的因果关系不存在。如果反证失败,即无法证明可能的因果关系是错误的,同样也不能适用推定,因为推定的事实是必然的因果关系,不能说可能的因果关系不正确就直接说必然的因果关系肯定存在。从这个角度看,说因果关系的推定,在一定程度上是引人误解的。[③]

问题在哪?因果关系的推定,实际上是在传统事实性的因果关系的证明存在困难的情况下承认了因果关系只能是盖然性的而非确定性

---

① 参见于敏:《日本侵权行为法》(第3版),法律出版社2015年版,第271页以下。

② 参见马栩生:《环境侵权视野下的因果关系推定》,载《河北法学》2007年第3期。

③ 有学者也认为因果关系是不能推定的。但与笔者这里的论证包括结论并不完全相同。参见邹雄:《论环境侵权中的因果关系的认定》,载《中国政法大学学报》2010年第2期。

的,并就可能的因果关系这一待证事实对原告和被告规定了不同的证明标准:原告的标准低于被告;原告适用较高程度盖然性标准,被告适用高度盖然性标准。因此,在环境侵权中判断诉讼双方胜负的标准是只考虑举证人所提出的证据已达到比对方所提出的证据更为优越的程度即可。① 更为细致的经济学分析表明,在民事案件的承担说服责任过程中,无论如何都会存在误判和漏判可能,但只要原告诉讼请求值得支持的盖然性超过了不值得支持的盖然性,不论程度多么轻微,皆足以证明对原告有利的裁决具备正当性。②

因果关系的推定,作为一种证明规则部分程度缓解了事实性因果关系证明的困难,从而在司法实践中得到了广泛运用,但其核心观念盖然性本身并没有从正面得到足够的强调。与之相对,相当因果关系理论从一开始就从正面强调了盖然性(通过相当性这一术语而得以表达)的重要性,而且适用范围更广,在其出现之后随即成为德国整个私法中的主流理论,并在瑞士、法国、奥地利受到追随并引起深入的讨论。甚至有学者指出,关于损害赔偿法中的有用的原因关系概念的法学探讨,以相当性理论的胜利而告终。③

相当因果关系理论最初由弗莱堡大学的生理学家 von Kries 提出。在 von Kries 看来,只要满足两点条件即可构成相当性的原因:(1)须是损害的一个必要条件;(2)须极大地增加了这一损害发生的客观盖然性/可能性。比方说,有一定比例的人会感染肺结核,从这一比例我们可推出人类感染肺结核的客观盖然性。矿工感染肺结核的比例较高,从而他们感染肺结核的客观盖然性也就越大。因此,如果一个人成为矿工就被认为增加了感染肺结核的盖然性;如果他没有成为矿工就不

---

① 参见吕忠梅:《环境侵权诉讼证明标准初探》,载《政法论坛》2003年第5期。但吕忠梅存在的一个误解是认为被告反证必须排除存在因果关系的可能性。如果指的是必然的因果关系的话(从上下文来看的确是的),这显然是不可能的。

② [美]理查德·波斯纳:《证据法的经济分析》,徐昕等译,中国法制出版社2004年版,第81页。

③ 参见叶金强:《相当因果关系理论的展开》,载《中国法学》2008年第1期。

会感染肺结核,那么,这就被认为是他感染肺结核的相当原因。[1]

因此,相当因果关系需要判断的是,在何种情形下,条件转化为相当原因,即行为和结果之间是否具有相当性的联系,而相当性实际上就是一种盖然性/可能性:原因导致结果发生的概率大小。换言之,如果判断原因和结果之间向同一个方向共同变化,原因发挥作用越强,结果越可能出现;反之,削弱原因结果发生的概率就会降低。但这里首先遇到的一点疑问同时也是批评,即什么样的原因才能够称之为极大地、显著地增加了结果发生的概率。换句话说,盖然性的增加的"量"要求有多大才能视条件为相当原因?

必须承认,这的确是一个困难(困难来源于这完全是一个判断而非是一条标准)。在论述这一标准的判断时,几乎所有学者都没提出有说服力的解释,甚至干脆直接回避讨论,而反对者也正是由于这一点而认为相当因果关系理论是空洞的。拿矿工的例子来说,尽管根据常识我们知道一个人是矿工和他不是矿工感染肺结核的概率是不同的,是矿工感染肺结核的概率高,不是矿工感染肺结核的概率就低。但两者概率大小的差别究竟达到多少,或者说与不成为矿工感染肺结核的概率相比,成为矿工感染肺结核的概率要达到多高,我们才能确定地说成为矿工是一个人感染肺结核的相当原因?要知道即使是矿工也并非必然感染上肺结核。而且总是会存在这样的可能性,即感染肺结核的真实原因并不是成为矿工而是其他暂时没有发现的因素。

另一个重要的问题是,如果我们已经确定了相当因果关系的存在,能否就此而让侵害者承担相应的责任?回答是肯定的。实际上,相当因果关系在大陆法系被提出的一个重要功能就是作为侵权责任的适度限制的手段,以切断绵延不断的事实性因果联结,软化事实、融入价值判断的。[2] 因而,相当因果关系可以看作一种具有政策蕴含的法律上

① [英]哈特、托尼·奥诺尔:《法律中的因果关系》,张绍谦、孙战国译,中国政法大学出版社2005年版,第425页。

② 参见叶金强:《相当因果关系理论的展开》,载《中国法学》2008年第1期。

的判断,因果关系与责任几乎可以在同一意义上使用。如果这一点能成立的话,相当因果关系学说在一定程度上就导致了传统的因果关系的二分法的动摇甚或是崩溃:无论是英美法系的事实的因果关系/法律的因果关系,还是大陆法系的责任成立的因果关系/责任范围的因果关系。[①] 甚至有学者明确主张用相当因果关系概念界定侵权行为法上全部因果关系,两分法在理论上可以区别开,但在实践上却是关联的问题。[②] 然而,令人有些不解的是,有学者在质疑了传统因果关系的二分法的同时,又构建出新的二分法并重新将因果关系局限于事实认定的领域。[③]

相当因果关系引入了"相当性/可能性"这一术语,通过盖然性的统计推断方法试图将条件转为相当原因从而部分程度地克服了事实因果关系证明的难题。这样的处理方式实际上是将因果关系看成是基于政策考量的一种手段来判断侵权责任是否成立,并因此在一定意义上解构了原初的事实因果关系这一概念。这验证了本文在一开始提出的一个命题:法律中的概念不是本质主义上的,而是由社会和法律制度构建出来的。不仅在法律领域,在更为一般层面的哲学领地,这一局面也已被打破:现代的一些哲学家发现因果概念是他们观察、分析和立论时不可或缺的概念,但却避免给因果关系下定义或分类,并在提及因果关

① 例如,日本法学界对侵权行为法中的因果关系采用的两分法是,作为侵权行为构成要件的加害行为与损害发生之间的因果关系,和作为侵权行为损害赔偿范围的加害行为与损害之间的因果关系。区分这两个不同层次的概念在越来越复杂的侵权案件中显得极为重要:在简单案件中,事实因果关系的存否不是争论的焦点,因为它容易得到证明;而在复杂案件中,事实因果关系的存否成为争论的焦点,是因为它不容易得到证明。参见李薇:《日本侵权行为法的因果关系理论》,载《外国法评译》1995年第4期。尽管区分了两种因果关系,但在确定侵权责任之有无方面,关键还是判断法律上的也就是非属事实上的因果关系。参见陈聪富:《因果关系与损害赔偿》,北京大学出版社2006年版,第141页。另外,关于英美侵权法中因果关系的两分法的讨论,参见陈铁水、李清林:《英美侵权行为法中因果关系的认定规则》,载《云南大学学报法学版》2004年第4期。

② 参见李薇:《日本侵权行为法的因果关系理论》,载《外国法评译》1995年第4期。

③ 参见左传卫:《质疑侵权法中因果关系的二分法》,载《法学》2007年第4期。

系时完全避开传统逻辑学中的概念。①

四、观念的转变:由因果关系到相关关系

传统的法律中的因果关系之所以麻烦不断,主要不是因为这个词本身出了什么问题,从根本上看是由于它无法有效解决现实中的实际问题,从而出现了各种补救或替代措施,证明责任的倒置、因果关系的推定、相当因果关系等都是这一持续努力的结果。在近现代以前的社会,尽管科技不发达,信息也缺乏,但因果关系的观念却得到了很好的适应。这主要是因为当时的社会环境相对简单,事物/事件之间的关联程度并不复杂,基本上处于梅因所说的“静止的社会”,因而,人们通过经验积累而形成的各种法则和知识体系能很好地解决日常问题。然而,一旦社会结构和组织变得复杂起来,问题就会随之而来:人们不容易知道或发现事件之间的关系究竟是怎么一回事时就无法进行判断和决策,而如果仍然坚守传统的因果关系的信念则会给个人和社会带来巨大的损失。

例如,日本富山的骨痛病案就是一例。早在20世纪初,居住在该地区的人们就发现这一地区的水稻普遍发育不良。到30年代出现了一种怪病,患者大多是妇女。刚开始,患者的腰背肩膝等部位感到疼痛,但后期骨骼出现软化、萎缩并且极易骨折,有些人甚至无法忍受而选择自杀。虽然附近的居民都怀疑是附近矿业排污所致,但当时的医学知识对此无从肯定。这种情形持续到1971年,才由一审法院在判决中认定,该事件时间长空间大,涉及人数多且不特定,因果关系无法证明。最终不得不借助疫因学理论才确认有因果关系,结束了这场持续

① Robert Nozick, *Philosophical Explanations*, Cambridge, MA: Harvard University Press, 1981, p. 375.

了近半个世纪的灾难。①

在该案中,所谓的确认有因果关系,不过是修辞的策略性使用,关键之处是何为疫因学理论。简单地说,疫因学又称流行病学,指的是一种医学上的研究方法,用于探究某种疾病是由何种病因导致。在具体操作上,要想证明疾病是由某种因素导致的,要有四个条件:第一,某种因素在某种疾病发生前存在着;第二,该因素发挥作用的程度越显著患该病的概率越高;第三,该因素被消除的场合患该病的概率就降低;第四,该因素作为原因其作用机制能够无矛盾地得到生物学上的说明。②换句话说,作为原因的事件与作为结果的患病与否及加剧之间呈现出同方向共同变化的趋势:前者增强后者随之增强;前者减弱后者随之减弱。

表面看,这里的疫因学理论,是前文中的盖然性学说的一种具体的证明方法,即只要就因果关系的存在表示出相当程度的盖然性的程度即可。但实际上体现的却是相关关系:如果两个事件之间在一定程度上相随共变或相随共现,两者间就具有相关关系。比方说,中学成绩好的学生,大学学习成绩也好,两者间存在相关。但要注意的是,相关关系是就平均而言,因为很明显,中学成绩好而大学成绩可能不好,或中学成绩不好而大学成绩好的情况时有发生。简言之,相关关系意味着事件之间存在着关系,但这种关系又是不确定的,只存在统计学上的盖然性/可能性。

就相关关系而言,重要的是发现两个事件或变量之间关系的强弱程度。相关关系强是指当一个变量的数值增加时,另一个变量有很大的可能性也会随之增加;相反,相关关系弱指的是当一个变量数值增加时,另一个变量的数值几乎不会发生变化。但是,当我们说两事件之间存在着相关关系(即使是强相关关系)的时候,并不意味着它们之间就有因果关系,不仅由于相关关系中没有时间顺序的先后,而且即使有时

---

① 关于该案件的详细讨论,参见杨小丽:《论因果关系推定中疫学因果关系理论——以环境侵权因果关系认定为视角》,重庆大学2009年硕士学位论文,第9页以下。

② 同上,第278页。

间先后也不能肯定前一事件的变化导致了后一事件的变化。比方说，大多数英语成绩好的同学一般来说数学成绩也会好，两者间有着较强的相关关系。但你不能说前者就是后者的原因。尽管如此，这也给我们进一步探寻两者之间存在哪些可能的原因指明了方向：学习的时间、聪明的程度、父母的关注度、家庭的经济状况等都能解释为什么两者存在强相关。高度相关意味着两者共同变化的程度高，这就意味着两者间共享的特征也越多，而这些共同的特征或许就是两者间真正的原因了。①

之所以在上述的日本富山的骨痛病案以及其他与之类似的诸多案件中，尽管已经有了萌芽但最终还是没有明确提出相关关系这一概念，而是由各种各样的因果关系的理论学说来应对，主要是因为事件间的关系的复杂性还不够，人们至少通过经验法则相对容易地确定它们之间是有关联的。一旦事件之间的关系更加复杂时，情形可能就会变化。例如，2009 年 3 月甲型 H1N1 流感突然爆发，病毒迅速在全球范围内多个国家地区传播开来，给人们带来极大恐慌。各国公共卫生机构立刻联合起来采取行动。由于信息缺乏，相关细节过于琐碎，人们很难发现整个事件的联系和过程究竟怎样，导致错过了控制疫情的最佳时机。但在甲型 H1N1 流感爆发前，谷歌工程师在《自然》杂志发表的论文声称他们能够对全球流感疫情进行实时监控与判断。他们认为，人们输入的搜索关键词代表了他们的即时需要。每天谷歌都会收到来自全球的超过 30 亿条的搜索指令，通过输入“温度计”“流感症状”“肌肉疼痛”等关键词，就会发现和验证其与用户的即时需求是否存在关联性。为此，谷歌处理了 4.5 亿个不同数字的模型，并将其输出结果与美国疾病控制预防中心 2007 年和 2008 年的实际记录进行对比，显示出其相关性高达 97%。②

---

① 从更为技术性的角度论述相关关系以及与因果关系的区别和联系，参见[美]尼尔·萨尔金德：《爱上统计学》，史玲玲译，重庆大出版社 2011 年版，第 53 页以下。

② 参见徐继华等：《智慧政府：大数据治国时代的来临》，中信出版社 2014 年版，第 143 页。

这意味着什么?至少在某些时候,某些场合,我们只需知道事件之间"是什么"就够了,而无须知道"为什么"。这就是相关关系的思维方式。在日趋复杂的现代社会,由于知识和信息的缺乏,我们无法在较短时间内对事件间背后的因果机制熟知而又不得不做决策的时候,相关关系的作用开始凸显并日益强大起来。试想一下,如果在甲型H1N1流感爆发的开始就应用谷歌工程师的快速且低廉的数据挖掘技术(核心就是发现相关关系),损失将会减少多少?反过来,如果在这种场合,人们依然使用传统的因果关系来应对这场出其不意的重大疫情,后果又将会如何?如果等到研究人员发现整个疫情运作的因果机制之后再来提出解决方案,恐怕连黄瓜菜都凉了。如果说,迟到的正义不是正义,那么,迟到的因果关系呢?就算它仍然是因果关系,但又有何用呢?

不仅在医疗卫生,在食品安全、公共交通、环境污染甚至是恐怖活动领域,相关关系都能发挥重要作用。这种作用主要是通过识别有用的关联物来帮助我们分析一个现象。例如,如果数百万条电子医疗记录已显示橙汁和阿司匹林的特定组合可以治疗癌症,那么,找出具体的药理机制就没有这种治疗方法本身来的重要。因此,关键问题是,我们如何才能在如此众多的事物之间准确而快速地找到这些关联物进而发现其中的相关关系呢?答案是,大数据。大数据首先是一种技术进步以及由此而来的数据以爆炸方式快速增长。在信息社会,每个人的日常生活都在一定程度上被数据化(而不仅仅是数字化),我们浏览网页,使用办公软件,登录社交网络,使用移动工具,进行在线交易等都留下了各式各样的数字痕迹。尤其是在智能手机功能越来越强大且日益低廉的情形下,这一切变得更为方便、普遍和迅速。大数据采集、存储、分析、可视化技术和方法的普及使得对数量巨大、来源分散、格式众多的大数据进行分析成为可能。①

当然了,以往的社会也处理和分析数据,但那是小数据,使用的是

① 徐继华等:《智慧政府:大数据治国时代的来临》,中信出版社2014年版,第12页以下。

随机抽样。而在大数据时代,由于有海量的数据,使得全样本(也就是总体)分析变得可能。尽管小数据的随机抽样在多数时候能达到目的,而一旦我们需要知道更深层的细分领域的情况时,随机抽样的方法就不可取了。比方说,经过随机抽样对数据进行分析后,我们得知英语成绩好的同学数学一般也好的结论。但如果我们想进一步知道,根据性别、地域、年龄阶段、家庭经济状况等更为精细的标准划分时结论是否有不同,就会越来越不确定。当谷歌工程师准确地提前预测到流感爆发的地点、人群和趋势时,并不是依赖于对随机样本的分析,而是分析了整个美国几十亿条互联网的检索记录。[①] 更重要的是,随机抽样会因调查者前见或偏见而事先可能将某一事后看来是至关重要的变量遗漏时,误导性的结论就在所难免了。

不仅如此,由因果关系转向相关关系,将会对人们关于知识本身的看法产生重大影响。传统的看法是,知识是确定性的,只有建立在绝对可靠的前提下,我们所获得的知识才有可能是正确的。很显然,这种传统的知识观是与必然性的因果性学说紧密关联,只有当我们发现事物背后的因果机制时,知识才得以建立,科学才得以发展。在简单社会,这种看法并不错,但在复杂社会,如果仍然以该标准来衡量的话,恐怕许多意见就算不上知识,因为复杂性导致的不确定更为常见。一旦由于这些意见不是确定性的知识而被排除在外,那么,人们又将如何应对这个日益复杂且不确定的现代社会?由此可见,只有拓宽传统知识的范围,将不确定性也就是可能性纳入其中,不仅必然性的因果规律重要,盖然性的数据规律(相关关系的规律)也很重要,我们才能做得更好。这就是大数据时代带给我们的观念上的转变。[②]

---

① 对大数据时代的全体数据分析与随机样本处理的不同的细致论述,参见[英]维克托·迈尔-舍恩伯格、肯尼思·库克耶:《大数据时代:生活、工作与思维的大变革》,盛杨燕,周涛译,浙江人民出版社2013年版,第31页以下。

② 关于大数据对人们的认识论的发展的影响,参见黄欣荣:《大数据对科学认识论的发展》,载《自然辩证法研究》2014年第9期。

五、新观念对法律制度的冲击和影响

在众多学者看来,大数据的核心是进行预测,[①]是在过去数据的基础上通过技术处理(主要是回归分析)来预测某一事件即将发生的可能性。尽管回归方程是根据历史资料来进行估计的,但它却可以用于预测未来的情形,而归功于这一点的恰恰是相关关系:如果有大量数据表明两个变量在以往很大程度上是相随共变或相随共现的,那么就有足够的理由确信这两者在未来的情形不会有太大的变化。而且,这是一种有根据的预测(注意这里的限定词是有根据的而非无凭无据),尽管会有出错的可能(这也是为什么称之为预测而非预言)。甚至更为惊奇的是,回归分析技术不仅可以帮助我们做出预测,而且同时也能报告该预测的准确程度如何,也就是能够告诉我们它们对自己的估计有多大的把握(通过置信水平来实现)。

法律领域中一个真实例子表明了这一点。2001年美国两位学者声称仅仅利用与案件特征有关的几个变量,就能预测出高等法院法官的投票结果,究竟是支持原告还是被告。但有人不信。为此进行了一场比赛,任务是提前预测每位法官对2002年高等法院审过的每一案件的投票结果。一边是大数据分析预测,另一边是83位法律专家的意见。结果是平局。但这针对的仅仅是2002年的一部分案件,随后又对2002年审判过的所有案件进行了预测。结果是法律专家明显输了:模型预测的法庭同意审判或者驳回上诉的结果正确率为75%,而所有法律专家一起也只是预测对了60%。[②]

在一定程度上可以说,这场比赛的结果导致了对大法官霍姆斯一

---

① 甚至一本有关大数据的书就是以此来命名的。参见[美]埃里克.西格尔:《大数据预测:告诉你谁会点击、购买、死去或撒谎》,周昕译,中信出版社2015年版。

② 关系这场机器与专家之间比赛的具体论述,包括非常简单的预测模型的设置等,参见[美]伊恩·艾瑞斯:《大数据:思维与决策》,宫相真译,人民邮电出版社2014年版,第103页以下。

百多年前提出的、关于法律不过是对法官即将作何判决的预测的著名观点得到了检验。只不过检验的主体却是数据、模型和机器,这是他当年所万万没有想到的。但这不是重点所在。大数据能够预测给法律领域带来的影响更为深远的或许是,它改变了我们通常认为是理所当然的、关于法律"向后看"的思维模式,即法律无非就是针对已发生的纠纷的一种处理机制而已,而转变为"向前看",也就是法律作为规则更为重要的功能是事先提供预测,尤其是在侵权法和刑法领域。因为在这些领域,法律的目标很大程度上是对它不希望发生的行为进行禁止。法律的威慑要想有用,就必须知道什么时候对这些行为产生决定性的影响,前提就是法律制度不仅与行为人的初始行为有关,而且与包含行为、条件和结果的整个情形都有关。而大数据在这些方面能帮助我们。

"向前看"的思维模式给我们带来了关于因果关系认知的一个重大的变化:在过去,我们使用因果关系主要是对一个既定的结果寻求恰当的原因解释,它们都被包含在基于调查基础得出的理论范围内;而现在,我们使用因果关系可以对一个既定的原因可能导致什么样的结果进行评估。前者表现为以结果为起点,追溯其原因,采取的是"效应的原因分析"的因果路径;后者表现为以原因为起点,估计原因对结果的平均效应,采取的是"原因的效应分析"的因果路径。简言之,这是因果关系的两种不同的运用策略,前者更多关注的是定性分析,后者更多关注的是定量分析。① 如果将因果关系简单的界定为"A 导致 B",那么,这既可以解释为 A 是 B 的一个原因,也可以解释为 B 是 A 的一个结果。如果是这样,那么我们过去始终强调的是因果关系中的"由果溯因",而忽视了其中也包括的"由因致果"。之所以如此,或许是前文说的,定性和定量两种研究策略的不同,定量分析的基础是大量的有质量保证的数据,而这在过去是不存在的。

大数据时代,情况则不同了,由于大量数据的存在以及费用低廉的

---

① 参见[美]詹姆斯·马洪尼、加里·格尔茨:《两种文化的故事——社会科学中的量化与质性研究》,阙天舒译,载高奇琦主编:《比较政治学前沿》(第 3 辑),中央编译出版社 2015 年版。

可获得性,使得因果关系中的用于由因致果的预测的情形在法律领域中变得日益可能和广泛。例如,在美国的孟菲斯市,一个名为“蓝色粉碎”的项目为当地警察提供情报,关于哪些地方更容易发生犯罪事件,什么时候更容易逮到罪犯。这个系统能帮助执法部门更好地分配其有限的资源。这个项目自2006年启动以来,孟菲斯市的重大财产和暴力犯罪发生率约下降了26%。需要注意的是,这一结果的出现不一定与该项目的实施有因果上的关系。① 但令人如愿的结果的确出现了,这才是重要的。利用大数据能预防犯罪的发生,这比犯罪发生后对其惩罚要好许多,毕竟提前成功阻止了犯罪,减少了惩罚的成本,对受害人和整个社会来说都是好处甚多。

重在预测未来而非一味地追溯原因的思维模式对治理的逻辑也产生了影响。以往的治理逻辑是,先出现了一个问题,然后是进行逻辑分析,构建理论找出其中的因果关系,最后才提出具体解决方案。这是一种类似于事后的“救火模式”。大数据时代的治理逻辑应有所转变,首先是针对问题收集大量数据,然后是进行量化分析,找出其中的相关关系后,提出具体的优化方案。这是一种类似于事前的“防火模式”。② 例如,互联网的广泛应用使骗子很容易得手,因为网络交易越便利,实施欺诈的成本也越低,实施欺诈的行为就更多。但预测技术某种程度上可预防欺诈的出现。通过利用交易数据,预测手段能够实时地对交易进行评分和排序,有效提高欺诈识别率。不少大中型金融机构由于有了欺诈识别系统,以此能够对顾客的每一次取款都进行风险评分,从而在事前降低了欺诈带来的潜在损失。③

但话又说回来了,甘蔗不能两头甜。大数据的预测给我们带来好处的同时,也带来了更多的威胁,威胁到了我们的自由,身体的、意志的

① [英]维克托·迈尔-舍恩伯格、肯尼思·库克耶:《大数据时代:生活、工作与思维的大变革》,盛杨燕、周涛译,浙江人民出版社2013年版,第203页。

② 参见徐继华等:《智慧政府:大数据治国时代的来临》,中信出版社2014年版,第77页。

③ 参见[美]埃里克·西格尔:《大数据预测:告诉你谁会点击、购买、死去或撒谎》,周昕译,中信出版社2015年版,第51页。

和观念的自由。比方说，对于犯罪和欺诈而言，仅有预测和预防显然是不够的，还必须对其实施严厉的惩罚，因为没有实际的惩罚做保障的话，预防也只是一句空话。如果我们可以用大数据来预防犯罪，那么，我们进一步对其进行惩罚也是符合逻辑的，因为，尽管我们可以提前阻止其行为的发生，但如果没有相应的惩罚措施跟着，也就毫无威慑可言，那么，犯罪和欺诈就会并仍将会继续发生，预防的目的就彻底落空了。简言之，预防和惩罚罪犯不是因为他们的"所做"，而是因为他们的"将做"。[①] 但如此一来，问题就来了：对尚未进行而不过是即将进行犯罪的嫌疑人实施惩罚，更麻烦的是，我们永远也无法证明这个将要受到惩罚的犯罪嫌疑人是否会真的犯罪，尽管他犯罪的可能性非常高。

例如，宾夕法尼亚大学教授理查德·伯克建立了一个大数据模型，并声称该模型可预测一个判缓刑或假释的人一旦提前释放会不会再次杀人。为此他输入海量的特定案件的诸多变量，包括监禁原因、首次犯罪时间、年龄、性别等个人数据，并说该模型预测的准确率可达到75%。这意味着如果假释委员会依靠他的预测，就会在每四个人中出现一次失误。[②] 很显然，这是刑事诉讼中的一个老问题的现代版：在相关证据不足时，我们是愿意选择错判还是错放？只不过前提稍有变化，人们所掌握的信息不同了。如果说，在过去，由于信息的缺乏导致不确定条件下决策采取更为谨慎的策略是明智的，然而，一旦我们有了大量的甚至海量的信息之后呢？要知道，谨慎是重要的（同时也是程度的），但不是唯一重要的，尤其是当谨慎的适用条件发生变化了，更是如此。

与之相关的是，这将会对刑法中的疑罪从无/无罪推定原则构成挑战。疑罪从无是由于认定他的行为的证据不足而推定他没有犯罪。用平常话来说就是，可杀可不杀的，不杀；可抓可不抓的，不抓。但正如上文例子中所显示的那样，如果统计模型利用海量数据的分析表明，某一

---

① ［英］维克托·迈尔－舍恩伯格、肯尼思·库克耶：《大数据时代：生活、工作与思维的大变革》，盛杨燕、周涛译，浙江人民出版社2013年版，第204页。

② 同上，第206页。

犯罪嫌疑人的个性化特征与某一犯罪行为的构成要件高度相关的话,那么,他就可能被追究刑事责任,尽管有可能的是,他永远都不会实施该犯罪行为。这里的关键性的差别是,无罪推定中所援引的证据针对的是犯罪嫌疑人过去的既定行为,而大数据预测和惩罚中所适用的证据针对的是犯罪嫌疑人将要实施但还没实施的行为。换个角度,在苏力看来,疑罪从有和从无分别耗散了不同量的社会财富:前者是确定性的摧毁了“现货”;后者是不确定性的摧毁了“期货”。只不过,相比较而言,罪疑从无所耗散的社会财富要小些。[①] 到底我们应当更看重的是过去还是未来,是现货还是期货?我们是在走钢丝。

如果说在刑事领域,这种做法很容易引发争议,那么在民事侵权领域似乎要好一些,比方说,在产品责任领域。生产厂家在各种各样的产品尤其是危险产品上安装大量数据感应器,它们会随时随地测量并传递关于该产品的地点、移动、温度、振动、和湿度等信息。如果产品要出故障的话,就可能会发生异常信号,消费者或使用者通过收集这些异常信号的数据,系统就会自动进行比对从而提前发现故障。凭借数据分析结果,消费者或使用者可以向产品制造商或销售商进行索赔,从而在产品责任事故发生前就可以“防患于未然”。或许,是由于这里直接涉及的只是物而不是人,争议不大,问题自然就好办得多。可当年,霍姆斯在其《法律的道路》中提出的一个重要命题却是,随着科学技术的进步,人们对事物因果关系(进一步的相关关系)的了解也会更深入,从而表现在责任制度方面,我们不应将危险的物品当人来对待,而是应当把危险的人当物品来看待。[②] 但至少在目前看来,霍姆斯100多年前的这一著名断言或许显得过于乐观了。

但这不是全部。大数据预测也可能在民事领域给我们带来麻烦,典型的就是隐私权。通常我们可以通过匿名化来有效保护个人隐私,但这对大数据来说没用,因为当数据越来越多的时候,通过结合越来越

① 参见苏力:《“海瑞定理”的经济学解读》,载《中国社会科学》2006年第6期。

② 这是波斯纳在对霍姆斯这一观点的解释中所概括出的。参见[美]理查德·波斯纳:《法理学问题》,苏力译,中国政法大学出版社2002年版,第211页。

多不同来源的数据,完全的匿名化根本或很难做到。另外,隐私权往往针对的是人们在家里以及一个封闭的固定场所范围内的私人化的秘密而言。以往的法律无须担心人们出门在外的隐私权,因为一旦到了公共场所,一个陌生化的空间,人们谁也不认识谁。但这种情形正在改变。如果有人试图搞清一个人是谁,只要有个名字,各种与之相关的海量数据就会轻松地获得而知道他的一切;甚至连名字也不用,只需有脸部识别软件就够了。例如,美国马萨诸塞州的警察利用脸部识别软件成功地抓捕到逃犯罗伯特·豪威尔。执法人员从电视节目上拍下他的脸部照片,然后跟900万张驾照数码照片的数据库进行匹配,很快就把他搜了出来。[①] 更令人想不到的是,隐私权保护的是过去和现在的信息,人们不用担心要不要保护其未来的信息,因为未来的信息还不存在呢。可一旦有了数据挖掘技术,就可预测到人们将要做什么,这样就不可避免的威胁到未来的隐私了。这也难怪Sun公司的老板斯科特·麦克尼利曾宣布,我们没有隐私——忘了它。[②]

如果认为大数据的核心是预测,从而认为其对法律制度的冲击仅限于"由因致果",这就是一个错误;"由果溯因"在某些场合也是大数据的拿手好戏。换言之,除了预测未来事件发生的可能性以外,大数据也能够对某一既定事件的原因进行追溯,而且其能力丝毫不亚于预测方面。一个例子是关于食品安全的。2006年8月的一天,美国威斯康星州马尼拖沃克的玛丽昂·格拉夫在一家餐厅就餐后不舒服住进了医院。一个人吃了东西生了病,这没什么好奇怪的。9月的一天,在同一城市另一家医院,医生化验了丽萨·布罗特的粪便发现其样本对大肠杆菌呈阳性,且病情很快恶化了。几乎同一时间,玛丽昂·格拉夫死了,死因是大肠杆菌引起的肾衰竭。这仍然没引起人们警惕。在马尼拖沃克,每年都有10人左右感染大肠杆菌。但马尼拖沃克健康办公室发现5个病人有4人曾在8月底参加过县农业展览会,这使得他们猜

① [美]伊恩·艾瑞斯:《大数据:思维与决策》,宫相真译,人民邮电出版社2014年版,第175页。

② 同上,第176页。

测这是一宗疫情爆发。该情况很快上报到美国疾病预防控制中心,该中心的病原菌分子网络数据库(包含5000多种大肠杆菌指纹)结果显示大肠杆菌流行病已经蔓延到全美国了,但仍不能确定其源头。后来在俄勒冈州借助干预性很强的(通过询问450个问题,涉及任何可能进入到胃里的东西)调查问卷分析,显示其罪魁祸首是“袋装菠菜”。这个看法很快得到证实。通过大数据加上能干的统计学家的帮助,在马尼拖沃克报告第一个病例后的第八天,该疫情成功侦破。① 试想一下,如果没有大数据,无法迅速找到原因,后果将会如何?尽管疫情可能最终得到控制,但时间、金钱,以及更重要的恐惧能耗得起吗?

另外,如果说大数据时代的到来,带给我们的影响是全方位的,从而必将对法律制度造成的冲击也是全方位的,这也不是实话。在笔者看来,这种冲击和影响或许只是边际意义上的(即使这一点或许也只是暂时的),而不是总体的;是部分领域的部分情形,而非所有的法律领域的所有情形。正如学者们所认为的那样,现代社会是一个风险社会,这是现代化、工业化和城市化的副产品。风险的加剧导致的结果就是,对风险的事前预防而不是事后处置就显得更加重要。体现在法律制度领域,就是大规模侵权的兴起。目前,在产品责任、食品安全、环境污染、工业事故、反托拉斯、证据诉讼以及其他有关消费者保护等领域都发生了大规模侵权。② 关于大规模侵权,学者争议不大,指的是作为特定主体的现代企业所实施的各种侵权行为给大量的受害者造成人身或财产上巨大的损害。由于损害后果的严重性和范围的广泛性,导致须提供数额巨大的损害赔偿救济,而这又引起对大规模侵权事前预防的高度关注。③ 除了侵权法之外,刑法是另一个重要领域,这其中,如何有效应对恐怖活动是各国所共同高度关注的。如何用统计学的方法

① 细致的讨论,参见[美]冯启思:《数据统治世界》,曲玉彬译,中国人民大学出版社2013年版,第38~49页。

② 参见朱岩:《从大规模侵权看侵权责任法的体系变迁》,载《中国人民大学学报》2009年第3期。

③ 参见杨立新:《〈侵权责任法〉应对大规模侵权的举措》,载《法学家》2011年第4期。

来测量恐怖主义,如何辨识恐怖袭击的信号,以及为什么恐怖分子不去炸购物中心?① 这些重要且有趣的问题,在大数据时代,都是我们所要面对的,并且也都有了一定的解决的基础。

六、与之相关的制度建设,以及反思

细心的读者会发现,我在上文援引的所有例子当中,无一例外都是美国的,而没有一个是中国的。这是为什么?难道是因为在当下中国,人们生活的整个社会范围内没有足够多的数据,我们仍然处于小数据而不是大数据时代?恐怕还不能这么说。2011年,中国拥有4.8亿互联网用户,几乎是美国的两倍;有近9亿部手机,是美国的3倍(有充分的理由推测现在的比率会更高),而互联网和手机都是生产数据的重要来源。另外在中国,数据存储器的价格也不贵,接近于国际水平。这样看来,中国缺乏的不是数据本身,而是没有收集和使用数据的意识,也就是说,缺乏的是大数据观念。②

可以说,目前在中国,作为基础设施的数据已经具备了一定的基础。2012年7月国务院印发的《十二五国家战略性新兴产业发展规划》中,信息技术被列为四项关键技术创新工程之一;2013年1月,工业和信息化部发布了《关于数据中心建设布局的指导意见》,明确了科学推动数据中心的建设和布局的指导思想,并从五个具体方面提出了数据中心建设布局的保障措施。另外,李克强总理在2013年国务院常务会议上提出了"宽带中国"战略,相关政策的相继出台将对大数据的技术基础设施建设起到巨大推动作用。③

但是,作为基础性制度的大数据才刚刚起步,许多相关制度都在

---

① 关于大数据如何应对恐怖主义的详细讨论,参见[美]纳特·西尔弗:《信号与噪声》,胡晓姣等译,中信出版社2013年版,第359页以下。

② 参见涂子沛:《大数据》,广西师范大学出版社2015年版,第327页。

③ 相关讨论参见徐继华等:《智慧政府:大数据治国时代的来临》,中信出版社2014年版,第27页以下。

建立健全和逐步完善的过程之中。比方说,作为大数据制度建设核心之一的数据开放问题。什么样的数据可以开放,或应当开放?又以何种形式开放?由谁来开放?这些问题都是要在开放之前必须回答的问题。公共数据开放的八大原则之一的是数据必须是原始的。原始数据指的是没有经过加工的、能被计算机调用并可供再次分析的数据。而在目前,数据公布的主体——各级政府部门——公布的数据基本都是报表和报告,没有标准的格式,不能以数据形式查到,从而导致无法对其进行深入的分析、加工和挖掘。[①] 我们知道,在硬件建设方面,在短时间内投入大量人财物是可以得到改观的,但在软件建设方面,情况就会更加困难,不仅有认识上的问题,更会有意识形态之争。

即便是上述有关大数据建设硬的方面和软的方面问题都不大,还有一个问题很重要且往往容易遭到人们忽视。这就是要考虑到当下中国所面临的一个特殊背景,即其社会经济结构处于全面转型时期,一切都处于持续的变化和发展之中,尽管也不是完全没有秩序和稳定可言;是一个变动挺大的社会,而不是一个静止的社会。这样一来,大数据時代所惯常使用的定量分析方法在实际应用中就是有局限的。由于社会处于不断变化之中,定量分析中的变量的选取和界定就会面临随时变动的情形。量变到一定程度会发生质变,但质变的临界点将会在哪?如果说这个临界点随条件变化而不断变化的话,那么,或许一个定量分析的结论在客观事物已经发生质变的情况下就是毫无意义的甚至是引人误解的。另外,在一个变动较大的社会,统计口径的统一也是一个麻烦。中国是一个大国,各地情况千差万别,不能也不应用同一个标准来衡量不同地域的同一事物(甚至连什么是同一事物都会有很大争议),这样的话,数据的交换使用就很困难。而在西方尤其是发达国家,其社会结构较为稳定,各项制度变动相对较小,从而社会发展主要是量变而

① 相关讨论参见徐继华等:《智慧政府:大数据治国时代的来临》,中信出版社2014年版,第201页。

非质变，定量分析就没有这里说的局限。[①] 而在中国，这就是一个重要的问题。

退一步说，如果上述所有的问题都不存在，我们生活在大数据时代就会畅通无阻？将因果关系替换为相关关系，我们就会活得更自在？我们是否无须对大数据本身进行反思？难道说，在大数据时代，大数据就是一切？常识告诉我们，物极必反。霍姆斯说过，所有的法律问题都是程度的问题。[②] 在笔者看来，其实所有的而不限于法律的问题都是程度的。一旦当大数据遭到滥用的时候，就出现了所谓的"数据独裁"。相关关系在大显神威的同时，也会给人们带来致命的损害，尤其是当2008年《连线》杂志主编安德森提出"理论的终结"这一断言的时候。他指出，"现在已经是一个有海量数据的时代，应用数学已经取代了其他所有学科工具。而且只要数据足够，就能说明问题。如果你有一拍字节的数据，只要掌握了这些数据之间的相关关系，一切就都迎刃而解了"。[③]

然而，这是真的吗，在多大程度上是？比方说，一家公司举办了一场关于二手车的质量竞赛。该公司将二手车数据提供给参赛的统计学家，由统计学家根据数据构建统计模型来预测用于拍卖的二手车中哪些可能出现质量问题。相关关系分析表明了，橙色的车有质量问题的可能性是其他车的一半。这是为什么？难道这是因为橙色车的车主更爱车从而被保护得更好吗？或是这种颜色的车在制造方面更精良？还是因为橙色车更显眼而出车祸的概率更小？[④] 如果我们只知道表面的相关关系，不知道背后的因果关系的话，是否意味着日后为提高二手车

---

① 参见谢宇：《社会学与定量研究》，社会科学文献出版社2012年版，一版前言，第11页。

② 参见[美]爱德华·怀特：《奥利弗·温德尔·霍姆斯：法律与本我》，孟纯才、陈琳译，法律出版社2009年版，第520页。

③ 参见[英]维克托·迈尔－舍恩伯格、肯尼思·库克耶：《大数据时代：生活、工作与思维的大变革》，盛杨燕、周涛译，浙江人民出版社2013年版，第93页。

④ 同上，第88页。需要指出的是，该作者在援引这个例子正是要说明我们只需知道其中的相关关系就行了，而无须知道其背后的因果关系，否则会催生滑稽的想法。但笔者举这个例子正是试图表明相反的方面，即因果关系其实是重要的，否则的话，才会有作者说的滑稽的想法的出现。

甚或一手车的质量,只需将车的颜色都涂上橙色?

那么,我们需要做什么?尽管在大数据时代,我们在信息获取方面取得了巨大进展,但要知道,信息与噪声始终是并存的,你怎么就知道所有的信息都是有用的信息?如果大量的数据分析表明,某类犯罪行为与太阳黑子活动高度相关,是否就意味在太阳黑子活动猖獗时期加强警备力量并对该类犯罪行为进行强制性干预?更何况,对任何一个哪怕再简单的事物进行全面的描述在事实的层面都是不可能的,因此所谓的"大"数据也只是程度而已,我们不可能获取关于任一事物的所有信息。那么,问题就是,我们如何在事前设想在哪些方面需要数据,以及在数据获取之后如何分析和解释数据?毫无疑问地,这依然是理论发挥作用的领域。在想象力和直觉的协助下,理论在排除可能起作用的因素方面尤为重要。数据分析可以检验变量间是否存在相关关系甚或因果关系,但决定要检验什么,不要检验什么,理论发挥了它应有的作用,而理论不过是人类的种种猜测而已。① 甚至,在翻译《大数据时代》一书的周涛看来,就不认同在大数据时代,相关关系比因果关系更重要这一观点,并以强子对撞击作为例证。他问道,我们在该机器上面获取了人类有史以来最大规模的单位时间数据,请问,我们是在寻找或验证某种相关关系吗?不是的,我们寻找的正是某种因果关系。②

尽管在大数据时代,相关关系作为一种思维或者决策方式已从幕后走向前台,发挥着越来越显著的作用,但这并非意味因果关系概念的彻底抛弃。如果我们不是在确定性的而是在盖然性的意义上来界定和使用这一语词的话,探寻事件/事物之间的因果关系仍然是社会科学工作者所追求的目标,毕竟如果我们不了解事件之间具体作用的因果机制究竟如何,就无法对事件的进程加以事前的支配和控制。重要的不是解释世界而是改造世界。

---

① 关于理论作为猜想在解决问题的作用方面的功能,参见卡尔·波普尔:《猜想与反驳——科学知识的增长》,傅季重等译,上海译文出版社1986年版,第47~83页。

② 参见[英]维克托·迈尔-舍恩伯格、肯尼思·库克耶:《大数据时代:生活、工作与思维的大变革》,盛杨燕、周涛译,浙江人民出版社2013年版,译者序。

因果关系还是有用的，只不过将不再被看成是意义来源的基础。我们身处的这个世界日趋复杂，有时复杂的令人难以想象。一旦当我们无法直接且快速地发现事件间的关系时，相关关系或许就是更有用的。相关关系也许不能准确地告知我们某事为何发生，但它会提醒我们这件事正在发生。而在许多情形下，这种提醒的帮助已经足够大了。[①] 不仅如此，相关关系还为进一步探究因果关系奠定了基础。但话又说回来了，即使事件之间高度相关，也可能只是纯粹的巧合而已。但什么时候是巧合，什么时候不是，这都需要我们做出判断；而这个世界更看重的是判断。

七、结　语

也许这一切都只不过是正在发生。无论是作为硬的方面的基础设施的大数据，还是作为软的方面的基础性制度的大数据，与西方国家相比较而言，我们都做的远远还不够；相对于其他领域来说，法律这个行当显得更为滞后，不过是冰山一角而已。这其中，或许最为欠缺的是用盖然性的观点看事情，这对于已深深地习惯于用必然性的因果关系看待世界的我们来说，的确是一项艰巨的挑战。

当年，黄仁宇以大历史的视野研究中国历史，认为近代中国落后于西方的一个很重要的因素是，中国未能像西方那样，拥有实行数目字管理的现代治国手段。如今，中国作为大国已经和平崛起，我们正处于大数据时代，国家治理体系和治理能力现代化也已明确提出。笔者有充分理由相信并期待着，中国的未来会更加美好。而这意味着，作为理论工作者，首当其冲的就是，在新的形势和条件下对现有的理论学说进行认真的反思、批评和超越，做出理论上进而是制度上的贡献。法律中的因果关系的理论学说，或许就是其中之一。

---

① 参见[英]维克托·迈尔－舍恩伯格、肯尼思·库克耶：《大数据时代：生活、工作与思维的大变革》，盛杨燕、周涛译，浙江人民出版社2013年版，第19页。

《法律和社会科学》(2016)
第 15 卷第 1 辑,第 178 ~210 页

互联网分层的不正当竞争

杨坚琪*

摘要:越来越多的不正当竞争行为发生在互联网这个巨大的新兴产业之中,然而目前的司法情况却是现有的法律解释结构并不能起到法律原本应有的规制作用。有必要重新思考出一种新的解释角度来帮助竞争法完成其本身应该有的作用:帮助互联网产业的价值判断,维持互联网行业的正当竞争,并最大化增加消费者的社会福利。这就需要从互联网自身不同层级的角度来看待不正当竞争,通过这个行业自身独有特征来推动这个行业的公平发展,以弥补现有竞争法结构下缺失的规制功能。

一、前　言

互联网行业在中国的不断发展同时涌现了一批创新能力相当可观的互联网企业,可由于竞争方式的转变,不正当竞争在互联网企业之中变得相

* 英国杜伦大学法学院硕士研究生,电子信箱:yangjianqitju@qq.com。感谢胡凌老师的指导,文责自负。

当容易并且无所不在。现有的竞争法结构不仅不能帮助解决这些问题,甚至在判断竞争行为本身的性质时都引起了巨大的争议。2010年,波及多达2亿多互联网用户的“3Q大战”更是超出了学术讨论的范围,拓展到了网民与大量媒体,引起了人们对于不正当竞争行为的新思考。

本文不同于传统的竞争法研究,传统的研究通常以将新出现的竞争行为归类于已有的不正当竞争行为并以此加以规制,可这样的方式实际上无法解决现有的竞争环境问题。罗胜华[①]整理了大量的新型网络不正当竞争行为,主要有域名类案件和商业诋毁类案件,以及代码侵权行为;方晓霞[②]则做出了类似的不正当竞争类型化分析,她将新出现的前述行为归类于已有的不正当竞争行为类型,例如,虚假宣传,以此希望能找到合理的规制方式。然而,传统的规制方式在面对变换多端的互联网行业竞争方式显得心有余而力不足,因此张平[③]试图扩大一般条款的适用范围来规制日益更新的互联网不正当竞争行为。

本文将跳出“法条—行为”的一般研究方法,而是通过互联网自身的不同层级来看待各式各样的不正当竞争行为,力图找到每个层级自身蕴含的特点,并利用这些特点切入找到合适的规制方式。

本文的第一个目标是,通过现有的互联网不正当竞争案例进行类型化梳理,找到每个层级与这些案例之间的内在联系,以期图找出案例与层级之间的联系并找出规制方式。例如,在内容层,信息节点与宣传行为的契合是不正当竞争的前提条件,而控制信息节点则成为一种合理的规制选择。

本文的第二个目标是,进行了层级化梳理之后,笔者将通过对于现有的不正当竞争案例的分析批判现有的商业逻辑对于法律的

---

① 罗胜华主编:《网络法案例评析》,对外经济贸易大学出版社2012年版。

② 方晓霞:《互联网不正当竞争的类型化分析》,载《知识产权》2010年第8期。

③ 张平:《〈反不正当竞争法〉的一般条款及其适用——搜索引擎爬虫协议引发的思考》,载《法律适用》2013年第3期。

深刻影响。在信息时代,传统的竞争法甚至成为帮助信息资本家攫取巨额利益的前提条件,现有的竞争法与信息资本之间的关系需要明晰。

本文的主要结构如下:第二部分简要分析内容层与虚假宣传行为;第三部分则分析应用层与互联网控制性之间的关系;第四部分则通过两种视角分析代码层,第一个视角探讨作为互联网原材料的代码与现有法律结构保护的关系,第二个视角则探讨代码不正当竞争行为的现实逻辑与机制;最后是本文一些初步的结论。

二、互联网层级概述

(一)互联网的分层

如果对互联网整个行业略有了解,那么互联网层级这个概念就不会太陌生。与公众的一般理解不同,互联网行业本身并非铁板一块,而是由承担不同功能的具体层级形成的一个联合体。与传统物理商业中纵向功能的划分不同,互联网功能的层级相对平等,并无主次之分,按照现有的习惯往往分为:内容层、应用层、代码层和物理层①。

内容层,顾名思义是提供互联网服务内容的一个层级。在这里的内容需要做广义的理解,它不仅包括文字、数据等初级内容,还包括视频,游戏等内容。概言之,是网络服务提供商和网络用户共同表达的各种载体,亦是内容层的主要对象。

应用层则指的是在互联网服务跳转中所运用的各种传输协议即可以认为是互联网连接的管道。最常见的应用层协议就是TCP/IP协议,由于互联网技术的不断进步,应用层的范围也越来越广,从基础物理通信协议到各种特定通信协议都有涉及,但其宗旨仍然不变:利用两台设备的对接协议帮助数据的传输。

① [美]乔纳森·齐特林:《互联网的未来:光荣、毁灭与救赎的预言》,康国平译,东方出版社2011年版,第101页。

代码层则是互联网一切服务的基础。代码层本身的定义及其宽泛,机读语言,目标语言,软件等都可以广义的被认定为是代码层中的内容。但代码有其特殊属性,它是文字的一种变量,承载着人类与机器的联通功能,人类通过代码驱动机器。然而,代码本身也应该和任何文字一样,作为人类知识传播的基础,但现有法律对于代码的保护却与这一理想想法背道而驰①。

物理层则是现实世界互联网的真实载体。包括各类互联网接入设备,承担输入输出功能的终端设备,以及作为互联网行业核心的信息运输管道,例如光缆,也包括了大量的互联网内容储存设备,比如信息储存设备和数据服务器。

(二)层级划分与不正当竞争的有效规范

不同于传统的对于不正当竞争进行类型化分析的方法,本文将从层级自身的特点来分析在某一层级发生的不正当竞争。原有的不正当竞争行为的类型化分析往往基于法条类型的法教义学分析:②将现有的问题归类于已有的法条,对于法律进行扩大解释以满足现实利益分配的需要。然而这样的划分并不足以将不断增加的竞争行为纳入原有法律体系的外延。因此,或许从层级入手,互联网行业的不正当竞争行为或许能得出不同的规制方式。

在内容层,主要出现的问题是新型的"虚假宣传",在应用层,域名类案件则成为了不正当竞争行为的主要形式,在代码层,恶意插件等不正当竞争行为的存在使得不正当竞争行为的讨论到了另一个层面。本文只讨论这三个层面的问题,不讨论物理层的竞争行为,因为物理层的层级特性与现实世界的经济模式相对契合,仍可以适用传统规则以规制不正当竞争;而前三者则存在大量新生事物,因此对于这类问题的讨论将变得非常微妙:这是不同经济种类的竞争模式,而如何看待他们的存在则成了摆在法律面前的一道现实难题。

---

① 段永朝:《可以期待的新命运》,载《读书》2000 年第 9 期。

② 方晓霞:《互联网不正当竞争的类型化分析》,载《知识产权》2010 年第 8 期。

三、内容层:新经济与其非法兴起

(一)问题的提出

内容层是互联网产业经济价值的核心体现。众所周知,互联网商业模式的特点是:“免费 + 增值服务(广告)”,即不直接出售信息内容、软件、服务,而是向大众提供免费的信息产品,通过网络效应培养用户黏度,在此基础上收取广告收入/增值收入,提供差异化服务,即在某种潜在的信息需求的消费者与广告商之间进行匹配。也正是这种商业模式的特性,让虚假宣传成了线上不正当竞争的治理难点。

在广告业被互联网行业占领之前,线下虚假宣传的主体往往存在一个典型的三方关系:“广告主(虚假宣传/广告的发布者)、广告商(广告经营者)、受众”,这种体系构成的线下虚假宣传的行为责任体系则《广告法》来直接规制。但原有的《广告法》在定位互联网企业是否属于是《广告法》所明确的责任主体则存在明显的疏漏:具体而言,原有《广告法》第 2 条并未能够细化线上的互联网内容服务型企业(比较的有搜索引擎服务提供商或是大型平台型企业)的具体定位——而这点在线上不正当竞争案中能直接影响到原《广告法》第 37 条罚则的适用。

在十分著名的商标权纠纷案例——大众物流诉百度侵权一案中,上海市二中院在(2007)沪二中民五(知)初字第 147 号民事判决书中明确写道:“百度提供的竞价排名和火暴地带等网络营销推广业务作为一项新的互联网技术,与传统的广告业务不同,因此百度不承担发布虚假广告和侵权广告责任。”以及“百度网站作为搜索引擎,其实质性功能是提供网络链接服务,其既不属于网络内容的提供者,也不属于专门进行广告发布的网络传媒。作为‘竞价排名’服务的提供者,百度网站仅对注册用户在搜索结果中的排名产生影响,本身不提供用户网站上的信息内容,所产生的网页搜索结果也没有直接或间接介绍商品或服务的功能,因此百度网站的行为不构成直接的虚假宣传的不正当竞争行为。”①

法院虽然并未具体解释类似百度的新经济企业为什么作为媒介不能认定为一种广告公司,但在实质上已经将百度这样的互联网企业与传统的广告公司(《广告法》中的广告经营者)相区别。值得令人注意的是,主审法官在自己的评析文章时如此认为:“‘竞价排名模式’的实质是将已有的链接进行优先排序,本质上仍然属于一种搜索引擎服务,是对含有他人商标的网址进行链接的行为。”②(同样判断的判决还有陈茂蓬诉百度与德都诉三七二一公司)。③

在“竞价排名”的链接行为本身并不等同与传统意义上的广告经营行为的考量之下,《广告法》所给予的三类制裁:“事前许可/备案、事中监督、事后处罚”④在实质上并不能够执行。虽然该案适用了“最高人民法院关于贯彻执行《民法通则》若干问题的意见(试行)第148条之规定”确立了线上商标“间接侵权制度”,⑤但仍然引发了大量学者激烈的争论:我们应该如何规制互联网上的虚假宣传?

(二)互联网内容层的特点与治理

1.线下治理轨迹不可复制的原因

首先,我们需要了解现有对于互联网内容层的治理模式。已有的文献已经说明,早期互联网内容层是以一种新型媒体⑥的面目出现,因

① 参见大众交通(集团)、上海大众搬场物流诉北京百度网讯科技等商标侵权与不正当竞争案初审判决书。学者都将目光聚焦到搜索引擎主体是否构成间接侵权的主体,却未能将视野放到其主体资格的认定上。

② 袁秀挺、胡宓:《搜索引擎商标侵权及不正当竞争的认定与责任承担——网络环境商标间接侵权“第一案”评析》,载《法学》2009年第4期。作者作为主审法官,做出判断的另一个考量是搜索引擎业务的生存环境问题,在他眼中,链接行为本身若被确认为侵权的法律事实将关系到这个搜索产业的整个未来。

③ 参见北京市海淀区人民法院2006海民初字第18071号民事判决书。

④ 陈柳裕、唐良明:《广告监管方式和手段研究——兼论〈广告法〉之修改与完善》,载《法治研究》2007年第9期。

⑤ 袁秀挺、胡宓:《搜索引擎商标侵权及不正当竞争的认定与责任承担——网络环境商标间接侵权“第一案”评析》,载《法学》2009年第4期。

⑥ 林军:《沸腾十五年》,中信出版社2009年版,第141页。

此不难发现的是我们国家的治理思路仍然是传统媒体监管下的“端—口”监控模式:在内容口上发布牌照制度以期许对于发布渠道资源的控制,在反应端上以实名制来帮助事后归责的形式来帮助法律的顺利执行。但这样静态的治理模式并不能帮助工商监管部门职能的线上实现,虚假宣传案件在数量与方式上的与日俱增一次次冲击了传统机关的审核能力。①

从口上来看,各种信息形态(文字图片或是视频)都可以通过不同种类的互联网服务形式进行传播,各种媒介之间早就开始打破限制相互融合,特别是在移动互联网时代,除了广电系统还在牢牢控制着数字电视系统的内容集成之外,各种信息都可以被自由转载,这种“口”样态的不断变化使内容牌照制度(ICP)失去一定意义。

从端上看,用户实名制的推广一直不是很顺利,新的移动互联网时代进一步让上网成本更低,与此同时实名制的推广在移动终端的效果还需要实证分析。② 但如何整合多层资源以便让信息认证服务展开仍然存在多方博弈,而这样的博弈只会让政府实名制的努力收效甚微;③不仅如此,更主要的问题也存在于意识形态上,棱镜门一出,很难想象强硬推出实名制的要求会得到底层的积极回应。

于是端口治理的收效甚微成为虚假宣传案件在线上频发的先决条件。行业规则的无序与混乱则引发了前述问题:如何在线上规制虚假宣传?由案件数量的剧增带来的线上审查方式产生了的变化是显而易见的,传统的监管往往注重媒体曝光与属地监测机构的相结合,④以及专项运动式的整治,这样的审查思路仍然停留在原子时代;⑤在比特时

---

① 周建生:《网络虚假宣传的工商监管对策研究》,载《中国工商管理研究》2013 年第 10 期。

② 胡凌:《网络实名制:赞成与反对(上)》,载 http://www.ideobook.com/1225/internet-real-name-system-1/,访问时间:2014 年 5 月 1 日。

③ 同上注。

④ 张兴华:《治理虚假宣传招生须下猛药》,载《中国教育报》2011 年 5 月 18 日,第 1 版。

⑤ 本文的原子时代指的是有大量物理产品构成的世界,即通常意义上的前互联网时代。

代，信息的膨胀也催生了一系列新的行政监管模式：[1]建立专业的网络纠察队伍、建立专业的互联网案源搜寻平台、建立新的维权通道等模式屡见不鲜。

然而，证据的取证困难，[2]监管主管部门的管辖权冲突[3]等一系列新问题并未得到解决使得工商主管部门的“监管难、执行难”等老问题又再次浮现：这是网络本身的去中心化架构给与金字塔式的集中管理本身最大的挑战。在这样的现实情况下，监管不到位确实大大减低了新经济法律成本，为其飞速崛起提供了相对较“宽松”的法治环境，但给予我们最深刻的提示却是：由于科技自身不断的变化，线下的治理轨迹已经或多或少地被改变，我们需要通过分析这个层面自身存在的结构特征以帮助治理的可能实现。

2. 内容层呈现的特点：寡头化特征

平台化是一种信息服务行业自身的独特结构：意指为了减少信息的无序与真实而创制出的连接一方或多方的一种集成型服务行业。[4]不同于传统的原子制造商，从古至今的信息内容服务提供行业无一例外地经历了由垄断竞争到寡头垄断的发展趋势，[5]而平台企业则是这个行业中最大的胜利者，具有赢者通吃的天然属性。

带有浓厚信息属性的互联网行业也并不能跳出这个循环，大量

---

① 3·15 消协投诉整治互联网宣传的信息，载 http://newspaper.jfdaily.com/xwwb/html/2012-03/14/content_766553.htm，访问时间：2014 年 5 月 1 日；乐清市工商局查获企业网络信息虚假广告案 42 起，载 http://www.yqqqx.com/portal.php?mod=view&aid=102，访问时间：2014 年 5 月 1 日；青田治理互联网虚假宣传的方案，载 http://gsj.zj.gov.cn/zjaic/gzfw/zfdt/201211/t20121105_106452.htm.，访问时间：2014 年 5 月 1 日。有趣的是，有关于工商局监管思路的变化的报答大多发生在南方，尤其是浙江，这可能和贸易分布相关。

② 周建生：《网络虚假宣传的工商监管对策研究》，载《中国工商管理研究》2013 年第 10 期。

③ 由于《网络商品交易及有关服务行为管理暂行办法》第 36 条缺乏实施细则，使得权利部门对于自身交接案件的执行变得极为困难。

④ 徐晋：《平台经济学》，上海交通大学出版社 2007 年版，第 22 页。

⑤ [美]詹姆斯·弗·穆尔：《竞争的衰亡》，梁骏译，北京出版社 1999 年版，第 199～229 页。

的双边市场研究都指向了一点:双边市场的网络效应会带来天然的垄断性。[①] 对于广告主而言,他们需要的是对于特定需求人群的锁定,而这正是掌握了大量用户信息的平台企业的专长所在。一般而言,平台企业是垄断竞争后的产物,"信息寡头"的出现必不可免,于是互联网上的广告经营商也必然呈现的是寡头化趋势,广告主们的选择并不如想象得多。因此,内容层的广告运营呈现的不是百花齐放的模式,而是越来越像少数几家互联网公司靠拢。

不仅如此,现实也证明了大部分的互联网企业的主要收入就是靠广告:除了靠资本拼杀的视频红海盈利了了外,搜索引擎、电子商务服务集成供应商、移动互联网的第三方开发者等新经济互联网企业都通过广告的投放赚的盆满钵满。有趣的是,中小型内容提供商自身并不能将流量转换成利润,为了发展与生存,加入一个广告经营平台(例如,百度的凤巢系统)也是一个很好的选择。

然而,这并不意味着互联网广告行业本身不存在着淘汰机制。随着大数据时代的到来,数据分析能力成了互联网服务商们获得细分广告的市场的前提条件。因此,除了对信息内容划分无苛刻要求的搜索引擎,大部分互联网企业都在不断更新自己的广告来源以获得更高的有效广告投放率和更高的利润,这种更新自然而然地会淘汰一部分的虚假广告来源,所以很少看到除了搜索引擎服务提供商以外的新经济主体成为虚假宣传案件的被告。

但是对于搜索引擎来说,这种淘汰机制就是另一番风景了。普通人对于搜索引擎的需求与一般的内容层传统的展示广告并不一样,他们的信息需求可以由搜索引擎服务提供商自行排序满足。与此同时,搜索引擎服务提供商并不承担法律上的审查义务,如此的供需市场导致了它仍然是一个虚假宣传案件的高发地。在商业逻辑与法律逻辑的双重作用下,一股强大的力量推动着百度这样的"类广告公司"不愿意承担如同线下广告公司的责任。

---

① 王谢宁:《互联网双边平台企业的企业行为、模式与竞争策略》,东北财经大学出版社2012年版,第35~95页。

首先,是海量的法律数据检查,无论是虚假宣传行为的语境、知识产权还是对比广告的真实性,作为一家非专业传媒公司出身的信息科技公司,这样的法律实质形式审查无疑费时而且费力(工商局都未必有足够的动力完成全部审查),审查也不可能带来更多的实际经济利益。[①] 前文所述的规制方式的不健全更导致了受到不正当竞争侵害的公司不会直接诉像百度这样新经济公司,转而只起诉实际投放广告的"广告主",[②]这种法律上的规避风险帮助百度这样的搜索引擎服务提供商实现了异常高的商业价值,因为这使得互联网新经济公司的法律成本大幅度下降。

其次,是"竞价排名"本身的法律适用问题,竞价排名作为百度的主要盈利手段,却并不被认为是一种广告手段,不受到现行任何法律的直接规制,反而以"合同自治"的方式来免除自己的间接审核责任:"百度与客户签订的协议中明确要求对方设置的关键词不能侵犯他人相关权利",[③]其高度自治权背后的逻辑是"商业契约取代社会契约"的典型表现[④]——可以通过合同违约要求受害者自行追究投放者的法律责任:也就是说,除了通行的"互联网十不准"[⑤]的基本内容审查,搜索引擎服务商基本上并未承担传统法律所要求其承担的基本社会义务。

当然,司法实践并不会因为商业逻辑的推脱而放弃干预。当时间线路推进到2012年,司法实践又将类似的行为做出了新的裁判。在田某诉百度公司一案[⑥]中,仍然是争论竞价排名系统的法律定位问题,二审法院推翻了一审法院的思路,认定了百度公司的排名推广行为属于

---

① 相比起法律审查,新经济企业更热衷于审查用户的社会信息,而这也是大数据行业的发展基础。

② 《重庆华章案》,载 http://www.cqwb.com.cn/cqwb/html/2013-12/18/content_375626.htm,访问时间:2014年5月1日。

③ 同上。

④ 胡凌:《谁拥有互联网信息——从百度文库说起》,载《北大法律评论》2013年第1期。

⑤ 胡凌:《打击淫秽色情的法律思考》,载《网络传播》2009年第6期。

⑥ 孟斌:《搜索引擎推广商品行为的定性与责任承担:以田某诉百度公司为切入》,载《电子知识产权》2009年第1期。

传统《广告法》意义上的广告推广行为。按照二审法院的审理思路,由于百度的推广服务于传统的纯基于信息定位服务的自然搜索服务存在一定差别,因此这样的服务仍然应当认定为广告行为,并不因其发布方式或是发布形态的特殊而有所差异。当然,这个案件的最后结果是百度公司的推广行为不属于虚假宣传行为。其审理思路仍然能被适用到任何一个类似的案件,尤其是考虑到搜索引擎公司在传统的“四要件”中(主观故意、客观行为、导致误认的可能以及因果关系)“认定导致误认的可能”(misleading the public)上认定具有相当的难度(搜索引擎公司一般并不会主动对于竞价排名推广服务上的广告内容横加干预,这仍然是之前所述的商业逻辑论述的延伸),这导致类似搜索引擎企业仍然很难像规制传统经营者主体那样让其承担虚假宣传的责任。

除了司法实务的反馈,学界对于竞价排名的关注点也截然不同。传统的研究往往注重于搜索引擎的网络侵权方面,例如,购买竞价排名服务的商家设置的关键字(侧重于商标等专有权利的侵权研究);或是搜索引擎服务商在竞价排名中对于侵权行为提供了帮助和便利就可能构成间接侵权;还有服务商提供的恶意欺诈点击,这违反了民法的诚实信用原则。这种对于侵权的分类研究松散而无序,往往是发生了某一类型的侵权事实之后,将原有的法律准则强加“法律解释”,试图在原有的规则体系下完美的解释新发生的问题,忽略其在经济、商业模式、社会规范与权利结构上的变化。当然并不是指他们的研究是无用的,而是要指出在经济上的变化非常关键。在解析了经济之后,或许对于法律规范的适用会有新的理解与想法。

综上所述,寡头化为新经济企业们奠定了经济基础,而现行法律体系与商业模式则让搜索引擎服务商们在虚假宣传的道路上(换言之为盈利的路上)越走越远。在分析了内容层的特点之后,我们就来探讨如何治理这种内容层的不正当竞争行为。

3. 治理的可能性:从判决方式中逆推治理的方式

通过对大量线上虚假宣传案件研究后,实务界对于间接侵权责任的归责体系已然建立完毕，在大量的实践中，确立了以专有权利（专利、商标等知识产权，也包括类知识产权权益如域名等）与通用名称（主要指在公共领域内）为划分，从而引发互联网企业作为广告发布主体的不同审核义务选择：前者要求是有主动审查义务，而后者则不赋有该义务；并由此创制出了一套从“关键词”到“所指网页”的审核义务体系。① 然而，这样的解释方式却天然存在着内在的动力不足：作为不正当竞争主体的新经济广告发布主体，互联网企业既无能力又无权利审核他人是否拥有提交的竞价服务中关键词的专有权利，这样一来，只有等法院判决时才能知道自己是否有侵权可能，于是在这种情形下规则的创制出的广告主体义务的划分本身就是无意义的：互联网企业不存在先置的审核的能力与权利，那也谈不上法律要求其所承担的义务。因为从法律解释的角度来看，《侵权责任法》并未直接规定间接侵权责任，而最高院的《民法通则》意见的第148条的适用本身就存在着大量的争议，②最高院也并未出台单行的司法解释来规制这种情况的出现。

从司法判决后进式的治理无法有效治理的现实来看，我们有必要通过现实逆推，找到一种符合现实的规制方式。既然虚假宣传集中的问题在于让关键词/广告投放的审核义务得到落实，于是本文笔者就大胆设想出一个符合互联网内容层层级的特点的治理方式。

开放互联网企业与政府专有权利数据库网站之间的API接口，解决数据孤岛的存在，帮助建立线上的事先的权利审核体系。

首先是审核主体，在现有的审核主体限于能力的不足而无法发挥其在线上的作用背景下，如前文所述，得益于互联网内容层自身的平台垄断性特征，互联网上的广告发布主体的阵营条块分明，只要抓住几家主要的互联网行业（搜索、视频与新闻门户等）的广告发布体系，体制的管理者们就能牢牢控制住线上宣传体系的命脉。现实来看，纺锤形

① 宋亚辉：《竞价排名服务中的网络关键词审查义务研究》，载《法学家》2013年第4期。

② 袁秀挺、胡宓：《搜索引擎商标侵权及不正当竞争的认定与责任承担——网络环境商标间接侵权“第一案”评析》，载《法学》2009年第4期。

的互联网行业结构[①]是有利于法律上对于内容治理的现实需求,我们只需要掌控信息流动的节点既可以掌控信息的传播。

其次是桥接方式。API接口开放早已是平台型企业外接获取数据资源的典型方式,基于政府开放其专利、商标、著作权等专有权利数据库的现实可能性,[②]让这个庞大的数据资源链接到几大寡头互联网行业的广告发布体系,在广告发布之前利用数据检索能力提前审核,以完成前置的专有权力/通用名称的检查,建立线上的事先权利审核体系,在技术上并不存在非常大的障碍。

最后是权利义务分配。互联网数字资本家们都不是慈善家,从理论上来看,建立事先审核体系在技术性上是完全可以解决的,然而,这些数字权利的"物权利用制度"的构建才是博弈最大的难题。在大数据时代到来的前提下,数据的重要性不言而喻,而政府的数据资源这块大蛋糕能在多大程度上被分享(或是多大程度上被利用)则构成了线上审核体系能否建立的根本性前提。

(三)小　结

通过对于内容层自身的结构分析,我们发现,治理不正当竞争的方式并不仅限于传统方式下的"端——口"治理模式,而是可以根据这个层级内自身存在的特点创制出新的规制体系。法律后进式的保护给予了互联网资本家通过较低的法律成本获取高昂的社会利润,那么我们必须思考的是:如何利用科技自身的力量将法律注入到这个层级本身当中去,以帮助公平竞争的立法目的得到保护。

四、应用层:域名——跨越传统经济到新经济的"门"

根据前述对于应用层的定义,我们可以理解应用层是一个由各种

① 纺锤形的互联网结构即互联网的中心处于网络交汇的节点例如商业公司,而并非大量的个人用户端。

② 美国政府走在数据开放的前列,例如,创立了data.gov这个接口开放的网站。

协议组成的交换世界,如果将各类输入型数据包(0 与 1)作为现实世界的车,那么协议就是车辆行驶所需的道路。如前文所述,由于不断传输的数据包(UCG 与大量的信息服务)本身已经被数字资本家打造成一个个聚宝盆,于是如何占据更多的道路以获得更多的利润则成为竞争的另一个方向。本章通过分析"域名"等在应用层大量出现的案例,给予了我们一个重要的提示是:只有掌握到数字资本的商业模式,在应用层或许能找到更加合适的规制方式。

(一)问　题

让我们先从 TIP/IP 协议的入口——域名说起,域名作为进入互联网世界的入口,一直是我们国家线上不正当竞争行为高发之地,早期的互联网不正当竞争案件几乎全部集中在关于域名案件领域。在这长达十余年的司法实践当中①,法院积累了相当丰富的司法经验予以规制。然而,域名纠纷显然不仅仅包含着关于知识产权权益种类的争论,也包含着对于互联网商业模式的争论。通过分析两种争论的不同,本文笔者将指出在应用层的不正当竞争行为一些特点。

1. 域名的双重属性

开篇之前,我们首先要认识到的一点是:域名兼具有识别性(显著性)与技术性双重功能,一般而言,域名案件都是从这两个功能被侵害而展开讨论的。但传统经济角度下,显著性显然成为讨论的焦点。正如在古道公司诉新疆中国旅行社案中,法院阐述了极具代表性的观点:②

在互联网中,网站名称经过经营者的经营,可以成为企业的一项无形资产,如同企业名称及知名商品品牌一样,能给其带来相当的经济利益。虽然法律尚未对网站名称的保护做出具体明确的规定,但根据知识产权的一般属性,网站名称应当属于知识产权保护的客体。

---

① 最早的域名纠纷应该是"科龙公司诉吴永安"一案,该案始于 1998 年 3 月。

② 参见乌鲁木齐市中级人民法院(2006)乌中民三初字第 39 号民事判决书,转引自谢晓尧:《在经验与制度之间:不正当竞争司法案例类型化研究》,法律出版社 2010 年版,第 189 ~ 198 页。

根据这种司法逻辑的延伸,按照传统经济观点下对于像域名一样的类知识产权法益就必须围绕其显著性进行讨论。而作为“反欺诈”功能的始祖的商标权益则成为绕不开的话题。因此,域名所有者是否同样拥有“驰名商标”则成为该类案件的探讨核心(因为只有驰名商标才有跨类保护功能)。[①] 我们传统角度下的域名仍然是与商标紧密相连的一种商业标识,其本身的性质与其他的商业标识(企业名称、标志与标语)并未有本质区别,这很明显建立在对于域名自身的识别性功能的认识上的。

建立在这样的基础上,有学者就将域名不正当竞争案件类型划分主要被划分为“非名义注册人的域名确权”与“名义注册人的域名确权”两种类型[②](这里的名义注册人是指商标的注册人)两大类型。

当然,学界这样的反应并非是凭空而来,早期大量的域名抢注案件[③]、域名盗用案件[④]等都是围绕着“商标与域名之间的关系”这个主题作为案件的争议焦点的,这些都显示出当时的现状:早期的互联网是作为一种信息渠道来帮助实体经济散播其商业信息的一种渠道工具,在互联网上传统企业并非利用域名这一工具创造新的产品价值,只是将工业时代的线下信息价值整合并传播出去。由于惯性思维的发展,商标(或者说此类有识别功能的标识[⑤])是传统企业在互联网世界上最好的门牌号。

显而易见的是,在不同于传统纸质媒体的另一种信息传播渠道中,工业时代出售物质产品的企业仍然需要将线下的商标权利继续“跨类

---

① 李小武:《还〈反不正当竞争法〉以应有地位——兼评3721网络实名案》,载《清华法学》2008年第4期。

② 谢晓尧:《在经验与制度之间:不正当竞争司法案例类型化研究》,法律出版社2010年版,第189~198页;张小玲:《论域名不正当竞争及其法律规制》,载《法制与社会》2008年第9期。

③ 此类最知名的案件就是“杜邦案”参见北京市第一中级人民法院民事判决书(2000)一中知初字第117号。

④ 参见上海市第二中级人民法院民事判决书(2002)沪二中民五(知)初字第214号。

⑤ 谢晓尧:《论商誉》,载《武汉大学学报》2001年第5期。

保护”,这才有了无数判决需要首先确认是否属于“驰名商标”的奇怪情况出现。[①] 然而作为一种类知识产权,我们国家的域名获取制度自然只是行政许可/备案制度,并无严格的公示程序自然成不了“对世权/专有权”,而这样的获得制度也成了域名抢注与盗用案件的先决条件,[②]也让我们看到了可笑的抢注域名却又丝毫使用这个域名以图“作为”。例如,(2000)北一中知初字第117号的杜邦案,国网公司在抢注杜邦的域名后,却未对杜邦网有任何实质性修改。因为在传统经济的角度下,域名的价值也仅限于本身所依附于标识类识别性功能所蕴含的价值,其背后蕴含的劳动价值并不是这些案件的争议要点,这时我们可以看到:与传统经济的视角下,域名这样的类商业标识价值可能与传统的企业字号并不区别,所以也才有了媒体对于一个“google.cn”的域名高达百万美金而感到震撼的相关新闻。

然而互联网域名案件不完全是工业时代企业的权利保护在互联网上衍生,而是处处蕴含着互联网自身经济模式的雏形。如果说“识别性”是传统经济的在域名案件的名号,那么接下来本文笔者将从另一个角度“技术性”去探讨这些域名案件与互联网经济模式之间的关系。

正如前文所述,域名有两大功能:识别性(显著性)与技术性。如果说显著性是工业时代“反欺诈”精神的核心追求的话,那么我们接着就要证明的是域名技术性对于比特时代的互联网企业的重要影响。

2. 竞争法与域名纠纷

在讨论这个问题时,我们首先要明晰的是“技术性”对于域名意味着什么。众所周知,域名的主要作用通过非IP数字地址的方式帮助网民能够访问想要进入的互联网网站。这个技术的创生本身是不带有商业色彩的,然而形形色色的信息资本家却通过一系列方式帮助这项技术成为赚取利润的谋生工具。[③] 而在这个商业模式中,工业时代所要

---

① 《认定驰名商标乱象待解》,载 http://news.sohu.com/20070822/n251708351.shtml,访问时间:2014年5月1日。

② 徐燕:《域名的商业标识属性与反不正当竞争》,载《法制与社会》2012年第15期,第91、111页。

③ 林军:《沸腾十五年》,中信出版社2009年版,第1~14页。

求的域名的"显著性"并不是这里的焦点——信息资本家在现实世界一无所有,他们在互联网上创设的信息流通才是他们赚钱利润的方式,而信息流通的技术基础则是无处不在的域名链接。

可以想见的是:互联网信息自身的流通并不能带来物理世界的任何价值,而传统经济下商标权所基于的经济理论假设则是"潜在的交易可能性",这与之前所述互联网经济"直接的交易可能性"(流量与广告)截然不同,这对应的现实就是商标法并不能保护绝大多数域名。如果只是如同法院一味在传统的视角下强调"显著性"的要求,那么在网络世界运行的新经济模式自身可能就无法得到充分的保护。

例如,早期互联网上知名的"19floor案"则表现出了信息资本主义关注"技术性"而非"显著性"的现实。案情主要是围绕着两个不同的域名展开的激烈讨论:都市快报在2001年注册了"19floor. net"的顶级域名,在其经营下,在用户已经具备了较高的知名度,该域名后转入都快公司。2005年自然人王林阳注册备案了"19floor. com"域名。在(2008)浙民三终字第286号民事判决书的内容,上诉法院认为:

从字面看,19floor. net与19floor. com两个域名均为国际顶级域名(. net和. com)下的二级域名,其字符串均为"19floor",两者完全相同,中文含义均为"19楼",故该两个域名构成相似。从网站的论坛架构和栏目设置看,在后注册使用的19floor. com网站论坛无论是色彩、板块设置,还是栏目类型、页面构架均与之前注册并具有一定知名度的19floor. net网站存在相同和相似之处。从结果看,在两个论坛上发帖的许多网民对于所进入的网站产生了混淆,误入网站的情况时有发生。

传统的观点都仍将"显著性"作为法院判决解析的要点,①可这却往往忽略了真正对于双方经济利益起关键作用的"技术性"功能。显然这里的问题并不是"19floor"这个类商业标示自身身上,而是在". net"/". com"这两个域名字符串不同所造成的链接误入。如前文所述,早期的信息资本家不在乎这个网址的名称是"18floor"还是"19floor",因为

① 参见浙江省高级人民法院(2008)浙民三终字第286号民事判决书。

信息资本家无法通过该类域名而获取消费者的现实支付可能(无论是线上还是线下),而是要通过广告商的介入才能将巨大的流量变现。因此,页面浏览量则成了他们衡量他者侵权的主要标准:正如"19floor"案中都市快报公司的观点一样,王林阳的行为直接导致了原有域名的页面浏览量的损失,而这才是都市快报公司起诉的直接原因,而并非大量学者眼中的后者侵害了原有域名的"显著性"。[①] 也难怪有学者直呼在这样的案件中应将商标法的元素尽量减低,[②]以《反不正当竞争法》的一般条款来认定竞争关系双方是否具有不正当竞争目的。

在另一个著名的案件"真假开心案"[③]中,原告开心网的一个被驳回的诉讼请求就是要求被告千橡集团停止使用域名"kaixin. com",这也表示在这样的情况下,如何减少流量的损失是这些新经济企业关注的焦点,而非虚无的"特有名称"的保护(《最高人民法院关于审理不正当竞争民事案件应用法律若干问题的解释》第3条》);在这样的案例当中,更直接地表明互联网企业的法律诉求的是他们对于损失的计算方法:以日为单位的网络流量的广告价值。虽然都未被法院采用,但也间接说明了技术性功能比显著性在这类商业模式中更为重要的现实。

繁复的情况使我们不得不重新思考这两类商业模式中"域名"起到不同作用的背后原因。如前所述,工业时代的线上域名注重的是"识别性"功能(对应潜在的交易可能性),而互联网经济的线上域名则强烈要求的是"技术性"功能的"准确达到"(对应现实的流量交易),这强烈的反差背后折射出的是不同商业模式的精神:与传统工业时代的经济不同,互联网经济所努力的做出劳动价值并不能直接由消费者买单。在原有的单边市场(商家——消费者)的结构被不断破坏的情况下,信息资本找到了多边市场这另一结构来帮助完成利润的获取,而

---

① 如果一味强调显著性的观点,则会出现大量相对不知名的网站在被仿冒时无法获得法律保护,见"hc000. com 诉 hc00. com 案"。

② 李小武:《还〈反不正当竞争法〉以应有地位——兼评3721网络实名案》,载《清华法学》2008年第4期。

③ 关于"真假开心案"的介绍,载 http://net. chinabyte. com/zt/kaixin/,访问时间:2014年5月1日。

域名纠纷恰恰处于两种经济形态的结合部,因此大量的线上域名类不正当竞争案例才会涌现。

3. 应用层自身的不断演化

随着时间的推移,我们可以观察到一个事实:域名案件随着时间的推移在以惊人的速度下降,而大量类似的案件却在另一个应用层出现,那就是移动互联网上的"虚假应用类"①案件。有必要指出的是,由于在移动端这些案件的开发者与平台商之间的关系仍然存在着大量的变数,不仅仅被侵权的开发者不太爱使用法律手段维护自己的权益,甚至连消费者在受到损害时也通常因为标的太小不愿意请求法律保护自己的权益。于是在这样的大背景下,市场的行业自律与不同移动操作系统平台架构的对于应用上架的审核不同②则成了混乱情形下整治这类案件的主要方式。

理解这样的情况前,我们有必要了解入口对于互联网经济的重要性:从某种角度看,入口是引入流量最好的方式,而谁占据了入口,谁就能将自身的网络价值最大化,因此才会在入口处发生大量的不正当竞争案件。在这样的现实下,我们有必要思考一个问题,原来治理域名案件适用的《最高人民法院关于审理计算机域名民事纠纷案件司法解释》,现在在这样的大背景下还能继续起到应有的保护作用吗?

答案现在仍然不是很清晰。应用程序自身的存在并不符合该解释第1款中的计算机网络域名的注册、使用行为的要求③,因此,应用程序的规制并不能适用该解释,虽然他们在使用方式本质上是一样的。在目前山寨应用程序已经形成利益链的情况下,我们却仍然只能靠市场治理的方式来整治,而这样的结局只能如同个人电脑端的单机游戏一般,慢慢地因为恶性竞争而使这个行业在中国整体萎缩,直至消亡。

---

① 关于虚假应用类的案件介绍,载 http://news.cnnb.com.cn/system/2014/04/24/008045709.shtml,访问时间:2014年5月1日。

② 关于审核规则的介绍,载 http://cdc.tencent.com/? p=2624,访问时间:2014年5月1日。

③ 参见《域名注册管理办法》,因为其中只包括在计算机端而非移动端的注册方式,因此应用的访问权无法获得与域名同等的保护地位。

如果我们无法把握应用层自由的特点，而是舍本逐末的将先人的经验生搬硬套，那么即使能够治理这类新型的不正当竞争行为，我们也会被入口类案件的不断变形而搞得无所适从。

（二）应用层的特点与治理模式

1. 协议与开放性

互联网应用层的特点就是有两类基础协议组成：作为基础道路的TCP/IP协议与分级道路（类比的是一个城市的中环外环）的FTP与HTTP协议（当然也存在由双方自定义传送车辆的道路型号），这是应用层的另一种自定义协议方式（定义控制码与流程控制）。另一个互联网应用层的基本特点是，这些定义与协议都是公开的，它不隶属于任何机构、政府、法人或者自然人，它的天然开放性并不是与生俱来的，①而是经过了大量的前人的努力创制而出。他们为了确保另一原则“端对端”原则②的顺利实现，而尽力保证协议层的开放性，即任何人有权使用这些协议，并且根据自身的需求另增加定义方式以满足每个人不同的独特需求。在这样的大背景下，协议与自身的开放性能够让网络先驱们保证在端上创造各种服务以满足人类各式各样的需求，同时又不用担心传输阻碍，这样确保了互联网上的创新能够以最快的速度传送到世界各地，而这些努力也促成了关于网络中立原则的诞生③。网络先驱中自然有法律人士，为了保证这些原则的顺利实现，他们早已通过网络公约/协议的方式来保证这一原则不被破坏，即默认使用即加入，从而灵巧的一次性解决了合意的认定方式。

然而，开放性与控制性是天然成反比的。开放性意味着创新，缺少控制性则意味着无序。与人们想象的不同，域名一开始的是完全开放

---

① Lessig Lawrence, The Internet Under Siege, athttp://www. foreignpolicy. com/articles/2001/11/01/the_internet_under_siege，访问时间：2014 年 5 月 1 日。

② Lemley, Mark A. and Lessig, Lawrence, The End of End-to-End: Preserving the Architecture of the Internet in the Broadband Era, at http://cyberlaw. stanford. edu/e2e/papers/Lemley_Lessig_e2epaper. pdf，访问时间：2014 年 5 月 1 日。

③ Tim Wu, Network Neutrality, Broadband Discrimination, athttp://campus. murraystate. edu/faculty/mark. wattier/Wu2003. pdf，访问时间：2014 年 5 月 1 日。

的,因此域名市场当时是极端混乱的,大量仿冒与虚假网站横行,但这却导致了ICANN机构的成立,并由它建立起了分配机制(但由此引发的网络政治与治理问题也有严重的隐患);同理,在目前流行的两大手机操作系统中,封闭的iOS系统中山寨应用程序的数量远比开放的安卓系统中的少,这本身就是两大系统对于应用层协议的控制程度不同而导致的结果。

如果按照原有的立法思路,仍然使用建立事后侵权责任制度来规制这样的行为发生,那么入口处的不正当竞争的总数并不会因此而减少(与之相对的是单个种类的侵权行为可能减少,比如域名),而是以各种形态不断转化。这提示我们,必须在协议层加入一定的控制系统,我们才能有效地规制这里的不正当竞争行为,这样做的最终目的则是避免让互联网内容服务产业重蹈之前单机游戏行业的覆辙。

2. 高速公路上的收费站

不同于美国,"网络中立"自身的存在是因为美国几大层级的行业巨头自身的需求所致,这个规则本身的制定就是为几家行业巨头攫取正当利益的法律说辞。[①] 在中国,既不存在"网络中立"的政治需求,也不存在这个原则的行业利益背景:我们可以通过特色的方式完成问题转化,如让基础运营商和内容服务商捆绑合作。[②] 因此,我们的假设是:既然在意识形态上并无直观的政治诉求,我们为什么不能在"高速公路"上建设"收费站"呢?这并非没有前例,作为全世界最大的局域网,我们国家的工信部一直有这样的能力实行高速公路规制。把问题的背景放置于虚假应用:带有政府背景的三大运营商(包括由其办理获得虚拟运营牌照的民营企业)拥有天然的权利置配性,无论是苹果系统,还是安卓系统,最终都将使用的应用层是由三大运营商掌管的渠道,无"网络中立"的诉求,难道实行事前监管会是很难的事吗?但这

---

① 胡凌:《"网络中立"在美国》,载《网络法律评论》2009年。

② 关于双方合作的实例,载http://news.xinhuanet.com/fortune/2013-07/19/c_125033141.htm,访问时间:2014年5月1日。

样的假设存在如下缺陷:

(1)执行动力,事前监管的政治立场假设自然有先天的正当性,但是三大运营商在执行该类审查有任何直观的经济动力吗?作为上市公司,自身财报的审核与外界监督给它的执行动力打上大大的问号;(2)法律地位,对基础运营商的法律地位一直有争论,到底是市场主体还是政府主体一直纠缠不清,如果强行推行流量的内容审查,势必会引来又一轮舆论攻击(虽然有人认为大量的应用程序正在进行内容审查)。

综上所述,即使没有"网络中立"的政治枷锁,我们也难看到由运营商来执行这样的管制。在"法律、市场、社会规则、架构"四种规制力量来看,我们或许能从市场和架构的结合来找出一个可行的规制方式。现在,有专家提出另一种新型的拓扑结构,①放弃以往以服务器为核心节点的星形网络链接方式,转而以环形拓扑为链接的方式,通过对于信息检索者语义的检测,建立出一种新型的信息链接方式,称之为自适应应用配对(A2A)。② 通过语义检测去除了应用层协议管道中的不确定性,及时配对信息:网民可以立即获得你想要的信息、应用或者程序。这种市场与架构结合的方式肯定是未来的方向(现实的精准营销也对应的是这种市场结构),中间件的减少将创制出一种新型的信息链接方式。可以想见的是:推广这种技术肯定是科研机构,如果政府能够将这种链接方式纳入自己的监管范围,将大大减少由于信息不对称带来的不正当竞争行为。

(三)小　结

域名案件以及由其延伸的虚假应用类案件,其实只是由于互联网应用层中各类协议的开放性而导致的在互联网"入口"的一场利益争夺战。作为连接互联网世界的"门",其不正当竞争背后所引发的思考不应该仅仅是域名案件本身属性的思考,更应该考虑不同经济物种之

① 姜奇平:《将要浮现的 A2A 模式》,载《互联网周刊》2013 年第 11 期。

② 同上注。

间适用规则的异同。[1] 如果还是适用传统的后进制法律规则,那么不断变化的入口形态将让法律界无所适从,而失去规制的最终结果就像今天的单机游戏行业:慢慢萎缩直至消失。

五、代码层:公共资源与新型不正当竞争

(一)问　题

代码层是网络世界构建的基石,消费者在互联网上享用的服务皆是来自人类研制出的代码。因此,代码层是互联网行业的基础,是我们现在所接收的一切互联网服务的基石。从某种意义上来说,互联网行业正如同现实生活中的建筑行业,他们利用代码这一种架构不断调整我们在互联网世界上的地表结构,并以此来调整我们的生活方式。[2] 而我们原先也受益于在代码世界的"上帝模式",任何人都可以在不受规制的情况下不断创造出新的公共服务资源,并以此为基础改善我们的生活。

但随着信息资本主义的发展,商业力量和政府规制开始渗透入这个领域。他们跑到了代码的世界跑马圈地,并且利用法律和市场的力量不断升级着自己的庄园,像来往的每一个人收取各种费用,逐渐让消费者卷入到一个控制更多却自由更少的世界[3](但消费者总体的福利是否增加有待考察)。在本部分中,笔者将从两个视角来验证一些观点:第一,在代码层,公共资源并不如人们想象的增加;相反,它在不断减少;第二,对于新型的不正当竞争行为的认定非常有可能在减少消费者享有更好服务的权利。

---

① 胡凌:《互联网企业垄断》,载《文化纵横》2014年第1期。

② [美]劳伦斯·莱斯格:《代码2.0:网络空间中的法律》,李旭、沈伟伟译,清华大学出版社2009年版,第1~45页。

③ [美]安德鲁·基恩:《数字眩晕:网络是有史以来最骇人听闻的间谍机》,郑友栋、李冬芳、潘朝辉译,安徽人民出版社2013年版,第151~178页。

（二）代码与公共资源

2007年，当时已经占据通信市场第一份额的腾讯公司起诉陈寿福开发的“珊瑚虫版本QQ”侵犯其计算机软件著作权一案①在当时引起了社会的轰动。陈寿福作为珊瑚虫QQ的开发者，因为将QQ软件中的广告功能屏蔽，并且加入了显示IP地址等功能在当时的网络通信市场获得了大量用户的认可。这种行为对于当时的腾讯来说无疑成为其商业帝国发展道路上的一大阻碍，事件最终以陈寿福的败诉而结束。回头来看，我们可以找到不少当时由此引发的争论，在这个视角中，本文笔者试图通过回顾当年的事件而勾勒出我国计算机软件代码权利的保护轮廓，并在这个视角中证明如今的保护模式将遏制创新，不符合给予其特许权利的知识产权立法本意。

首先，我们必须明确的一点是：代码的编写是否受到我们国家法律的保护，答案显然是肯定的。因为根据《著作权法》的规定，计算机软件的作品自然属于著作权保护的对象。而在上述案件中，腾讯公司为其受到著作权侵害的几款软件程序都相应的进行了计算机软件程序著作权登记，②从当时的判决书来看，由于腾讯公司自身拥有着对于QQ软件的著作权权利，而珊瑚虫版QQ的运行方式利用的是QQ软件中程序指令的调用，那么根据“抽象、过滤、比较”三原则来看，珊瑚虫版QQ自然而然属于侵害腾讯公司的计算机软件著作权，虽然写代码的陈寿福曾抗辩珊瑚虫只是一个插件。如果使用线下实体文字的著作权保护来类比，那么这个案件的事实就是：一本书的书评在未经过该书的原笔者的许可下即发行带有整本书的书评，而非单单是书评本身；从这个角度来看，那这本书的书评人的行为自然而然是侵犯腾讯公司的著作权。如若由此推理，对于线上计算机软件，自然而然对于其著作权保护应该毫无疑问的适用传统“许可+例外”的著作权保护模式。

其次，我们必须注意到的一点是：计算机软件本身的属性决定了线

---

① 参见北京市海淀区人民法院(2006)海民初字第25301号民事判决书。

② 2005SR0683号计算机软件著作权登记证书；2006SR13313号计算机软件著作权登记证书。

下的著作权保护不能照搬到计算机软件之上。众所周知,编译软件所适用各类机读语言(C\C++\JAVA等)的编写本身模式(算法、子模与模块的集合)是软件程序编写者的思想的体现,那么这种编译思想是否受到现有法律的保护呢?根据《计算机软件保护条例》第6条的规定,对于软件著作权的保护并不延及开发软件所用的思想、处理过程、操作方法或者数学概念等。若是到此为止,我们可以欣欣然的得出一种结论:现有的计算机程序著作权保护十分合理,它既符合保护著作权人的物质激励要求,又因为不保护其计算机程序著作权的算法与思想而让能够使用这个软件的人(一种公共资源池)都能因为其提供的代码而获益,这种的版权制度设计使得公共资源池会越来越大,整个社会的创新由此而产生质的提高。①

但制度构想与现实的偏差让这个案件显得颇为讽刺。理论上既然能够获取如此众多的计算机软件的代码资源池,陈寿福作为北京理工大学的最年轻计算机中心主任,难道真的不可能在未侵犯著作权的情况下写出一款无广告的通信软件吗?

(三)文字与代码

让我们从程序编程自身与书面文字的区别来说起。程序自身有两种"面目构成"(一体两面),一种叫目标代码,另一种叫源代码。② 所谓程序的目标代码;就是代码化的指令序列,是指用可体现为一串电脉冲序列的一串二进制数(由"0"和"1"组成)编码的指令。这种电脉冲序列是用来驱动计算机硬件工作(以取得某种结果)时的计算机程序的形式。由于这种二进制数编码能够被计算机所识别和执行,又被称为机器语言。早期设计程序时往往就直接采用这种机器语言形式表示指令。但这种形式很难被人理解,更难以被人记忆,使用时极不方便。因此人们随后开发出了这种指令的符号化表示形式——比较接近于人类自然语言的汇编语言,以后又开发出多种用于编制程序的高级语言

① [美]克莱顿·克里斯坦森:《创新者的窘境》,胡建桥译,江苏人民出版社2001年版,第1~15页。

② 参见计算机保护条例第3条第1款,等同准则。

(如 COBOL、FORTRAN、BASIC、C 等)作为在程序开发过程中表示处理信息的逻辑步骤的工具。

因此,对于一般的软件用户来说,只要获得一个程序的目标代码既可以驱动硬件进行程序操作,而源代码则非必需品。但就是源代码是否需要公示这个缺口(这是非常重要的一点)的存在,导致了计算机版权制度引起一个重大问题:公共的思想资源正在代码层不断减少。

代码和书本上文字一样,本身都属于非竞争性资源,它们都只是一种思想的载体,载体本身可以保护,但却不该是"无限期式"的物权保护制度。从书籍使用的角度出发,只要看过书籍(或称之为享受过书籍带来的思想服务),书本自身蕴含的思想变可以得到传播,思想的公共资源池边际又得到了进一步的扩大;而软件由于只提供目标代码而不提供源代码,享受软件服务的使用者并不会因为使用软件而获得传统著作权意义之上知识的累积,并且由于著作权的存在而使得源代码自身的存在成为一种专有权利:根据中华人民共和国国家标准 GB5271.7－86《数据处理词汇第 7 部分:计算机程序设计》有关解释,源代码是用源语言编制的计算机程序,受到法律的明确保护。根据该标准的观点,源代码是计算机软件的核心内容,是软件设计方案的具体表现,一旦被公开,软件的核心技术即泄露,从而会失去应有的商业价值,这是它获得法律保护的最直观原因。

如前所述,法律制度上的鼓励商业巨头们不公开自己的源代码的做法遏制了代码编写这种思想公共资源池的增长(人们没办法通过不公示的代码获得代码编写技能上的提高),然而知识产权法的立法目的是通过合理的方式保护思想公共资源的扩大以促进整个社会的创新。但现实却是在代码层,由于商业利益的存在,法律成了信息资本主义的保护伞,源代码这种原本应该完全属于公众的资源(或出于激励制度的考量只应该给予少数期限的垄断保护),它所带来的效益却正在被慢慢抹杀。已经有不止一个判决将源代码视为是一个公司的完全不应该公开的"商业秘密"并予以无限期的保护。事实让我们明白,信息资本家利用法律度身打造的利益武器正在慢慢扼杀人类社会原本应该存在创新可能。①

回到案件本身,陈寿福是否自身能够利用腾讯公司的源代码创制出一个没有广告功能的版本暂且不论,但现有的法律制度甚至剥夺了他创制出这种程序的可能性——他获取不到腾讯出产的通讯软件的源代码。打个不恰当的比喻:信息资本家正如同中世纪的宗教掌控者,利用宗教体系的符号进行思想的交流。可这种交流具有天生的阶级性,而宗教掌控者也利用这种方式掌控世间的思想流通并以此谋取巨额利益,这就是为人所熟知的"黑暗的中世纪",而我们现在则可能在重复这个过程。

公共资源的存在是人类不断创新的基础,在非竞争性资源的世界中,没有公地的悲剧。然而法律的存在则成了信息资本主义跑马圈地的基础,任何人别想从他手里分一杯羹。倘若商业巨头们把持源代码不放,思想的流通自然而然被不断的减缓,这显然有悖于版权制度存在的前提。当然,不是说计算机软件著作权不应当受到保护,那会让整个软件代码编写行业的人员都丧失积极性,笔者想说的是:我们如何设计这种特殊的"一体双面"式的思想载体,以让整个公共资源得到更大的扩张。在上一个十年里,中国特有的盗版反向工程反而帮助了中国本土软件行业的蓬勃发展;②但在下一个十年中,中国的本土巨头们显然不会像他们刚出生时面对盗版的宽容。

(四)代码竞争与网民权利

2010年,奇虎公司(360)与腾讯公司在多达4亿网民的桌面上掀起了弹窗大战,双方均以揭露对方对于用户电脑的不法行为来达到"让自己留在用户桌面最后一秒"的目的。事情发展到后来甚至出现了人为的软件不兼容以迫使用户选择一个平台加入。但随着工信部的约谈,双方各以一张诉状将对手告上了法庭:腾讯起诉奇虎不正当竞

---

① [美]劳伦斯·莱斯格:《代码2.0:网络空间中的法律》,李旭、沈伟伟译,清华大学出版社2009年版,第1~45页。

② 冯象、李一达:《知识产权的终结——"中国模式"之外的挑战》,载《文化纵横》2012年第6期。

争,而奇虎则诉称腾讯垄断且滥用市场支配地位——这就是“3Q大战”的始末。

这个视角承接上文:在互联网企业利用《著作权法》《计算机软件保护条例》等高筑起了自己的商业大厦之时,互联网企业自身之间的竞争却也显示出了其独有的面貌,“3Q大战”这个现实存在的研究标本需要我们深度剖析。这一章想要说明的是:作为网民的消费者,很可能因为现在对于不正当竞争案例的判定而减少我们享有更好的互联网服务的权利。

1.解码大战

通常的研究认为,①(2011)粤高法民三初字第1号民事判决书中,奇虎涉及的不正当竞争行为是通常意义上的商业诋毁,因此大量的研究都旨在证明两个关系:竞争关系以及是否散布事实。通过这两点以论证是否满足《反不正当竞争法》第14条对商业诋毁的规定。

然而通看判决书,笔者必须指出的是,这其中一共包括了三种不正当竞争行为的认定,除了前述的商业诋毁,还包括两种只在代码层才能出现的竞争行为,即诱导点击以及第三方插件竞争行为。本文并不讨论诱导点击,而主要讨论的一点是:第三方插件这种强行寄生于他人计算机软件著作权之上的商业模式已经成了业界流行的竞争方式是否属于不正当竞争。基本上流行的软件都会有第三方插件的加入以帮助计算机软件的用户更好地使用该项软件服务,这里值得探讨的是:在代码层中,究竟怎样的插件行为才属于不正当竞争?

首先,我们需要明晰的是第三方插件的法律地位。插件的概念已经被无数次的定义(本文将插件与游戏外挂的法律性质等同),我们这里采用的是常规的定义方式:是指一种遵循一定规范的应用程序接口编写出来的程序,主要是用来扩展目标软件功能,②若是通俗一点,就

① 吴一兴:《互联网环境下安全软件的同业监督与商业诋毁》,载《电子知识产权》2013年第11期。

② 周洪涛、单晓光:《第三方插件与软件著作权保护——以珊瑚虫版QQ案为视角》,载《东方法学》2008年第5期。

是非软件著作权人的第三方开发者,利用目标软件自身提供的程序进口而进行的应用内再开发,即在目标程序上加入一个程序。

其次,我们需要了解关于插件与原著作权软件之间的关系,对此我们可以进行简单的归纳:根据原软件著作权人是否给予其著作权使用许可为基础,将第三方插件简单的分为两大类:授权的第三方插件与未授权的第三方插件。[①] 从现有的案例来看,我们所有的不正当竞争都是在未授权的第三方插件下产生的,而这种第三方插件往往需要使用其他手段(因为他无法获取目标程序的源代码)来"绕着"目标程序完成对于目标软件功能的修改,例如,反向工程性的直接修改(QQ珊瑚虫版本);系统拦截型的基础平台功能修改("3Q大战"中360使用的QQ保镖就是禁止QQ软件启动本地WINDOWS系统提供的功能);以及封包拦截型的对于计算机程序的溢出数据进行修改方式(这往往体现出现在网络游戏中,比如外挂的存在)。[②] 当然了,只有第一种修改行为直接修改了计算机软件的源代码,而后两者没进行类似的行为。

然而,仅仅了解现有的关于插件的法律条文,并不能帮助我们明白完全理解在代码层的不正当竞争究竟是怎么一回事,我们需要总结实务界发生的案例,并找到共同点,以帮助我们理解它如何违反了现有条件下的《反不正当竞争法》第2条的一般条款。

目前现有的代码层在主流的商业应用中有三个主要的区域:个人电脑端、网页云服务端以及移动端。在三个不同的互联网端口中,都已经发生了互联网企业的不正当竞争案例。比如,在个人电脑端,著名的"3Q大战"即是360公司开发了一款QQ保镖软件,利用了系统拦截型的方式,阻碍了QQ程序调用WINDOWS系统的一些功能,进而达到所谓的"保护用户隐私功能";在网页云服务端,第三方插件的不正当竞争往往体现在视频业,比如金山与优酷的互相起诉,其实质都是双方利

---

① 齐爱民、周伟萌:《第三方软件法律问题剖析——从"腾讯与360之争"谈起》,载《法学杂志》2011年第11期。

② 同上注。

用了封包拦截型技术,互相屏蔽对方(金山屏蔽优酷的广告,而优酷则限制猎豹浏览器的视频播放);而在移动端,由于玩家混杂,出现的不正当竞争案例也稀奇古怪,例如,做浏览器的优视与做视频的优酷因为优视的浏览器能否退出针对优酷视频的下载功能而进行了诉讼,当然了,这不仅涉及了封包拦截技术,也包括了优视公司对于优酷网页著作权改造的技术。

在这三个领域发生的商业不正当竞争案例都有其鲜明的特色:

首先,是竞争主体的模糊化。我们可以发现,在互联网内容服务业,因为前文所述的广告模式的存在,近乎所有的互联网同行都已经获得了"同业竞争者"的法律概念,这大大简化了法院认定的过程,"广告模式"的认可让曾经引起激烈讨论的问题现在已经不再是一个"法律问题"。

其次,是竞争手段的多样性。如前文所述,第三方插件存在就是互联网行业竞争激烈的证明。请注意,在这里,插件本身存在的样态是不重要的,它可以独立存在,可以集成于主体软件;它所使用的技术也是不重要的,因为主流的三种插件技术都是在未经授权的情况下发生的,这必然涉及对于原软件的著作权的修改权的侵害,这是互联网竞争最大的特色:代码的加入使得互联网服务的改造变得异常简单,无论是大公司还是小公司,都可以使用代码进行现有服务的升级,当然,这种竞争手段自身的存在是否正当则是另当别论的一件事。

再次,是主观恶性的判断的无限简化。现有的互联网企业不正当竞争判例都有一个特点即被告公司在竞争时的主观恶意被无限的简化了,现在判定的逻辑是:在他人并无授权软件著作权修改的情形下将对于他人软件的修改进行商业运用就基本可以等同于其主观恶性的存在。当然,只要被修改软件的著作权人不进行起诉,那双方的和平时间还能持续很久,就像番茄花园软件和微软之间的起诉纠纷一样。

最后,本文认为现有的代码层互联网不正当竞争的行为模式、不同于无法直观体会的《反不正当竞争法》第2条,现有的代码层的不正当竞争的条件一般为:在未获得原软件著作权人的同意下,利用代码技术对于某一程序进行功能上的修改,并将其投入于互联网商业市场,这样的行为即可构成不正当竞争。其中,代码技术和互联网商业市场是可以不断变化和替换的变量。

2.问题与思考

然而,笔者发现的业界现状却是消费者似乎十分热衷于使用“不正当竞争”后的软件,例如,没有广告的通信软件或者能直接下载视频内容的浏览器。当然,消费者自身没有法律判断能力,他们只选择对于自身精神消费有利的选项。倘若在物理世界,竞争行为的出现必然伴随着价格的波动影响人们的选择;可享有互联网服务时,消费者不需要使用一般等价物(货币)进行支出,因此,无论软件如何更改,对于消费者来说他们的物质支出并不会增减,以这样的前提来说,这种不正当竞争行为真的对于消费者不好吗?

本文认为,这是互联网所谓的开放精神与传统竞争性资源所决定的物理模式中的商业道德最大冲突的体现:互联网的开放精神是指以开放的态度使更多消费者获得更好的服务,这是由于其代码所导致的软件属于非竞争性资源的本质属性所决定的(一份资源对应无数人且不会减少该资源本身的属性)。在西方,浩浩荡荡的自由软件运动就是一例实证。

但现有的竞争法规制体系仍然在使用竞争性资源下商业模式中的思维方式:市场中某一稀缺资源会随着新加入者的进入而减少,因此,给予市场先驱者法律保护是必要的,以免市场竞争的无序最终会导致消费者福利的减少。这样的司法认定思路导致了冲突的产生:在代码的虚拟世界,软件本身的不断升级最大的受益者就是消费者(网络服务使用者),倘若固执于物理世界的商业规则,将软件著作权高高挂起,建立起商业模式的圈地保护,不让互联网同业者进行商业创新,那么互联网所谓的开放精神则完全消失,最终受害的是广大互联网服务使用者。

而现有竞争行为在代码层的认定可以说是现有法律条件下法院维持互联网行业商业秩序的一个缩影:互联网服务行业棱角分明,不能进行跨业竞争(内容归内容,安全归安全,通信归通信),而这本身对于互联网开放精神的出发点则是种背叛。也就是说,现有的法律并不能保证消费者享有到互联网服务创新所带来的便利,所谓的新型不正当竞争认定,只不过是商业巨头在保护自己的商业利益下进行的一种保护措施,可这种保护行为本身就可能是违法竞争法制定时的宗旨。

(五)小　结

竞争法试图保护竞争秩序,可保护的对象则因为代码自身的特性阴差阳错的换了位:原先物理世界保护竞争秩序是通过规制商家来保护消费者;而在代码世界,由于法律对于这一问题的认识仍然十分模糊,因此,这样规制反过来却使消费者的享有更高服务的权利不断减少。在这笔者并不是强调我们不需要保护不正当竞争的相互企业,让其在屏蔽双方服务的道路上越走越远,而是让需要加入消费者的考虑角度,多以他们的角度出发去思考这个问题。毕竟,代码作为一种特殊的资源,其保护模式不能一概而论。

六、结　论

本文通过对于不同的层级产生的竞争行为进行了梳理与法律分析,得出的结论是:

在内容层,由于大型传播节点的存在,我们可以通过控制节点来达到控制虚假宣传的目的,以制止这种不正当竞争行为;在应用层,通信协议本身的中立性导致了域名类案件的频发,但现有的技术发展会让信息的传播变得更加精确,而监管主体也可以借鉴技术的进步以消灭信息传播不精确所带来的危害;而在代码层,技术创新却导致公共资源在飞速减少,人们从现有的代码机制中获取的知识是有限的,这有可能会阻碍了创新发展的可能性;同时,在现有法律下认定的代码不正当竞争行为本身并不为消费者服务,这反而成了互联网行业划定楚河汉界的一种法律方式,不利于行业融合,更不利于产业升级。

最后,通过现实我们可以发现,现有的中国互联网行业与美国、欧洲的互联网行业完全不同,不能直接生搬硬套他们法律体系中的条款来直接运用。以美国为例,"网络中立"一直是美国互联网行业的"达摩克利斯之剑",而在中国,OTT也成了2014年中国互联网业界的暴风眼,因此中国是否需要"网络中立"条款则成了另一个热点问题。然而,对比中美,最大的问题就是互联网基础运营商的归属区别,不同于美国,我们国家的互联网基础运营商承担了大量的政治任务,例如,帮助少数经济不发达地区改善其通信条件等,可以说在整个社会体系中他们的承认的社会责任是完全不同的,倘若照搬"网络中立"原则,那么我们国家的互联网基础运营商就像西方国家一样,变得以经济利益为导向而非国家任务为导向了,虽然它们都是上市公司。由此可见,中国的问题只能在中国背景下去解决,而绝不是"拿来主义"。

本文的构建基于互联网层级的划分,可能在内容的分析与逻辑的构建上仍有很大的不足,但本文的层级视角构建应该是有助于目前法律对于互联网不正当竞争行为的有效规范的。

《法律和社会科学》(2016)
第 15 卷第 1 辑,第 211 ~229 页

视听网站监管的逻辑变迁

徐　斌*

摘要:中国视听网站的监管逻辑经历了四个时期的变化。政府早期以通信系统安全为目标,围绕网站的存储空间特性展开治理;随着三网的发展,政府侧重以意识形态安全为目标,围绕视听网站的媒体身份展开治理;民用宽带的扩展使得视听网站转变为自发自播的播放平台,司法机构对此逐步形成了国内视听网站发展所需的基本规则;移动通信技术普及了公民的网络社交行为,视听网站的社交媒介身份正在成为网络言论治理的着手点。

2014 年 1 月 21 日,国家新闻出版广电总局发布了此前印发的《关于进一步完善网络剧、微电影等网络视听节目管理的补充通知》(以下简称《补充通知》)。《补充通知》针对 2012 年 7 月颁布的《关于进一步加强网络剧、微电影等网络视听节目管理的通知》,进一步加强了网络视听内容的管理。《补充通知》强调了互联网视听平台转发

* 中国社会科学院法学研究所助理研究员,电子信箱:pkuxubin@163.com。

UGC(User-generated Content,用户生产内容)作品时的实名认证程序,并弥补了PGC(Professionally-generated Content,专业生产内容)制作机构一律持证制作的漏洞。

换言之,视听内容的发布平台作为内容沟通的媒介,必须对视听内容的发布者采取认证机制。此份《补充通知》的发布意味着目前主导互联网视听的主流平台网站正式纳入政府的媒介监管体系当中。但在互联网技术进入中国的早期,政府对于视听网站的监管还局限在网络存储空间的逻辑中。从空间到媒介的监管逻辑变迁是如何发生的?这是本文试图解决的问题。本文的主要论点是,随着互联网带宽与移动通信技术的发展,视听平台的性质发生了变化,从而改变了政府治理的对象与目的。

一、计算机通信系统安全下的网络存储空间

互联网技术进入中国后,政府一直积极地应对新事物的挑战。人们对互联网最初的认知来源于国内外信息的互联互通。信息的互联互通给国内的通信安全带来了挑战。由此,中国的互联网治理首先从互联网通信安全着手。

如何保障互联网的安全?解决这个问题的前提是认识互联网的性质。而在当时,国家对于互联网的想象更多的是基于对"邮政通信系统"的模拟。在技术革命之下,邮政、电报、电话到互联网分享了相同的网络逻辑,中国早期的电话、邮政、电报与网络服务也因此统一为邮电部门。[①] 在同一网络逻辑之下,对互联网的认识更多的是基于对物理硬件的系统搭建,即当时普遍流行的"计算机通信系统"概念。计算机通信系统,是指将地理位置不同的、具有独立功能的多台计算机及其外部设备,通过通信线路连接起来,在网络操作系统、网络管理软件及

① 方军:《惊人相似的革命:从电报到互联网》,载《互联网周刊》2001年第9期。

网络通信协议的管理和协调下,实现资源共享和信息传递的计算机系统。①

计算机通信系统与邮政网络之间的相似性可以简单类比如下:计算机网络的层次结构中协议和接口起到了关键性的作用,协议和接口正如邮政系统中的各种约定一般。一方面,协议好比邮政系统中相同部门之间有关工作分工流程的约定,例如,邮政协议指的就是邮编和地址,以方便邮局内部人员分拣信件;另一方面,接口好比邮政系统中不同部门之间的约定,例如,交通运输接口等信件分练之外的其他部门,他们的工作协议就是方便邮局根据价格表选择相应的合理服务。② 当然,这种想象与时代的技术发展密不可分。在当时,计算机的物理硬件十分昂贵,只有国家机关单位与科研机构才能够配备计算机终端。这也体现在《计算机信息系统安全保护条例》(以下简称《保护条例》)中,《保护条例》第4条规定:"计算机信息系统的安全保护工作,重点维护国家事务、经济建设、国防建设、尖端科学技术等重要领域的计算机信息系统的安全。"计算机信息系统的使用单位应当建立健全安全管理制度,负责本单位计算机信息系统的安全保护工作。

正是在互联网的"通信系统"的认识基础上,国家于1994年首次颁布了上述保护条例。不出所料,该文件首先解决的就是互联网安全问题。《保护条例》首先规定了物理意义上的网络。该定义体现了物理硬件(计算机系统)与邮政逻辑(信息系统)的结合:计算机信息系统,是指由计算机及其相关的和配套的设备、设施(含网络)构成的,按照一定的应用目标和规则对信息进行采集、加工、存储、传输、检索等处理的人机系统。由此,对于以物理硬件连接而成的通信系统的安全保护主要集中在物理设备的稳定运行。"计算机信息系统的安全保护,应当保障计算机及其相关的和配套的设备、设施(含网络)的安全,运行环境的安全,保障信息的安全,保障计算机功能的正常发挥,以维护

① [美]Andrew S. Tanenbaum:《计算机网络》,熊桂喜、王小虎译,清华大学出版社1999年版,第1页。

② 蒋天宏:《计算机网络浅析》,载《科技创新导报》2011年第10期。

计算机信息系统的安全运行”。

随着通信系统的发展,它的保护措施也逐步上升到法律层面。在2000年的刑事法律修订中,全国人大常委会设置了“破坏计算机系统安全罪”。[①] 其中,所谓的“安全”仅仅指的是作为物理层级的服务器以及维护通信运行的操作系统。在此,法律的世界中并没有当今人们习以为常的互联网这样的虚拟世界。当然,承担一系列安全政策与法律实施的部门主要是公安部。

总的来说,在这个阶段的互联网治理中,互联网只是一个类似电话、电报的升级版沟通工具。由此,安全治理的重点主要集中信息发送、传输与接受设备的安全与稳定。通信安全,而非内容安全,成为互联网治理早期的议题。而通信安全的治理思路就是精确监控通信系统中的每个重要的信息转发节点,从而完成“以点带面”的安全治理。其中,最重要的节点就是类似“机房”这样的大规模信息存储空间。《保护条例》对于人机系统的保护就包括了对于计算机机房的保护:“计算机机房应当符合国家标准和国家有关规定。在计算机机房附近施工,不得危害计算机信息系统的安全。”1996年公安部下发《公安部关于对国际互联网的计算机信息系统进行备案工作的通知》,建立了备案系统。再加上此前颁布的《计算机信息系统安全保护条例》和《计算机信息网络国际联网安全保护管理办法》,形成了初步的计算机通信系统安全网络。

但是,随着民用计算机的逐渐普及,网民数量的迅速发展,以网站为单元的信息产业模式逐步形成。针对这个信息产业的调控,中国在1998年单独设置了“信息产业部”。信息产业部的治理主要集中在代

---

① 全国人民代表大会常务委员会《关于维护互联网安全的决定》于2000年颁布,条款首先聚焦通信系统的安全保障,第1条规定,为了保障互联网的运行安全,对有下列行为之一,构成犯罪的,依照刑法有关规定追究刑事责任:(1)侵入国家事务、国防建设、尖端科学技术领域的计算机信息系统;(2)故意制作、传播计算机病毒等破坏性程序,攻击计算机系统及通信网络,致使计算机系统及通信网络遭受损害;(3)违反国家规定,擅自中断计算机网络或者通信服务,造成计算机网络或者通信系统不能正常运行。

码与服务器层面。[①] 因而,逐步形成了以存储空间为中心的网站治理。在这个意义上,散落在全国各地的网站替代了可见的机房,成为互联网存储空间治理的新对象。以网站替代机房作为互联网治理的核心已经表露出互联网的技术革命所带来的观念变迁。它已经不同于以往的电话、电报的信息沟通机制,成为一个多对众的散状沟通结构。这些沟通的元素就是信息。而信息的沟通依赖于信息的集合。这个集合与存储信息的地方的就是众多的网站。因而,面对海量的信息生产与传播的互联网世界,国家只要把握住了信息的交通枢纽——网站,就可以把握住整个信息社会。

视听网站在这个背景中也被理解为一种音、视频信息的存储空间。在存储空间的逻辑中,视听网站并没有因为存储内容的类别而获得独特的治理政策。这些视听网站因为存储空间的身份而逐步进入认证与备案制度中。特别是2000 年的电信业重组,互联网技术从 web1. 0 走向了 web2. 0。飞速发展的网名数量与网站数量服务种类,网络安全备案的责任逐步转移至新成立的信息产业部。相继开展的 ICP 备案与清理运动,以及此后颁布的互联网站管理工作细则,使得国家基本完成了对于互联网的活动人员的登记认证。此后的网站主要通过先备案后接入的方式来保障身份认定工作。2000 年,国务院颁布的《互联网信息服务管理办法》标志着认证备案的初级阶段结束。

总而言之,由于外部安全压力的影响,视听网站首先是音、视频信息的存储空间,国家对于网站的治理首先从计算机通信系统安全的角度展开,最终,围绕其建立了完备的认证与备案制度。而对于视听网站的早期理解更多的是基于存储空间而非放映平台。在当时的宽带技术条件下仍然没有在线视听网站——边播边看——概念的诞生,而只能是提供用户稳定下载的网络存储平台。也正是在安全治理的目的下,早期的视听网站的法律法规关注网站的认证与备案,在网络的海洋中寻求国家的权威认证。

---

① 胡凌:《一九九八年之前的中国互联网立法》,载《互联网法律通讯》第 3 卷第 7 辑。

二、三网融合与媒体身份的确立

21世纪的电信业重组也带来了另外一个问题,即三网融合的技术前景。三网融合指的是电信网、广播电视网、互联网在向宽带通信网、数字电视网、下一代互联网演进过程中,三大网络通过技术改造,其技术功能趋于一致,业务范围趋于相同,网络互联互通、资源共享,能为用户提供语音、数据和广播电视等多种服务。

因为三网融合技术前景的出现,视听网站的通信安全议题开始转向由广电部门主导的信息社会建设。广电部门的治理思路在延续了公安部主导的通信安全逻辑之外,重新开辟了新的思路。

三网融合初期的讨论主要集中在未来的信息沟通机制是以电信光缆网为主导,还是以广播电视网或计算机网络为主导?在三网之中,由于职能的分配,主导广播电视网的广电部门提出通过将有限电视网络转型至数字电视网络,在未来的网络信息社会建设中获得优势地位。这种战略思想被“信息热点理论”所支持,也正是在三网融合的争论过程中,广电部门逐步确立了视听网站的新属性——媒体身份。

中国有线数字电视奠基人、时任广电部信息网络中心主任的陈晓宁也参与了有线电视网络的构想。在他看来,“未来的信息社会中,有线电视由于频带宽的特点已经成为信息产业界公认的信息高速公路的主要网络资源”。① 而网络之所以受到这位传媒人士的重视,乃是因为互联网将世界推向了网络媒体时代。尽管网络媒体首先来源于通信概念,但却必须注重其中的媒体要素。由此,网络媒体除了要接受网络安全管理之外,作为媒体也要接受媒体行业的管制。在内容审查方面,电信业与媒体业拥有相同的属性。“在电信行业,法律规定经营者是不许检查用户内容的。可见网络媒体是更靠近媒体业的新生事物。”②在

① 陈晓宁:《走向信息网络社会》,载《广播电视信息》1999年第9期。

② 同上注。

三网融合的未来中,陈晓宁畅想未来的网络媒体的特征应当是高带宽、低门槛,分布与集中相统一的数据库资源,视频、音频与数据服务紧密结合。在现代看来,这一切因为电视盒子的出现而由各大视听网站所承载,成为音频、视频与数据服务集中的站点。但在当时,这样的网络媒体特征导向的是对有线电视网络的改造与升级。

与三网融合的主导权思路不同,新媒体思路一开始就从媒介的角度来理解网络。概言之,当前网络时代中的媒体不过是舞台媒体、纸介媒体、广播媒体的历史演变。“媒是随着体的发展而发展的,体是随着媒的发展而实现自己的社会价值”,①传媒的每一次质的发展,都是由于新的技术或新的介质的出现而发展的。三网融合也应当放在媒体思路中来理解,而不应当将媒和体分开,通信与媒体融合进行思考。互联网技术带来的新的“体”带来了新的媒,这就是信息互联高效的网络新媒体。②

陈晓宁在这份“1999年全国有线电视网络工作研讨会的报告”中进一步发展了信息热力学理论。中国工程物理研究院李幼平提出信息网络的结构是由网络上流动的信息的熵值决定。即用一个网络中,同一时间内同一信息源被使用的次数的转换数值来表达信息熵的热度。由此,电信、广播电视、计算机三网的存在代表了不同熵值的信息用不同的网络进行传输,从而达到信息传输效率的最大化。面对未来的高宽带视频信息传输,数字电视网络无疑是有效合理的选择。此外,在信息安全的考量方面,由于区分了通信与媒体,广播电视网的安全工作也不同于互联网早期的存储空间思路。互联网仍然可以面向全世界完成互联互通的信息沟通,但是广播电视网是一个分配网,主要以点对面的方式对用户提供服务。由于服务的范围广,“左右社会舆论和影响社会文化的能力很强,是所有国家的社会工具,所以一般都严格控制,不轻易对外开放……一个国家搞政变,首先占领广播电台,而不是占领电

① 陈晓宁:《试论新媒体》,载《广播电视信息》1999年第9期。

② 在论及视听网站的媒体身份时,为了强调其中作为与纸质媒体的技术区别,本文会采用媒介来表述。

信局。”①由此,广电部门所主导的网络安全更多着眼的新媒体发布的信息内容上的意识形态安全。

在此治理目的之下,由广电部门主导的网络治理从媒体性质的定位着手。1999年颁布的《关于加强通过信息网络向公众传播广播电影电视类节目管理的通告》(以下简称《通告》)首次从互联网视听平台的媒介身份进行了法律构建。在当时的三网融合背景中,这种互联网视听网站更多的是传统媒体在网络世界中的投射,是以有线电视为主导的网络治理方案。《通告》只有简单的6条,共650字。就当时人们对于新兴互联网的陌生性与警惕性,《通告》主旨仍然停留在传统媒介对于互联网这种新兴媒介的防御中。《通告》是通过行政法制的手段来保护传统媒介以及国内意识形态安全问题。针对前者,《通告》在第2条明确规定在境内通过信息网络传播广播电影电视类节目,不得擅自使用“网络广播电台”“网络中心”“网络电视”等称谓。针对后者,《通告》在第3条要求“经批准通过信息网络传播的广播电视新闻类节目(包括新闻和新闻类专题),必须是境内广播电台、电视台制作、播放的节目”。从而防止国外信息通过互联网渗透。这种稀缺性的法律拟制也体现在后续的法律规定中,如2003年提出的传统媒介与网络媒介的一一对应关系:“中央、国务院各部、委、局只可有一家下属单位从事视听节目网络传播业务。中国广播影视集团下属及控股、参股的企事业单位(除中央人民广播电台、中央电视台、中国国际广播电台外),只可有一家单位从事视听节目网络传播业务。”

1999年的文件规定中,国家已经把互联网视听平台定位为媒介平台,期望将互联网构建为新兴媒体,从而附加上传统媒介的监管技术。与广播电视等传统媒介相比,面对海量的网址资源,互联网的视听平台没有类似波段频谱这样物理资源限制。由此,媒介监管体系的发展基础首要解决的是互联网的视听平台资源稀缺性的法律拟制。即互联网视听平台的准入制度。《通告》第1条首先确立了广播电影电视类节

① 陈晓宁:《试论新媒体》,载《广播电视信息》1999年第9期。

目的互联网传播的国家广播电影电视总局批准制度。而视听平台准入制度的完善一直要到2008年为止。

不同于以存储空间为基础建立的类似户口制度的互联网备案制度,视听平台准入制度的核心在于“许可证”制度。2004年与2008年分别出台的《互联网等信息网络传播视听节目管理办法》(以下简称《管理办法》)《互联网视听节目服务管理规定》(以下简称《管理规定》)共同建立了许可证制度的法律基础。《管理办法》按照传统媒介的身份定位,确立了国家广播电影电视总局对视听节目的网络传播业务实行许可管理,“通过信息网络向公众传播视听节目必须持有《网上传播视听节目许可证》”。在此基础上,《管理办法》依据传统媒介的管理逻辑确立了互联网视听的分类管理:“国家广播电影电视总局对通过信息网络传播的视听节目按以下四个类别实行分类管理:(1)新闻类;(2)影视剧类;(3)娱乐类,包括音乐、戏曲、体育、综艺等;(4)专业类,包括科技、教育、医疗、财经、气象、军事、法制等。”从而,就各个类别的视听业务,网站必须获得相应国家部门的许可与经验。开办新闻类视听节目的网络传播业务需经国务院新闻办公室批准;开办影视剧类视听节目的网络传播业务需有网络传播业务2年以上经验;企业开办信息网络传播视听节目业务,须由地级以上广电、新闻、出版、文化等宣传单位作为业务主管部门。

《管理办法》还为许可证制度建立了3年有效期与年检制度。2008年《管理规定》进一步升级许可证制度,将法律拟制的许可证与信息网络硬软件平台及其他技术支持结合在一起。其中的电信备案制度使得互联网视听的许可证与网站的域名和IP地址捆绑在一起,从而杜绝了租用政府监管领域外网络服务供应商的规避做法。电信备案制度指的是取得许可证的单位,应当依据《互联网信息服务管理办法》,向省(自治区、直辖市)电信管理机构或国务院信息产业主管部门申请办理电信业务经营许可或者履行相关备案手续,电信主管部门应根据广播电影电视主管部门许可,严格互联网视听节目服务单位的域名和IP地址管理。

总而言之,普通网站平台在互联网中起到的是信息的收集与聚合作用,如互联网初期的BBS、论坛等。这种平台的性质定位为网民分享的信息存储空间,即所谓的网络服务提供商(ISP),只提供虚拟信息的“仓储”服务。各类视听网站的前身都希望做到“拍客”分享的视频信息存储平台即属于ISP。而以许可证制度为核心的准入制是以媒体的逻辑来理解视听网站。正是在许可证制度的引导,中国的互联网市场建立了初步的视听网站格局。随着网络市场的发展,视听网站逐步整合了媒体与存储空间两种身份,它们即可以是视听信息内容的发布者,也可以是信息传播者。这种改变也促使政府治理逻辑的变迁。

三、视听产业与法院治理

网络认证、备案与许可制度是中国国家治理能力现代化的过程之一,属于国家认证体制的一部分。[①] 这些认证制度可以说是完成了国家对于组成互联网的各个元素的识别,使得每一个使用互联网的具体的人变成了抽象的IP地址。

国家的网络认证初步结束,网络的民用化浪潮真正来袭。1998年,信息产业部发布《关于计算机信息网络国际联网业务实行经营许可证制度有关问题的通知》,为互联网商业模式开启了规范市场。在此之前,网络产业总是游走于法律的边缘,头顶上悬着“达摩克利斯之剑”。但是,互联网视听产业的后续发展却是由法院而非相关部门组织机构来推动完成的。在很大程度上,这是因为中国的准司法体系并没有完全建立。除了商标局、专利局等机构在知识产权领域建立了初步的准司法体系,其他领域仍然采取的国家与社会的二元对立治理模式,并未采取吸纳社会惯例的动态协商治理模式。就连执行反垄断、反不正当竞争等涉及市场经济竞争充分性的机构,如商务部、发改委,建

① 欧树军:《基础的基础:认证与国家基本制度建设》,载《开放时代》2011年第11期。

立的准司法机构因为多头管理的缘故也逐步丧失了国家与社会的互动机制。互联网视听领域,恰恰因为多头管理的各个部门采取的不同的思维逻辑,有效地避免了因为职权的冲突而导致的规则的停滞不前。政府治理由此呈现出一种多层次、多元化的政策格局。网络安全由公安部承担,传媒生态由广电部门承担,而视听产业本身的发展在过往十几年中是由法院来承担的。

面对商业利益引发的侵权问题,首先做出治理策略转变的是司法系统。最高人民法院早期的几次司法判决与司法解决回应模式仍然延续了信息部的存储空间理论。在存储空间的理论指导下,2001 年著作权法紧急修改,确立了“信息网络传播权”概念。注意,这个概念首先立足的是信息而非网络。著作权法修订后的“信息网络传播权”为视听网站的商业模式探索奠定了法律基础。在此之后,以信息网络传播权为中心构建的系列司法规则逐步摆脱了存储空间早期的安全治理目的,获得了推进产业发展的新治理目标。

在法律并未作出明确规定之前,法院为信息网络传播权构建了初步的概念框架。在 1999 年轰动一时的王蒙等 6 位作家诉世纪互联通讯技术有限公司一案中,法院在没有成文法律规定的情况下,创造性地表达道,“著作权法规定的作品使用方式中,没有排除出现其他方式的可能。作品在互联网上传播,与著作权法意义上的出版、发行、公开表演等方式虽然不同,但在本质上都是为了使作品向社会公众传播。随着科学技术的发展,新的作品载体的出现,使得作品的使用范围等到了扩大,应当认定作品在互联网上传播是使用的一种方式”。[①]

作为“信息网络传播权”的雏形。“王蒙案”在著作权法条款缺失的情况下,明确承认了著作权人对其作品在网上传播的控制权。在“王蒙案”审理的第二年,2000 年 11 月 22 日,最高人民法院审判委员会第 1144 次会议通过了《最高人民法院关于审理涉及计算机网络著作

① 王蒙(等六作家)诉世纪互联通讯技术有限公司著作权侵权案,海知初字第 57 号(1999)。对该案的分析参见,张平:《网络环境下著作权法的作用——王蒙等六作家诉世纪互联一案的思考》,载《科技与法律》2000 年第 1 期。

权纠纷案件适用法律若干问题的解释》,其中第 2 条第 2 款规定:"著作权法第十条对著作权各项权利的规定均适用于数字化作品的著作权。将作品通过网络向公众传播,属于著作权法规定的使用作品的方式,著作权人享有以该种方式使用或者许可他人使用作品,并由此获得报酬的权利。"2001 年 10 月 27 日,全国人大常委会审议并通过了《中华人民共和国著作权法》(以下简称《著作权法》)修正案。这次著作权法的修改,被认为是为了适应计算机网络环境下著作权保护的迫切需要而进行的。在 2001 年《著作权法》的第 9 条明确规定了"信息网络传播权,即以有线或者无线方式向公众提供作品,使公众可以在其个人选定的时间和地点获得作品的权利"。这是我国首次以法律的方式确立了"信息网络传播权"这一民事权利。特别注意的是,信息网络传播权的定义中表达的是获得作品的权利。"获得"一词针对文字作品没有争议,而对于容量动辄 2G 的高清视频作品,"获得"指的是下载还是在线观看?这一点仍然存在疑问。

事实上,在没有边播边看的宽带技术背景中,它更多的是想象作品的下载服务。如果结合王蒙案的具体条件和当时的带宽速度,信息网络传播权针对的在线观看侵权方式的对象只能是文字或图片作品。所谓获得,在当时并非意味着大容量、高清度视频的网络在线观看。随着网络宽带的发展,类似优酷这样的在线流畅视频播放,逐步转变为了自发自播的"播放平台",其实更多的是在完成"出租权"的著作权行为。举例而言,出品了《纸牌屋》的美国著名视听网站"Netflix",其网站设立的宗旨就是建立一个网络无线的片源租赁平台。① 它与以原创视频分享为内容的 Youtube 网站截然不同。也正因如此,当视听网站介入到著作权纠纷中时,有学者主张以出租权而非信息网络传播权来理解在线视频点播行为。②

① Netflix, Inc. 建立于 1997 年。可以说是当时的 dvd 租赁的电商模式。Netflix 是一家在线影片租赁提供商。公司能够提供超大数量的 DVD,而且能够让顾客快速方便的挑选影片,同时免费递送。

② 王迁:《知识产权法教程》,中国人民大学出版社 2007 年版,第 145~146 页。

在这种背景中出台的信息网络传播权仍然立足于作者与商业传播者之间的利益冲突,即为谋取利益而传播作品的传播者侵犯了作者在法律上的著作权。但是,传播者与作者之间并不是天然的利益冲突关系。① 在网络的规模效应中,传播者有可能和作者达成或明或暗的商业合作,从而最大化作品的版权价值。这种默契的商业合作表达在法律中就是司法实践中“避风港原则”的实际判决策略。2005 年 4 月 29 日国家版权局、国信息产业部发布《互联网著作权行政保护办法》,区分了互联网信息服务提供者和互联网内容提供者。对前者而言,针对的是通过互联网自动提供作品、录音录像制品等内容的上载、存储、链接或搜索等功能,且对存储或传输的内容不进行任何编辑、修改或选择的行为。对他们的治理仍然采用存储空间的逻辑。后者指的是互联网信息服务活动中直接提供互联网内容的行为,适用著作权法。该条款确立了区分原则,针对互联网服务提供行为,政府确立了避风港原则。

此后,随着民用带宽的不断加大,商业视听网站逐步取代了广电部门设想的数字电视,成为网络世界中的信息热点。可以提供视频点播服务的网络电视(IPTV)逐渐消失。电信企业正忙于升级网络以提供更快的宽带网络链接,但监管障碍使它们不能用网络电视代替付费的有线电视。这种缺少竞争的环境给了视听网站巩固其商业模式的喘息空间。视听网站盈利模式的成熟来源于 YouTube。YouTube 是世界上最大的视频分享网站,早期公司的主旨是让用户下载、观看及分享影片或短片。2006 年 11 月,Google 公司以 16.5 亿美元收购了 YouTube,并把其当作一家子公司来经营。但是对于如何通过 YouTube 盈利,Google 一直保持非常谨慎的态度。尽管在资金面上,视听网站仍然没有改变亏损的局面,但是,近 3 年来,视听网站广告收入占互联网广告的比例依次为 9.7%、11.2%、15%,呈现节节攀升之势。② 根据 CNNIC

① 赵晓力:《最大限度地保护知识产权还是最大限度地赚钱?》,载《21 世纪商业评论》2006 年第 3 期。

② 《视听网站广告收入将超门户,市场格局悄然生变》,载 http://tech.qq.com/a/20130124/000016.htm,访问时间:2015 年 8 月 5 日。

发布的第35次《中国互联网发展状况统计报告》,2014年中国网络视频用户规模达4.33亿,网络视频用户使用率为66.7%。

一直到2007年,因为美国Youtube模式受到资本认可,国内的视听网站开始受到资本的大力吹捧。在资本进入互联网视听产业之后,法院开始受理大量涉及视听网站的诉讼。从近年来法院受理的信息网络传播权纠纷案的数据分析中,我们可以看到,从2001年到2015年间有关信息网络传播权的知识产权纠纷共5943件,其中2009年之前的判决占比为5.3%,早期涉及网吧侵权的判决占比为24%。由此来看,在视听网站商业模式成型之前,信息网络传播权诉讼主要集中在零散的个人侵权上,个人的版权维护成本高昂,导致诉讼比例低。网吧作为当时成型的商业模式反而成为法人侵权的典型模式。从取证成本上来看,网吧侵权更有利于个人获得相关的侵权证据。

视听网站建立之初需要大量的视频节目内容充实网站,以增加用户访问量,从而也存在大量侵权行为。这一法律风险一直是国内视听网站难以受资本认可的原因之一。从2007年开始,也就是视听网站的商业模式受到资本认可开始,视听网站以上市为目的开始了正版化道路。自多家视听网站于2009年成立反盗版联盟起,主流视听网站逐步走向正版化经营。也正是从该年开始,主流视听网站更多以版权人身份对侵权盗版行为提起维权诉讼。以典型的北京市海淀法院为例,优酷、土豆、爱奇艺、腾讯、搜狐国内五大主流视听网站自2009年开始逐步成为海淀法院的常客,如涉及优酷的案件累计多达百余件。① 他们或是原告方,对其高价购买的版权视频进行维权,或同时是原被告,进行相互之间的版权战争。也正是从这一年开始,国内影视剧的版权价格飙升。②

对比早期惩罚性判例中的金额与后期迅速飙升的版权价格,我们观察到,避风港原则的赔偿条款转变为小额赔偿的裁判策略,这样既维

① 数据来自北大法宝,最后统计时间为2015年8月5日。

② 热门影视剧网络版权价格飙升一年暴涨百倍,载http://tech.ifeng.com/internet/detail_2011_10/08/9680606_0.shtml,访问时间:2015年8月5日。

护了版权保护的国际承诺，也降低了国内新兴视听网站的侵权成本；而避风港原则中的通知条款成为各大视听网站进行版权战争的法律依据，他们纷纷成立视频监播部门，在网络上监控自家版权视频的侵权情况。事实上，法院随着国内视听产业的发展而动态调节着侵权成本。一方面，著作权法规定了相关的赔偿数额由法院酌定；另一方面，网络侵权的损失数额很难精确统计。所以，法院在审理涉及视听网站的侵权案件中经历了从高到低，并逐步稳定的过程。① 这个过程也代表了政府对于互联网产业的扶持政策从"最大限度地保护权利"向"最大限度地赚钱"的转型与平衡。② 信息网络传播权的建立并不只是为了网络商业的发展，更主要是为了帮助视听网站与网吧、BT站点、字幕站点之间的竞争，从而帮助市场完成网络视频端口的统一。对于字幕组的绞杀是信息网络传播权商业化的最后一战。③

概言之，网络安全问题通过物理层级的备案制度与防火墙技术解决。随着商业网络的出现，以及国外视听网站商业模式的引进，视听网站的治理重心逐步从安全问题转向了产业发展问题。对此，法院作为一种事后纠纷解决的治理机构，充分发挥的政策调节功能，从"播放平台"的角度为视听网站设定了一系列规则。这些规则集中体现在以"信息网络传播权"为中心的避风港原则中。法院治理的数年中，视听网站逐步拥有了适合与同类产品竞争的独特规则为国内的视听网站的龙头企业形成创建了外部政策环境。

四、社交媒介与视听言论的治理

视听产业的版权争夺战背后是商业利益的斗争。早在20世纪末，

---

① 曹丽萍、周溪：《视频类知识产权侵权发展态势》，载《中关村》2015年第4期。

② 赵晓力：《最大限度地保护知识产权还是最大限度地赚钱?》，载《21世纪商业评论》2006年第3期。

③ 《字幕组从哪儿来，又将到哪儿去?》，载 http://www.guancha.cn/rushi/2014_11_25_301513.shtml，访问时间：2015年8月5日。

商业利益的斗争就已经转为法律斗争。在安全问题之外,网站内容的存储引来了民事纠纷。民事纠纷的兴起来源于视听网站等内容分享网站的商业模式日益成熟。视听网站的行政资源的分配大战之后,面临激烈的市场份额争夺战的压力,迅速进入影视版权争夺战。

在商业模式获得资本认可之后,影视作品的信息网络传播权许可价格不断推高。国外各大影视公司期盼多年的盗版打击,国内政府表态多年的版权保护终于随着互联网视听市场的发展而得以实现。2013年年底,优酷土豆集团、搜狐视频、腾讯视频、乐视网、中国电影著作权协会、美国电影协会等多家版权机构联合起诉百度视频产品,多家视听网站组成反盗版联盟。① 这场行动的胜利基本为版权战争画下了句号,也意味着国内视听网站商业格局的定型。

行政资源管控与市场版权战争奠定了当今的互联网视听网站格局。在此过程中,司法机构对于互联网视听产业的介入并不只是单纯维护国内产业发展,维护国内公共舆论的意识形态安全也是重要考量之一。也正因为此,当移动通信技术发展时,新的网络安全治理秩序再一次遭到挑战。

移动网络带宽近年来完成了从2G到3G和4G的技术升级。伴随着这个过程,大屏智能手机的普及为视频社交的新用户行为奠定了技术基础。根据CNNIC 2015年发布的第35次《中国互联网发展状况统计报告》,网民中使用手机上网人群占比由2013年的81.0%提升至85.8%。手机端即时通信使用保持稳步增长趋势,使用率为91.2%。视频社交指的是以视频内容分享为沟通渠道的社交模式。简言之,这正是优酷等视听网站初期模仿Youtube所要实现的功能即所谓的UGC。由于智能手机的出现,网民的视频交互行为逐步延伸到随时随地的视频社交。当视频社交模式在国内兴起后,视听网站的内容面临从PGC向UGC转型的过程。在此过程中,互联网治理面临的新挑战就是以视频形式表达的网络言论。

---

① 《多家视频企业联手起诉百度索赔3亿元》,载http://www.chinanews.com/cul/2013/11-14/5504492.shtml,访问时间:2015年8月5日。

在上述背景中,2012 年 7 月国家广电总局颁布《关于进一步加强网络剧、微电影等网络视听节目管理的通知》(以下简称《通知》),明确将许可证制度与内容自制相关联,实现了视听网站的媒介身份与视听节目制片方身份的连带责任。《通知》确立了“自审自播”“节目备案”“退出机制”三大制度,将许可证的有效期与 PGC、UGC 内容的合法性连接在了一起,从而将行政监管延伸至网络视频内容的审查。

“自审自播”指的是互联网视听节目服务单位在播出网络剧、微电影等网络视听节目前,应组织审核员对拟播出的网络剧、微电影等网络视听节目进行内容审核,审核通过后方可上网播出。互联网视听节目服务单位转发上传视听节目,视同为该单位自制视听节目,由该单位按照同样要求先审后播。“节目备案”指的是互联网视听节目服务单位应将审核通过的网络剧、微电影等网络视听节目信息报本单位所在地省级广播影视行政部门备案。互联网视听节目服务单位自审的网络剧、微电影、网络电影、影视类动画片、纪录片,应将审核通过的节目名称、内容概要、审核员和本单位内容管理负责人签字的节目审核单等信息报本单位所在地省级广播影视行政部门备案。“退出机制”指的是对违规播出网络剧、微电影等网络视听节目的互联网视听节目服务单位的主要出资者依据《互联网视听节目服务管理规定》视情节予以警告、罚款直至 5 年内不得投资和从事互联网视听节目服务的处罚。

总体而言,《通知》在许可证制度的基础上建立了“谁办网,谁负责”的原则,要求视听网站作为媒介同时负责其所传播的视听内容的合法性。这种合法性审查包括了一般传媒机构要求的内容审查,同时包括了制作单位的资质审查。资质审查分为 PGC 和 UGC。对于 PGC,《通知》规定从事生产制作并在本网站播出网络剧、微电影等网络视听节目的互联网视听节目服务单位,应同时依法取得广播影视行政部门颁发的《广播电视节目制作经营许可证》和相应许可的《信息网络传播视听节目许可证》。而对于 UGC,互联网视听节目服务单位应对向网站上传视听节目的个人和机构核实真实身份信息。

2014 年年初颁布的《补充通知》主要在制作单位的资质审查方面

做了更加严格的规定。对于第三方上传播出的PGC内容,视听网站对其制作资格的要求视同本网站的自制剧,即互联网视听节目服务单位不得播出未取得《广播电视节目制作经营许可证》的任何机构制作的网络剧、微电影等网络视听节目。

这是政府对视频内容的首次审查,它在手段和范围方面并未严格监控言论。“谁办网,谁负责”更多的是为了规避庞杂的言论内容审查,而将事前审查的责任交予视听网站,进而通过许可证制度对其进行事后处罚。在范围上,自审自查的对象还只局限在微电影、网络剧等娱乐视频内容,并未明确涉及用户日常的视频分享。但是,公民以视频形式表达言论的行为与审查监管之间也只隔着法律解释的一条红线。

概言之,当商业竞争发展到一定程度后,视听网站成为独立于传统媒介的新兴社交媒介的兴起,使视听网站成为社交平台,它的用户自传功能,以及评论功能,让其成了类似BBS的互联网民主平台。视听网站,因为视听信息具有舆论传播效应,也就是并非简单的娱乐功用,从而带来了政府治理的新对象,即视频是信息内容还是言论内容?由此,政府部门逐步开启了内容监管,至于未来是否走向公民言论的审查,可能是新技术革命之后的问题了。

五、小 结

网络宽带的扩展、通信技术的革命成为视听网络监管政策变迁背后的技术源动力。正是网络带宽的增加,激发了民用视听网站的出现,从而改变了传统的存储空间身份,迈向了在线播放的媒体身份,进而转变为自发自播的播放平台。当移动通信技术随着智能手机的普及而深入每一个公民手中时,这些视听网站正逐步转变为公民进行自我表达,发布自制内容的社交媒介,以视频形式表达公民言论的行为遂成为监管的主要对象。

当李克强总理提出网费和流量费若太高,老百姓就不用了时,当政府替企业做出“不降不行”的抉择时，新一轮的科技使用环境将席卷中国。[1] 网费的降低将进一步培养公民们新的消费行为，这确实有利于刺激内需，稳定中国经济。但是，新的消费行为也意味着新的观念及其表达方式的改变。这是政府未来需要为其当前的经济政策所带来的利润埋单的政治治理成本。

① 李克强：《网费和流量费若太高老百姓就不用了》，载 http://politics. people. com. cn/n/2015/0513/c1024 - 26996458. html，访问时间：2015 年 8 月 5 日。

《法律和社会科学》(2016)
第15卷第1辑,第230~254页

网络犯罪的定量评价机制

郭旨龙*

摘要:网络安全犯罪日益受到刑法重视,出现了"预备行为实行化"的趋势,反映在在国家安全犯罪中利用网络侵害国家秘密的或者传播相关信息的行为,在公共安全犯罪中网络恐怖犯罪采用行为犯入罪标准。在信息领域公共安全犯罪中,网络攻击行为入罪改造后,需要新的定量评价机制,如逐渐推广"台数∩小时""用户∩小时""用户×小时"的定量标准。网络技术帮助行为需要进行"正犯化"处理,帮助使用盗窃、传播黑客技术与公布、售卖安全漏洞的行为类型化都应当有独立的定量标准。

网络再造了一个与传统物理空间并行、互动的新型社会空间,同时成为犯罪空间。[①] 网络作为犯罪空间,如果从与网络作为犯罪对象、犯罪工具相

---

* 英国格拉斯哥大学博士研究生,中国政法大学网络法研究中心研究人员,电子信箱:fadaguozhilong@163.com。本文系教育部哲学社会科学重大课题攻关项目"信息时代网络法律体系的整体建构研究"(项目号:12JZD039)的阶段性成果。

① 参见于志刚:《网络"空间化"的时代演变与刑法对策》,载《法学评论》2015年第2期。

区别的角度看,可能只限于网络空间中的秩序类、传播类犯罪,例如,传播各种虚假、有害信息;[①]但是,从网络安全问题整体发展进程来看,“空间安全”是指网络在各个层面融入和渗透进入了各行各业,成为与传统空间并列和互动的“第二空间”,其中的各个元素、各种关系都面临着安全问题。[②] 其一,网络秩序犯罪包括传统秩序犯罪的网络异化,就是上述“网络空间中的秩序类、传播类犯罪”。其二,网络安全随着网络及其中的系统、数据、应用程序等“要素”由“犯罪对象”“犯罪工具”向“犯罪空间演变,其内涵不断丰富和升级,在当代与国家安全、公共安全等整体安全交织在一起,成为新生的综合性安全概念。所以,网络安全犯罪是指危害国家安全罪、危害公共安全罪、危害国防利益罪与网络的融合,既有利用网络进行这些危害活动的情形,又有针对网络运行本身这一公共安全乃至国家安全进行侵害的情形。

对于网络安全和网络秩序犯罪,其定性固然重要,但其定量评价规则亦不可忽视,需要进行全新而又系统的探索,在总结司法经验的基础上进行体系化的构建。

一、网络安全犯罪的行为犯标准

传统犯罪在网络空间中发生了种种异化,尤其是安全犯罪,原则上仍然适用“一次行为”的标准,而不因为案件的多发、罪行的易得逞而增加更多的罪量要求。换言之,传统犯罪中的行为犯在信息时代以网络为犯罪工具、犯罪平台的,也适用“一次行为”的定量标准,对行为犯进行立案追诉的罪量要求只有实施一次行为。

---

① 参见于志刚、郭旨龙:《网络刑法的逻辑与经验》,中国法制出版社2015年版,第一章。

② 参见郭旨龙:《网络安全的内容体系与法律资源的投放方向》,载《法学论坛》2014年第6期。

(一)网络安全犯罪"一次行为"标准的实践

2001年最高人民法院《关于审理为境外窃取、刺探、收买、非法提供国家秘密、情报案件具体应用法律若干问题的解释》第6条规定,通过互联网将国家秘密或者情报非法发送给境外的机构、组织、个人的,以为境外非法提供国家秘密、情报罪定处。本规定也是针对网络时代新的作案手法,即以网络为犯罪工具的犯罪样态规定了立案标准。该犯罪手段对国家安全的法益造成的侵害与用其他手段造成的侵害是同等的,所以适用同样的立案标准,并没有更多或者更少层次的要求。

1998年最高人民法院《关于审理非法出版物刑事案件具体应用法律若干问题的解释》第1条规定:"明知出版物中载有煽动分裂国家、破坏国家统一或者煽动颠覆国家政权、推翻社会主义制度的内容,而予以出版、印刷、复制、发行、传播的,依照刑法第一百零三条第二款或者第一百零五条第二款的规定,以煽动分裂国家罪或者煽动颠覆国家政权罪定罪处罚。"这些犯罪在网络空间中实施的,也应当是一次行为即可,不需要更多的罪量要求。最高人民法院、最高人民检察院2003年《关于办理妨害预防、控制突发传染病疫情等灾害的刑事案件具体应用法律若干问题的解释》第10条第2款规定:"利用突发传染病疫情等灾害,制造、传播谣言,煽动分裂国家、破坏国家统一,或者煽动颠覆国家政权、推翻社会主义制度的,依照刑法第一百零三条第二款、第一百零五条第二款的规定,以煽动分裂国家罪或者煽动颠覆国家政权罪定罪处罚。"

由此可见,在网络上制造、传播危害国家安全言论的行为是极易被立案追诉的,因为网络空间中的煽动对象是不特定多数人,并且由于网络的可复制性、超时空性和无线延展性,这些言论行为的危害性是不特定的,造成的危害也是不可限量的,只有及早严厉打击才能及时预防和制止。这也是对极其重大的法益的保护贯彻打小、打早的刑事政策的体现。

（二）网络安全犯罪“一次行为”标准的实质

发生了网络异化的传统犯罪也有预备行为法定化后的罪量问题。如正犯化的组织领导行为就会面临网络时代变异后的罪量问题。首先要明确的是这里的预备性的组织是指鼓动、召集若干人建立或组织为从事某一特定活动的比较稳定的组织或集团。领导是指在某一组织或集团中起指挥、决定作用。积极参加是指对参与恐怖活动态度积极，并起主要作用。① 这不同于共同犯罪中的组织犯。共同犯罪中的组织犯是指组织进行犯罪活动的分子。换言之，前者的组织行为是将一个组织体进行从无到有的建设，而后者的组织行为是在组织体形成后具体组织犯罪活动。

在公共安全犯罪中，随着恐怖主义网络化，网络恐怖主义泛起：“在生活与信息已经形成互动网络的时代，信息已经成为一种重要的斗争工具：通过信息传播影响民众，使敌对国家民众想自己之所想，急自己之所急，从而从根本上、在思想深处解决问题。为了达到这个目的，利用信息化武器系统就比传统系统更为有效，而网络则是最为便捷的一种信息传播媒介。政客可以通过互联网络散布阴谋，攻击政治对手；恐怖主义分子则可以通过网络进行宣传，不仅仅是恐吓民众，而且也可以宣传自己的主张和信仰，躲避国家的信息封锁。所以，现在很多国家都把网络空间的争夺和控制视为一个重大的安全问题。”②但是，这里概括的网络恐怖宣传行为类型并不全面，例如，恐怖组织利用网络聚集人员、财物、信息，网络恐怖攻击，虚假认领“恐怖活动”，都面临着法律评价困境，而且网络恐怖活动犯罪往往呈现出一种刑法难以评价的“预备行为”。③ 2011 年 10 月全国人大常委会通过了《关于加强反恐怖工

① 参见何帆编著：《中华人民共和国刑法注释书》，中国法制出版社 2011 年版，第 111 页。

② 参见张家栋：《全球化时代的恐怖主义及其治理》，上海三联书店 2007 年版，第 227 页。

③ 参见于志刚、郭旨龙：《网络恐怖活动犯罪与中国法律应对——基于 100 个随机案例的分析与思考》，载《河南大学学报（社会科学版）》2015 年第 1 期。

作有关问题的决定》,规定了恐怖活动及其组织、人员的定义,[①]《反恐怖主义法(草案)》将被通过,该“决定”将被废止,相关规定相应更新。但限于该法律的技术性质,实体规定仍然不全面,难以进行罪刑评价。

应当认为在网络空间鼓动、召集若干人建立或组织为从事恐怖活动的比较稳定的组织或集团的、在该活动中起指挥、决定作用的,应当认定为组织、领导恐怖活动罪;在该网络空间对参与恐怖活动态度积极,并起主要作用的应当认定为积极参加。换言之,恐怖主义组织和活动在网络时代有了新的平台,因为其在本质上属于举动犯,一经实施就构成犯罪,应当立案追究,行为人在网络上建立或组织恐怖活动组织、开展恐怖活动的,一经实施也应当立案追究,其社会危害性在网络时代与以前相比只能说是有过之而无不及。

而在危害国家安全的犯罪中,经过立法将预备行为实行化的现象也不少。这不仅仅是因为国家安全事关重大,是极其重要的法益,而且因为国家安全必须提前保护,否则根本无法逆转,无法惩治实行行为。例如,同样为举动犯的煽动分裂国家罪、煽动颠覆国家政权罪,只要在网络上制作、传播分裂国家、颠覆国家政权的信息,就应当立案追究。同样,资助危害国家安全犯罪活动罪、资敌罪也有了网络平台,提供网络空间的行为也应当立案追究。

二、网络公共安全的解释与“情节”标准的发展

在现实社会中,许多犯罪行为看似已有刑法规范清晰明确的定

---

① “一、国家反对一切形式的恐怖主义,坚决依法取缔恐怖活动组织,严密防范、严厉惩治恐怖活动。二、恐怖活动是指以制造社会恐慌、危害公共安全或者胁迫国家机关、国际组织为目的,采取暴力、破坏、恐吓等手段,造成或者意图造成人员伤亡、重大财产损失、公共设施损坏、社会秩序混乱等严重社会危害的行为,以及煽动、资助或者以其他方式协助实施上述活动的行为。恐怖活动组织是指为实施恐怖活动而组成的犯罪集团。恐怖活动人员是指组织、策划、实施恐怖活动的人和恐怖活动组织的成员。”

性，但同样的行为一旦发生在网络空间，其刑法上的定性则会产生争议。这种定性的争议有可能是出现了新的需要被刑法所保护的法益，也有可能是传统法益在网络空间中的异化表现，究其根本原因仍是网络空间的虚拟性和技术性。[①] 传统法益在网络空间中的异化表现也可能导致定量标准的争议。同样可能导致争议的是出现了新的需要被刑法所保护的法益。这里的争议不仅仅在于该利益是否被刑法所承认，而且在于承认之后如何定量分析予以立案追究。

1. 公共安全法益在信息时代的扩容

我国《刑法》分则第二章保护的是公共安全。笔者认为，在网络时代，公共安全这种法益也应当有所扩容。[②] 由审理破坏公用电信设施刑事案件的司法解释可知，[③]《刑法》第 124 条规定的公共安全的法益包括对公众生活的平稳与安宁的内容。2007 年《最高人民法院关于审理危害军事通信刑事案件具体应用法律若干问题的解释》第 1 条也有类似规定。[④]

---

① 参见于志刚：《传统犯罪的网络异化研究》，中国检察出版社 2010 年版，第 8 页。

② 相关论证参见于志刚：《网络犯罪的发展轨迹与刑法分则的转型路径》，载《法商研究》2014 年第 4 期。

③ 2004 年最高人民法院《关于审理破坏公用电信设施刑事案件具体应用法律若干问题的解释》也有相关规定。该司法解释第 1 条规定："采用截断通信线路、损毁通信设备或者删除、修改、增加电信网计算机信息系统中存储、处理或者传输的数据和应用程序等手段，故意破坏正在使用的公用电信设施，具有下列情形之一的，属于刑法第 124 条规定的'危害公共安全'：（一）造成火警、匪警、医疗急救、交通事故报警、救灾、抢险、防汛等通信中断或者严重障碍，并因此贻误救助、救治、救灾、抢险等，致使人员死亡一人、重伤三人以上或者造成财产损失三十万元以上的；（二）造成二千以上不满一万用户通信中断一小时以上，或者一万以上用户通信中断不满一小时的；（三）在一个本地网范围内，网间通信全阻、关口局至某一局向全部中断或网间某一业务全部中断不满二小时或者直接影响范围不满五万（用户 × 小时）的；（四）造成网间通信严重障碍，一日内累计二小时以上不满十二小时的；（五）其他危害公共安全的情形。"

④ "故意实施损毁军事通信线路、设备，破坏军事通信计算机信息系统，干扰、侵占军事通信电磁频谱等行为的，依照刑法第三百六十九条第一款的规定，以破坏军事通信罪定罪，处三年以下有期徒刑、拘役或者管制；破坏重要军事通信的，处三年以上十年以下有期徒刑。"

第 2 条规定了“情节特别严重的”的标准,①而其兜底性条款在信息时代就有用武之地,可以大显身手:例如,在军事通信的核心计算机系统放置足以使重要军事通信大面积瘫痪的逻辑炸弹,即便没有造成实际的危害后果,也应当属于情节特别严重。类似的情形在国家电网监管方面已经发生。2001 年秋,我国电网遭遇了建网以来最大的一次录波器大面积失灵、死机事故,华中、华北、华东等地的 147 个变电站电网录波器功能瘫痪,就是行为人放置逻辑炸弹的结果。② 再如,审理破坏广播电视设施等刑事案件的司法解释也遵循了同样的解释思路。③

可以发现,通过网络攻击,可以使电信设施、广播电信设施、军事电信设施不能正常运行,从而危害公共安全、危害国防利益乃至国家安全。所以,在信息时代,还应当认为:公共安全的法益包括对公众生活的平稳与安宁的内容,公众生活的平稳与安宁的内容不仅包括广播、电视、通信的正常运行,在信息时代还包括网络的正常运行。破坏网络的正常运行的,属于危害公共安全,如“5 · 19 断网事件”带来的六省市断网的后果。④ 至于增设条款的体系性位置,则是另当别论的问题。但如果不增设,则不排除司法机关进行扩展解释,乃至类推解释,从而适用《刑法》第

① 第 2 条规定:“实施破坏军事通信行为,具有下列情形之一的,属于刑法第三百六十九条第一款规定的‘情节特别严重’,以破坏军事通信罪定罪,处十年以上有期徒刑、无期徒刑或者死刑:(一)造成重要军事通信中断或者严重障碍,严重影响部队完成作战任务或者致使部队在作战中遭受损失的;(二)造成部队执行抢险救灾、军事演习或者处置突发性事件等任务的通信中断或者严重障碍,并因此贻误部队行动,致使死亡 3 人以上、重伤 10 人以上或者财产损失 100 万元以上的;(三)破坏重要军事通信三次以上的;(四)其他情节特别严重的情形。”

② 参见张军主编:《刑事法官必备法律司法解释解读(上)》,人民法院出版社 2011 年版,第 1331 页。

③ 2011 年最高人民法院《关于审理破坏广播电视设施等刑事案件具体应用法律若干问题的解释》第 1 条规定:“采取拆卸、毁坏设备,剪割缆线,删除、修改、增加广播电视设备系统中存储、处理、传输的数据和应用程序,非法占用频率等手段,破坏正在使用的广播电视设施,具有下列情形之一的,依照刑法第一百二十四条第一款的规定,以破坏广播电视设施罪处三年以上七年以下有期徒刑:(一)造成救灾、抢险、防汛和灾害预警等重大公共信息无法发布的;(二)造成县级、地市(设区的市)级广播电视台中直接关系节目播出的设施无法使用,信号无法播出的;(三)造成省级以上广播电视传输网内的设施无法使用,地市(设区的市)级广播电视传输网内的设施无法使用三小时以上,县级广播电视传输网内的设施无法使用十二小时以上,信号无法传输的;(四)其他危害公共安全的情形。”

④ 参见于志刚:《网络犯罪与刑法应对》,载《中国社会科学》2010 年第 10 期。

11 条的以其他危险方法危害公共安全的规定。尤其是伴随着网络技术的发展,我们不能保证不会发生通过网络攻击导致大面积断网的事件,或者通过传播新型病毒等破坏性程序以控制、破坏无数计算机终端的行为。如果发生,在社会舆论的压力下,民意“绑架”司法导致“能动司法”功能的异化,出现大胆适用法条以求重罪或者重刑的司法也是可能的。

2. 信息时代新型公共安全的定量评价规则

网络公共安全犯罪的增设要落实到定量评价机制的健全,从网络公共安全法益的实体要素出发,进行探索。通过扩张解释解决了公共安全法益在信息时代扩容的问题,接着就应当探讨如何确定网络的正常运行受侵害的程度,从而在量上予以准确立案追究。信息时代新型公共安全的定量评价规则对于危害国防利益乃至国家安全的定量评价也将具有示范意义。网络安全与国家安全、公共安全呈现“交织型”扁平关系,“网络安全”范围的对内溢出为网络安全对于公共安全的承载态势,网络安全”范围的内外融合是网络安全对国家安全的嵌入态势。① 整个重大安全体系应当在定性和定量上一体贯通。

以上公用电信设施的解释提出了公用电信设施的范围、用户数、通信中断和严重障碍的标准和时间长度等定性和定量标准,值得在确定网络的正常运行受侵害的程度予以借鉴。参考相对应的行政性文件,并区分网络用途、“网络范围”②等,拟建议如下:破坏网络的正常运行,有下列情形之一的,属于危害公共安全,尚未造成严重后果:(1)造成火警、匪警、医疗急救、交通事故报警、救灾、抢险、防汛等网络中断或者严重障碍,并因此贻误救助、救治、救灾、抢险等,致使人员死亡一人、重伤三人以上或者造成财产损失三十万元以上的;(2)造成二千以上不满一万用户网络中断一小时以上,或者一万以上用户网络中断不满一小时的;(3)在一个局域网、城域网范围内网络中断不满二小时或者直接影响范围不满五万(用户×小时),或者在一个广域网、互联网范围内网络中断不满一小

① 参见于志刚:《网络安全对公共安全、国家安全的嵌入态势和应对策略》,载《法学论坛》2014 年第 6 期。

② 例如,局域网、城域网、广域网和互联网的分类。

时或者直接影响范围不满二万五(用户×小时);(4)造成网络严重障碍,一日内累计二小时以上不满十二小时的;(5)其他危害公共安全的情形。①

对于"其他危害公共安全的情形",可以考虑包括滥用软件技术保护措施。② 前四项标准都只考虑了网络故障导致的损害,而未能考虑直接针对计算机终端的损害。滥用软件技术保护措施波及大量的计算机,如"微软黑屏事件",③定性上应当认定为危害公共安全。定量标准可以考虑借鉴非法控制计算机信息系统的标准:20台以上的;造成经济损失10,000元以上的。当然,因为法定刑幅度高,为了罪刑相当,应当提高上述标准。

这里也表明,虽然法律不要求造成严重后果,只要求具体危险,未遂犯通过分则特别规定法定化,但是在未遂犯被独立处罚后,对危险的量化要求已然可能存在,司法解释完全有必要、有可能做出具体解释,结合数额、次数标准提出新的、全面的定罪量刑标准。以下就上述标准进行时间长度标准的诠释,进行示范论证。

三、时间长度标准的兴起及其在网络安全犯罪中的应用论证

在6个传统的立案追诉标准中,④时间长度标准的规定有4种:造

---

① 参见郭旨龙:《信息时代犯罪定量标准的体系化实践》,载《上海政法学院学报(法治论丛)》2015年第1期。

② 参见于志刚:《网络犯罪与中国刑法应对》,载《中国社会科学》2010年第3期。

③ "微软说,我一小时只让你'黑屏'一次,而且只黑背景,不影响使用,这么一来,大家倒是应该感谢微软对我们手下留情、网开一面了!但人们不禁要想,假如不是一小时而是一秒钟,不是黑了背景而是黑了使用屏幕,那这个电脑还能用吗?假如干脆被停了机又怎么办呢?……可悲的是,一切只能听由微软摆布,用户已经掌握不了自己电脑的命运了。""有人会说,向微软买正版就行了,可是,只要你是用微软的软件,它总有操控你电脑的能力,总要经常检测你电脑的信息,总要经常检验你软件的版本。"参见佚名:《倪光南(院士)谈微软黑屏事件:中国人被微软"劫持"》,载http://tech.qq.com/a/20081026/000004.htm,访问时间:2014年10月12日。

④ 6个司法文件具体内容参见于志刚、郭旨龙:《信息时代犯罪定量标准的体系化构建》,中国法制出版社2013年版,第38~41页。

成公司、企业等单位停业、停产6个月以上的；造成公司、企业等单位停业、停产1年以上的；一次冲击持续时间较长的；雇用一人6个月以上的；非法剥夺他人人身自由24小时以上的。

（一）信息时代时间长度标准的兴起

信息时代的时间长度标准规定主要有以后果持续的小时为单位计量危害的实践：在一个本地网范围内，网间通信全阻、关口局至某一局向全部中断或网间某一业务全部中断不满2小时；造成网间通信严重障碍，一日内累计2小时以上不满12小时的；地市（设区的市）级广播电视传输网内的设施无法使用3小时以上，县级广播电视传输网内的设施无法使用12小时以上，信号无法传输的。

这些都是以时间长度为为单一标准的实践，而未要求与单位数量、冲击次数、雇用人数、剥夺人身自由人数等其他标准结合形成复合型标准。传统司法实践已经有将时间长度与其他单一标准一并要求才定罪量刑的做法，可以称之为∩型标准，是指必须同时满足数额、数量、人数、户数、次数、人次、户次、起次、场次、抽象型结果、其他结果、危险、行为等单一标准中的两个以上。可以分为两种情形：一是已经规定了两项以上单一入罪标准，在此基础上规定同时达到两项以上入罪标准的一定程度的量上要求的，也应当入罪的模式；二是未规定两项以上单一入罪标准，而是一开始就同时要求符合复合型标准。①

（二）信息时代网络安全犯罪中时间长度标准的应用

信息时代也应用了∩型标准，主要体现为台数∩小时、用户∩小时标准。具体而言：（1）审理破坏公用电信设施刑事案件的司法解释采用了2000用户∩1小时的入罪标准。② （2）办理危害计算机信息系统安全

---

① 参见于志刚、郭旨龙：《信息时代犯罪定量标准的体系化构建》，载《法律科学》2014年第3期。

② 2005年最高人民法院《关于审理破坏公用电信设施刑事案件具体应用法律若干问题的解释》第1条规定：“采用截断通信线路、损毁通信设备或者删除、修改、增加电信网计算机信息系统中存储、处理或者传输的数据和应用程序等手段，故意破坏正在使用的公用电信设施，造成二千以上不满一万用户通信中断一小时以上，属于刑法第一百二十四条规定的‘危害公共安全’，依照刑法第一百二十四条第一款规定，以破坏公用电信设施罪处三年以上七年以下有期徒刑……”

刑事案件使用了100系统∩1小时和10,000用户∩1小时的入罪标准。①同时司法实践有了用户×小时的定量标准,如审理破坏公用电信设施刑事案件的司法解释采用了50,000(用户×小时)小时的入罪标准。②

∩型标准与×型标准的区别要通过比较其法定刑升格条件才能得出。比较二者可发现,∩型标准是以某一单一标准为基础,以另一单一标准为变量的定量标准,而×型标准则是同时以两个单一标准为变量的定量标准,比∩型标准更具有灵活性,因而能更全面地适应各种案情。换言之,如果一个定量标准同时要求达到两个定量,则其限定范围呈矩形扩张式;而如果要求达到两个变量的积,则其限定范围为曲线蔓延状,比前者更为灵活和全面。③

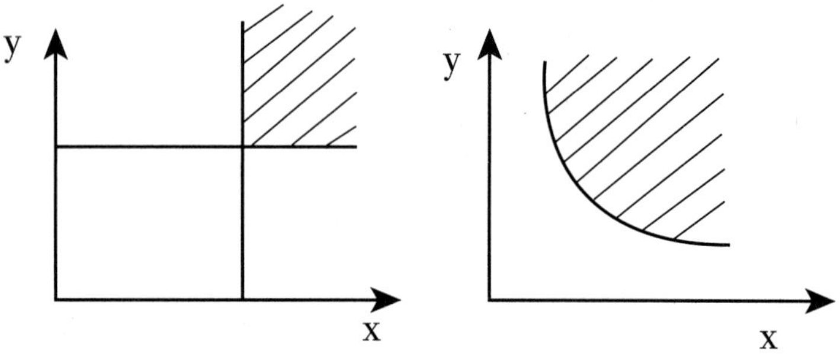

图1　∩型标准(左)、×型标准(右)各自对应的案情范围

---

① 2011年最高人民法院、最高人民检察院《关于办理危害计算机信息系统安全刑事案件应用法律若干问题的解释》第4条规定,破坏计算机信息系统功能、数据或者应用程序,造成为一百台以上计算机信息系统提供域名解析、身份认证、计费等基础服务或者为一万以上用户提供服务的计算机信息系统不能正常运行累计一小时以上的,应当认定为《刑法》第286条第1款和第2款规定的"后果严重"。

② 2005年最高人民法院《关于审理破坏公用电信设施刑事案件具体应用法律若干问题的解释》第1条规定,采用截断通信线路、损毁通信设备或者删除、修改、增加电信网计算机信息系统中存储、处理或者传输的数据和应用程序等手段,故意破坏正在使用的公用电信设施,在一个本地网范围内,网间通信全阻、关口局至某一局向全部中断或网间某一业务全部中断直接影响范围不满五万(用户×小时)的,属于《刑法》第124条规定的"危害公共安全",依照《刑法》第124条第1款规定,以破坏公用电信设施罪处三年以上七年以下有期徒刑。

③ 参见于志刚、郭旨龙:《信息时代犯罪定量标准的体系化构建》,载《法律科学》2014年第3期。

四、网络技术帮助行为的正犯化立法与定量评价

在信息时代,既有传统的扰乱社会秩序的犯罪在网络空间中的“异化”情形,如编造、传播虚假信息犯罪,①也有不断新增的以网络终端、网络运行、网络数据等为犯罪对象的情形。纯粹的计算机犯罪需要不同于传统犯罪的定罪量刑标准,传统秩序犯罪的网络异化也导致其需要新的定罪量刑情节。传统的扰乱社会秩序犯罪中有传授犯罪方法罪,而信息时代网络空间中扰乱网络秩序的一大“公害”是所谓的“中性业务”共犯行为,尤其是“一对多”式的技术帮助行为,模糊了传播犯罪方法和犯罪工具的界限,这使得网络空间进入技术强者“任我行”的无序状态。

刑法的应对思路是共犯行为正犯化的立法,这在不考虑网络时代因素的情况下就已经出现,例如,帮助行为正犯化。《刑法》第 107 条资助危害国家安全犯罪活动罪既包括特定共同犯罪中的部分帮助行为,又包括不成立共同犯罪的资助行为。②《刑法》第 507 条规定了协助组织卖淫罪,2011 年又在《刑法》第 244 条增设了协助强迫劳动罪。并且可以发现的是,前者与事实上的正犯行为相比,刑罚更低,而 2011 年增设的协助强迫劳动罪则与强迫劳动罪的正犯行为适用同样的法定刑,“依照前款的规定处罚”。组织行为正犯化也出现了。如同《刑法》第 107 条资助危害国家安全犯罪活动罪既包括特定共同犯罪中的部分帮助行为,又包括不成立共同犯罪的资助行为,《刑法》第 103 条第 2 款煽动分裂国家罪,既包括特定共同犯罪中的部分组织行为,又包括不成立共同犯罪的组织行为。如果煽动者与分裂者是共同犯罪的话,那么

---

① 《刑法修正案(九)》针对在信息网络或者其他媒体上恶意编造、传播虚假信息,严重扰乱社会秩序的情况,增加规定编造、传播虚假信息的犯罪(修正案第 29 条)。统一的信息传播行为的定量评价探索参见郭旨龙:《论信息时代传播行为的罪刑模式》,载《法大研究生》2014 年第 1 辑。

② 参见张明楷:《刑法学》,法律出版社 2011 年版,第 797 页。

就可将本罪的立法视作为组织行为正犯化的立法。

其实,信息时代共犯行为正犯化的现象也伴随着组织、教唆的模糊,教唆、帮助的模糊,帮助、实行的模糊等现实。① "海量的帮助实施违法犯罪行为的专用软件、程序的出现,降低了犯罪的门槛,推高了网络犯罪的案发总量。《刑法修正案(七)》中新罪名(提供侵入、非法控制计算机信息系统程序、工具罪,笔者注)的增设,实际上没有完全解释类似的制裁帮助行为的司法需求。"②但是,只要正犯化后,相关的共犯行为就以独立的正犯论处了,就应当适用自己独立的立案追诉标准。而自己的标准必然根据自身的特点加以设计和确定。例如,资助恐怖活动,是指为恐怖活动组织或者实施恐怖活动的个人筹集、提供经费、物资或者提供场所以及其他物质便利的行为。实施恐怖活动的个人包括预谋实施、准备实施和实际实施恐怖活动的个人。③ 在网络时代,资助恐怖活动罪也有了新的表现形式和立案标准。网络为恐怖活动提供了新的平台,为恐怖活动组织或者实施恐怖活动的个人提供网络平台的,也应当认定为提供场所等物质便利予以立案追究。在信息时代,对"不作为"的正犯如网站建立者和管理者不作为的直接打击,④已经在2015年通过的《刑法修正案(九)》中予以回应。⑤ 这样,把实质上的帮助行为跨类罪实行化为独立的犯罪,可以完全脱离实行行为对帮助行为进行单独的刑法评价,并且可以便利诉讼,极大缩短刑事证明的因果

---

① 参见于志刚:《论共同犯罪的网络异化》,载《人民论坛》2010年第29期。

② 于志刚:《网络犯罪的代际演变与刑事立法理论之回应》,载《青海社会科学》2014年第2期。

③ 参见何帆:《中华人民共和国刑法注释书》,中国法制出版社2011年版,第112页。

④ 参见郭旨龙:《网络犯罪共犯行为的正犯化与定量评价》,载《科技与法律》2014年第6期。

⑤ 此次修正针对一些网络服务提供者不履行网络安全管理义务,造成严重后果的情况,增加规定:网络服务提供者不履行网络安全管理义务,经监管部门通知采取改正措施而拒绝执行,致使违法信息大量传播的,致使用户信息泄露,造成严重后果的,或者致使刑事犯罪证据灭失,严重妨害司法机关追究犯罪的,追究刑事责任(修正案第25条)。

链条。[1] 但是,突出技术帮助行为有以下三种,却仍然没有直接回应,[2]需要理论的探索准备。

其实,国际法上已经有相关实践的推进。《网络犯罪公约》(Convention on Cybercrime)第6条规定了设备滥用(misuse of devices)罪行:当生产、销售、获得使用、引入、发行或以其他方式提供主要为了实施上述第2条至第5条规定的任何罪行而设计或改造的设备,包括计算机程序,或者能够通过其进入计算机系统的整体或任何部分的计算机密码、进入编码或类似数据,或者持有上述设备或数据,意图使用于实施任何第2条至第5条规定的犯罪,是没有正当理由而故意进行时,每一签约方应采取本国法律下认定犯罪行为必要的立法的和其他手段。签约方可以规定持有犯罪应当具备一定数量。可见,这种正犯行为立法化的思路在应对网络犯罪现实罪情时是非常有必要的,也是极为有效的。由此,这种思路不仅应当在中国国内立法中大力借鉴,而且应当在新的网络犯罪公约中予以推广,并且从数量等角度进行具体的定量分析。

(一)提供用于网络违法犯罪的程序、工具独立入罪化后的定量标准

有学者指出,现实空间中,存在很多职业化地生产、销售专门用于实施违法犯罪行为的工具的非法行为,如生产、销售窃电器的。在网络空间中,网络资源已经具有了自身独立的价值,已经具有了财产权益的性质,同时也有了大量的使用盗窃行为及伴生的帮助使用盗窃的行为。而且在网络空间中,帮助使用盗窃行为的社会危害性发生了严重的异化,已经远远超过了使用盗窃行为的社会危害性。但《刑法修正案(七)》已经有了相关的立法成就,可以加以扩张改造,将提供专门用于"侵入、非法控制"计算机信息系统的程序、工具的行为,抽象提升为提供专门用于网络违法犯罪的程序、工具的行为,实现立法的经济性、可

① 参见于志刚:《传统犯罪的网络异化研究》,中国检察出版社2010年版,第216页。

② 此次修正针对在网络空间传授犯罪方法、帮助他人犯罪的行为多发的情况,只增加规定:明知他人利用信息网络实施犯罪,为其犯罪提供互联网接入、服务器托管、网络存储、通讯传输等技术支持,或者提供广告推广、支付结算等帮助,情节严重的,追究刑事责任(修正案第26条)。

行性。[①] 对此,如果拟定刑法专门条款为“提供用于网络违法犯罪的程序、工具罪”:[②]提供专门用于网络违法犯罪的程序、工具,或者明知他人实施网络违法犯罪行为而为其提供程序、工具,情节严重的……[③]那么,根据提供专门用于“侵入、非法控制”计算机信息系统的程序、工具的司法解释,可以对提供专门用于网络违法犯罪的程序、工具的行为入罪所要求的“情节严重”予以量化:(1)提供能够用于非法获取支付结算、证券交易、期货交易等网络金融服务身份认证信息、网络使用盗窃的专门性程序、工具五人次以上的;(2)提供第(1)项以外的专门用于网络违法犯罪的程序、工具20人次以上的;(3)明知他人实施非法获取支付结算、证券交易、期货交易等网络金融服务身份认证信息、网络使用盗窃的违法犯罪行为而为其提供程序、工具五人次以上的;(4)明知他人实施第(3)项以外的网络违法犯罪而为其提供程序、工具20人次以上的;(5)违法所得5000元以上或者造成经济损失1万元以上的;(6)其他情节严重的情形。第(1)项至第(5)项的标准是参照了提供专门用于“侵入、非法控制”计算机信息系统的程序、工具行为立案标准的规定。[④] 因为提供专门用于网络违法犯罪的程序、工具的行为吞并了提供专门用于“侵入、非法控制”计算机信息系统的程序、工具行为,扩大到了对帮助使用盗窃行为的打击,故将提供专门用于“侵入、非法控制”计算机信息系统的程序、工具行为的立案标准扩大为所有提供专门用于网络违法犯罪的程序、工具的行为的立案标准。[⑤]

---

① 参见于志刚:《传统犯罪的网络异化研究》,中国检察出版社2010年版,第116、140、138页。

② 至于该罪名的具体体系性位置则应当在统筹考虑所有网络犯罪章节、条款后规定,借鉴《刑法》现有第285条第3款也即最后一款规定提供行为,《刑法》第262条之2规定组织未成年人实施违反治安管理活动罪的做法,建议在相关章节条款最后规定。

③ 具体量刑幅度类似前述网络攻击行为的量刑幅度。

④ 参见2011年《最高人民法院、最高人民检察院关于办理危害计算机信息系统安全刑事案件应用法律若干问题的解释》第3条。

⑤ 对于使用盗窃的正犯行为的立案标准的规定也可参照帮助行为的立案标准,规定5人次、20人次、违法所得、经济损失等数额。

但是,参照标准具有局限,种数标准可以突破该局限。上述制作、提供用于网络违法犯罪的程序、工具罪的定量标准基本照搬了提供侵入、非法控制计算机信息系统的程序、工具罪的定罪量刑标准,难免局限于侵入、非法控制计算机信息系统的程序、工具行为的特点,而未能全面考虑到制作、提供用于网络违法犯罪的程序、工具罪本身的特点。所以,应当从制作、提供用于网络违法犯罪的程序、工具罪自身的特点出发,探讨该总则性的制作、提供程序、工具行为的独有定量标准,以求全面有效地预防和打击种种网络违法犯罪链条中的上游犯罪。

现行立法及司法解释将程序、工具分为两类:专门用于网络违法犯罪的程序工具以及其他用于网络违法犯罪的程序、工具。例如,上述司法解释第 2 条专门界定了"专门用于侵入、非法控制计算机信息系统的程序、工具"。[①] 第 5 条还"似乎"[②]将《刑法》第 286 条第 3 款规定的"计算机病毒等破坏性程序"限定为专门设计用于破坏计算机系统功能、数据或者应用程序的程序。[③] 这种分类初步体现了依据程序、工具本身种类不同而确定不同的定罪量刑标准的可能性。但该司法解释在第 3 条中仅根据程序、工具的具体用途的不同,也即违法犯罪行为的不同,区分提供人次标准具体量上的要求是 20 人次以上还是 5

---

① 具体是:"(一)具有避开或者突破计算机信息系统安全保护措施,未经授权或者超越授权获取计算机信息系统数据的功能的;(二)具有避开或者突破计算机信息系统安全保护措施,未经授权或者超越授权对计算机信息系统实施控制的功能的;(三)其他专门设计用于侵入、非法控制计算机信息系统、非法获取计算机信息系统数据的程序、工具。"

② 之所以说"似乎"是因为也可从该条文的表述"具有下列情形之一的程序,应当认定为刑法第 286 条第 3 款规定的'计算机病毒等破坏性程序'",解释为该司法解释并未排除将其他程序认定为刑法第 286 条第 3 款规定的"计算机病毒等破坏性程序"的可能性。

③ 具体是:"具有下列情形之一的程序,应当认定为刑法第二百八十六条第三款规定的'计算机病毒等破坏性程序':(一)能够通过网络、存储介质、文件等媒介,将自身的部分、全部或者变种进行复制、传播,并破坏计算机系统功能、数据或者应用程序的;(二)能够在预先设定条件下自动触发,并破坏计算机系统功能、数据或者应用程序的;(三)其他专门设计用于破坏计算机系统功能、数据或者应用程序的程序。"

人次以上。而在第6条中根据程序种类的不同规定了不同的定量标准。[①] 对第一种计算机病毒程序,因为其具有自我复制传播特性,其传播方式容易引起大规模传播,一经传播即无法控制其传播面,也无法对被侵害的计算机逐一取证确认其危害后果,所以规定只要制作、提供、传输改程序导致其通过网络、存储介质、文件等媒介传播的,不要求达到一定系统台数,即认定为"后果严重"。[②]

这种区分初步体现了根据程序、工具种类不同规定不同的定量标准的思想。但仍然没有根据程序、工具种类数量本身进一步规定独立的定量标准,导致现有解释的局限。针对上述第一种程序,司法解释规定的法定刑升格的标准是:制作、提供、传输第5条第1项规定的程序,导致该程序通过网络、存储介质、文件等媒介传播,致使生产、生活受到严重影响或者造成恶劣社会影响的。因为该种程序容易引起大规模传播且一经传播就无法控制其传播面。换言之,因为大多数该种程序都会致使生产、生活受到严重影响或者造成恶劣社会影响,所以只有极少数会适用第一量刑幅度的入罪标准。这首先违背了量刑幅度条件设置的分流功能,应当说法定刑升格的案件应当是少量而非大多数。另外,因为无法对被侵害的计算机逐一取证确认其危害后果,所以在具体案件中难以区分是否致使生产、生活受到严重影响或者造成恶劣社会影响。这导致即使认可大多数该类案件适用第二量刑幅度的效果,也在实践中难以操作。换言之,定量标准既要求贯彻罪刑相适应的刑法基本原则,又要求符合宽严相济的刑事政策,还要求达到操作便利的实践理性。

所以,由于网络的无限延展性导致网络攻击行为的危害结果无限展开,虽然导致巨大的社会危害性,但往往难以无法准确定量,如传播计算机病毒在未爆发时潜伏在网络信息系统中而难以发现,也难以准

① 具体是:"(一)制作、提供、传输第五条第(一)项规定的程序,导致该程序通过网络、存储介质、文件等媒介传播的;(二)造成二十台以上计算机系统被植入第五条第(二)、(三)项规定的程序的……"

② 参见张军主编:《解读最高人民法院司法解释之刑事卷》(下),人民法院出版社2011年版,第588页。

确计量感染的终端数量，而一旦爆发虽然损失常常过亿但难以准确估量并且难以确定其发作的期限，[①]有必要提出其他更具有针对性的定罪量刑标准，以弥补现有标准之不足。可以结合基于的程序、工具的基本分类，根据程序、工具种类的不同确定程序、工具种类数量的标准：以提供、传播为目的而制作、提供或者传播能够通过网络、存储介质、文件等媒介，将自身的部分、全部或者变种进行复制、传播，并破坏计算机系统功能、数据或者应用程序的程序1种以上，或者其他专门用于网络违法犯罪的程序、工具5种以上的，以提供、传播为目的而制作其他可以用于网络违法犯罪的程序、工具20种以上的，或者明知他人实施网络违法犯罪行为而为其提供能够通过网络、存储介质、文件等媒介，将自身的部分、全部或者变种进行复制、传播，并破坏计算机系统功能、数据或者应用程序的程序1种以上，其他专门用于网络违法犯罪的程序、工具5种以上，或者其他程序、工具20种以上的，应当认定为制作、提供、传播用于网络违法犯罪的程序、工具，“情节严重”。这样就可以以相应的倍数关系确定情节特别严重的标准了，实现案件分流、罪刑相适应，满足司法实践的可操作性。当然，程序、工具的分类不只以上分类方法。

上述标准是制作、提供、传播用于网络违法犯罪的程序、工具本身的种数，在大多数相关案件中能够适用。但是，在某些案件中，可能程序、工具本身只有一种，但其却“威力无穷”，能够针对多种程序、工具进行破坏，此时如果固守前述定量标准将难以对行为人进行准确的定罪量刑。

其实，这也是针对网络违法犯罪技术日益精细化的罪情而对定罪量刑标准不断进行细化研讨的实践。专业入侵的黑客软件设置了多种攻击模式，可以认为是“一对多”的侵害模式，虽然行为工具只有一种，但行为对象众多，危害性仍然极大。所以，确立破坏的程序、工具、技术众多的应当定罪量刑的规则在信息时代是很有必要的，是与信息时代

① 参见于志刚：《传统犯罪的网络异化研究》，中国检察出版社2010年版，第35页。

的犯罪精细化、侵害呈现“一对多”形态的罪情相符合的。

与上述“一对多”的侵害模式相类似的是一种程序生出多个变种情形。这种情形危害巨大。在这些环节中,变种数量处于行为链条的中游,可以考虑发挥其定量评价的作用。信息时代适用程序种数的定量标准时需要处理的问题是,如何处理程序种数与变种数量的关系。应当采用实质性的判断标准:如果变种之间的差异达到需要相差较大的技术处理措施或者其危害方式或者危害后果有较大差别的,应当视为不同的程序,都计入程序种数当中。此时,变种数量等同于程序种数标准,这在黑客从炫耀技术到逐利的信息时代也是重要的定量标准。当然,二者关系处理的另外一种方案是对程序种数和变种数量直接进行区别处理,分别规定不同的数量要求,原则上应当是变种数量的要求高于程序种数的要求。[①] 对程序、工具种数的扩张解释也可包括一种程序、工具具有多种危害的情形。

(二)传播用于网络违法犯罪的方法独立入罪化后的定量标准

打击制作、提供、传播用于网络违法犯罪的程序、工具体现了刑法提前规制、法益保护刑法前置的趋势。从只针对提供侵入、非法控制计算机信息系统的程序、工具和只打击制作、传播计算机病毒等破坏性程序,影响计算机系统正常运行,到打击所有网络违法犯罪程序、工具的提供、传播和制作行为,实现了从关注影响这一行为后果到定点提供、传播这一中间行为,再到定格制作这一始端行为,法益保护不断前置,力求针对日益细化的网络违法犯罪链条实现全程控制和打击。

但是,当前网络空间中有不少传授黑客技术的培训网站、教学QQ群等平台,这些传授黑客技术的行为为他人的黑客活动提供了技术支持和帮助。[②] 有学者认为,从目前刑事立法既有成果来看,刑法规制网

① 此外,变种数量作为定罪量刑标准也应当考虑客观归责以及主观有责的问题。例如,“熊猫烧香”病毒一案中,如果该种病毒经过病毒购买者的传播一般会不断出现新的变种,应当认为病毒制作行为与变种数量之间存在合法则的因果关系,客观上可以归责;主观上,行为人具有相关专业知识,推定其有责,其可以反证。

② 参见李怀胜:《刑法对网络传授黑客技术的回应》,载《中国社会科学报》2010年6月1日。

络空间中黑客犯罪的重点是后期的成品化“产品”。1997年《刑法》新增第286条破坏计算机信息系统罪,第3款针对的是“计算机病毒等破坏性程序”。2009年《刑法修正案(七)》新增设的第285条第3款针对的是专门用于侵入、非法控制计算机信息系统的“程序、工具”。可以发现,前面的“程序”,后面的“程序、工具”,都是网络技术滥用背景下的后期“成品”。在网络犯罪爆发式增长、危害性日益倍增的情形下,刑事立法的打击着力点如此置后显然是不行的,适度前移才是因应之道。应当从打击后期的技术滥用后的制造、传播、提供“成品”的犯罪,前移到打击前期的传播“黑客技术”的行为。基于此,应当增设专门的罪名将培训黑客技术的行为予以正犯化。①

联系网络攻击行为以及破坏系统的立法,可以考虑此处扩容传播进行外部技术攻击、破坏系统的方法的行为。如果拟定为“传播用于网络违法犯罪的方法罪”:传播专门用于网络违法犯罪的方法,或者明知他人实施网络违法犯罪行为而为其提供方法,情节严重的……那么,根据提供专门用于“侵入、非法控制”计算机信息系统的程序、工具的司法解释,可以对传播用于网络违法犯罪的方法的行为入罪所要求的“情节严重”予以量化:(1)传播能够用于设计非法获取支付结算、证券交易、期货交易等网络金融服务身份认证信息、网络使用盗窃、破坏计算机系统的专门性程序、工具的方法5人次以上的;(2)传播能够用于设计第(1)项以外的专门用于网络违法犯罪的程序、工具的方法20人次以上的;(3)明知他人实施非法获取支付结算、证券交易、期货交易等网络金融服务身份认证信息、网络使用盗窃、破坏计算机系统的行为而向其传播能够设计用于此类行为的程序、工具的方法5人次以上的;(4)明知他人实施第(3)项以外的网络违法犯罪而向其传播能够设计用于此类网络违法犯罪行为的程序、工具的方法20人次以上的;(5)违法所得5000元以上或者造成经济损失1万元以上的;(6)其他情节严重的情形。第(1)项至第(5)项的标准是参照了提供专门用于“侵入、

① 参见于志刚:《传统犯罪的网络异化研究》,中国检察出版社2010年版,第162～163页。

非法控制”计算机信息系统的程序、工具行为立案标准的规定。因为传播用于网络违法犯罪的方法的行为吞并了传播用于侵入、非法控制计算机信息系统的方法的行为,扩大到了对传播使用盗窃、破坏计算机系统的行为的方法的打击,故将传播用于侵入、非法控制计算机信息系统的方法的行为的立案标准扩大为所有传播用于网络违法犯罪的方法的行为的立案标准。

但是,参照标准具有局限,技术种数标准可以突破。可以发现,上述传播用于网络违法犯罪的方法的定量标准局限于方法传播行为人次、违法所得、经济损失标准,而未能根据方法的类型提出独立的标准,难以全面、准确地规制传播网络违法犯罪方法的行为。所以,仍有必要对方法本身的特点提出独立的其他标准,全面地从源头上预防和打击“黑客”犯罪。

对此,可以根据方法的成品的种类数量来设计传播用于网络违法犯罪的方法的定罪量刑标准:传播1种以上能够通过网络、存储介质、文件等媒介,将自身的部分、全部或者变种进行复制、传播,并破坏计算机系统功能、数据或者应用程序的程序的制作方法,5种以上其他专门用于网络违法犯罪的程序、工具的制作方法,或者20种以上其他可以用于网络违法犯罪的程序、工具的制作方法的,或者明知他人实施网络违法犯罪行为而为其提供1种以上能够通过网络、存储介质、文件等媒介,将自身的部分、全部或者变种进行复制、传播,并破坏计算机系统功能、数据或者应用程序的程序的制作方法,5种以上其他专门用于网络违法犯罪的程序、工具的制作方法,或者20种以上其他程序、工具的制作方法的,应当认定为传播用于网络违法犯罪的方法,“情节严重”。

此时,即使制作方法种类不一,但可只计成品的种类数量。这样也可以用相应的倍数关系确定情节特别严重的标准了,实现案件分流、罪刑相适应,满足司法实践的可操作性。这可以理解为信息时代网络犯罪形态中“一对多”行为方式的扩容,具体理解为“一生多”的犯罪模式,由一种技术生出众多程序、工具,一个行为人面向众多下游行为人。在深圳市福田区检察院办理的全市首宗涉嫌提供侵入、非法控制计算机信息系统的程序、工具罪的案件中，这种“一对多”的行为方式已经初露端倪。①

（三）恶意公布、售卖安全漏洞行为独立入罪化后的定量标准

系统、数据成为犯罪对象的安全问题很大程度上是由于信息安全漏洞问题。有学者指出，发现安全漏洞之后将安全漏洞直接提供、售卖给黑客或者黑客组织，或者将安全漏洞报告直接在网络空间中加以恶意公布的行为，考虑到利用安全漏洞的网络黑客行为的巨大社会危害性，以及恶意公布、售卖安全漏洞使黑客行为的危害性无限放大，应当认为有必要将恶意公布、售卖安全漏洞行为入罪化，以解决对其不处理或者量刑过轻的司法困境。设立单独的“计算机和网络犯罪”章节并且把恶意公布、售卖安全漏洞的行为规定其中是应当采取的实行化模式。② 如果拟定为“公布、售卖安全漏洞罪”：公布、售卖计算机安全漏洞，情节严重的……那么，情节严重的立案标准则根据公布、售卖安全漏洞行为的方式特点，结合设计为情节犯的侦查取证和证明要求，借鉴相关计算机和网络犯罪的司法解释规定的立案标准予以确定。可以拟定为：（1）公布、售卖国家事务、国防建设、尖端科学技术领域的计算机信息系统的安全漏洞的；（2）公布、售卖第（1）项以外的国家机关或者金融、电信、交通、教育、医疗、能源等领域提供公共服务的计算机信息系统的安全漏洞的；（3）公布、售卖第（1）项、第（2）项以外的为一百台以上计算机信息系统提供域名解析、身份认证、计费等基础服务或者为一万以上用户提供服务的计算机信息系统的安全漏洞的；（4）公布、售卖 1 万以上计算机信息系统的安全漏洞的；（5）公布、售卖计算机安全漏洞 5 次以上的；（6）违法所得 5000 元以上或者造成经济损失 1 万元以上的；（7）其他情节严重的情形。

第（1）项的标准是根据《刑法》第 285 条对国家事务、国防建设、尖

---

① 参见夏献法、黄柳：《网上销售窃取他人 QQ 号的木马程序　福田区检察院办理全市首宗“提供侵入、非法控制计算机信息系统的程序、工具案”，犯罪嫌疑人被批捕》，载《深圳晚报》2011 年 3 月 18 日。

② 参见于志刚：《传统犯罪的网络异化研究》，中国检察出版社 2010 年版，第 198 ~ 217 页。

端科学技术领域的计算机信息系统进行严格保护的精神和惯例确定的;第(2)项的标准是根据2011年最高人民法院、最高人民检察院《关于办理危害计算机信息系统安全刑事案件应用法律若干问题的解释》第4条第2款第(3)项规定的"后果特别严重"的标准予以确定的;第(3)项的标准是根据上述解释第4条第1款第(4)项规定的破坏计算机信息系统、数据或者应用程序"后果严重"的标准予以确定的;第(4)项的标准是根据前一项"为一万以上用户提供服务的计算机信息系统"的标准予以发展确定的;第(5)项的标准是根据上述解释第3条第1款第(1)项规定的提供侵入、非法控制计算机信息系统的程序、工具的立案标准予以确定的;第(6)项规定则是参考了上述解释第3条第1款第(5)项规定的标准,考虑到了公布、售卖安全漏洞产业链的逐利性、破坏性;第(7)项规定则是考虑到了公布、售卖安全漏洞的复杂性和变异性,对其他立案标准留有余地,以更为有效地打击公布、售卖安全漏洞的行为,保护计算机系统。总之,根据系统性质、功能、数量、行为次数、违法所得、经济损失数额等既能反映公布、售卖安全漏洞危害性,又能简化侦查取证和证明程序的标准进行立案追诉。

但是,上述定量角度仍然不足。从安全漏洞市场现象中可以发现一部分案件用犯罪数额可以对相关犯罪行为进行定量评价,但是,犯罪数额标准并不能适用于所有公布、售卖计算机安全漏洞的行为。对于公布行为,很可能并没有涉及犯罪数额,此时可以用信息时代公布行为的定量标准,即公布的时间长度、公布的网站、网页数量以及引起的关注数量;对于售卖行为,可能双方并未大成具体的数额,所以犯罪数额标准仍然有可能难以适用。此外,公布、售卖计算机安全漏洞的情节难以都用系统台数予以量化。因为很可能存在大量系统都有同一个漏洞的情况。这种情况下难以确定系统的数量。信息组数的定量标准也难以适用,因为漏洞本身是一种信息,但这种信息一般不表现为计算机信息系统中存储、处理或者传输的数据,所以数据数量的标准也难以适用。

那么,公布、售卖计算机安全漏洞的行为作为信息时代兴起的网络违法犯罪行为是否有其新的定量标准呢?相关统计数据就提供了新的计量方式[①]即考量漏洞本身的数量。但我们可以发现,这里漏洞的个数其实是漏洞的种数,不是指存在一种漏洞的不同系统的台数,而是指不同系统的不同漏洞的种类数量。例如,根据瑞星统计,2008 年黑客常用的各种漏洞共有 16 个,其中既有 MS06 - 014、MS08 - 056 这样的系统漏洞,也有 Flash Player 这样的浏览器插件漏洞,还有迅雷看看、暴风影音等常用软件的漏洞,正是因为这些漏洞的存在,而且用户又没有及时将其弥补,这才使得木马病毒可以很容易的侵入用户电脑。[②] 此外,有必要按照漏洞的不同种类确定不同的量上要求。对于高危漏洞,可利用来实施远程攻击的漏洞的相关行为,应当确定更为严格的定量要求。此外,还可以根据漏洞是否原创区分不同种类漏洞的数量要求,以及根据漏洞影响对象类型对应用程序漏洞、WEB 应用漏洞、网络设备漏洞、操作系统漏洞、数据库漏洞、安全产品漏洞提出不同的数量要求。

对于漏洞种数的运用需要明确漏洞种数的内涵和外延。它既包括漏洞本身具有多种,也包括一种漏洞危害多种对象的情形。只有对漏洞种数标准进行扩展解释才能使漏洞种数标准在信息时代的适应性增强。对漏洞种数标准的扩张适用还可考虑一种漏洞具有多种危害用途的情形。对于具体的用途种数的确定,可考虑的是,采用实质性的区别标准:如果两种攻击性用途在刑法上已经是跨越了类罪名或者说超出了一种法益的范围,那么就应当认定为漏洞种数达到两种。

五、结　语

安全与秩序是法律和社会永恒的目标与愿景。安全是利益的焦

---

① 参见 CNCERT:《国家信息安全漏洞共享平台(CNVD)周报(2013 年第 5 期)》,载 http://www.cert.org.cn/publish/main/44/2013/20130207180604851894504/20130207180604851894504_.html,访问时间:2014 年 10 月 10 日。

② 参见北京瑞星信息股份有限公司:《2008 年中国大陆地区电脑病毒疫情 & 互联网安全报告》,载 http://it.rising.com.cn/new2008/News/NewsInfo/2008 - 11 - 18/1226970618d50435_3.shtml,访问时间:2014 年 10 月 11 日。

点,秩序是利益的屏障,对网络空间中的利益而言亦是如此。刑法上的安全与秩序法益延伸到网络空间,提出了新的定性评价及其定量分析问题,呼唤着一体化的理论求索和实践反馈。在信息时代,网络安全有了新的含义,其与国家安全、公共安全等重大法益密不可分。而探索其独特的犯罪定量评价机制,有不可忽视的重要意义。这不仅是检验和发展既有司法探索的必要途径,也是在学理上对系统构建信息时代的犯罪定量标准的重要探索。未来对于网络安全犯罪的定量评价规则的求索,应当不仅注重司法经验的总结、批判和提升,更要注重具体案件的分析,加强案件的统计分析和实证研究,真正以司法实践"反哺"信息时代的犯罪定量评价理论。

在信息时代,网络秩序的范畴不断丰富和升级,需要全新的定性和定量规则。网络的技术特性决定了网络技术犯罪的技术特点,也意味着网络秩序犯罪的定量评价规则必然是以网络技术为"底色"和基础。未来的网络秩序犯罪的定量评价机制的探索,应当更多地注重司法案例中具体技术"中立"犯罪的特点总结和评估,以检验和发展既有的定量标准体系,为网络秩序的刑法保护夯实罪刑相适应的基础。

《法律和社会科学》(2016)
第15卷第1辑,第255~290页

对话梁治平:法律文化论再审视

陈柏峰 尤陈俊 梁治平 汪雄涛*

陈柏峰:首先,我想不简单地介绍一下梁治平老师。前几天凤凰网、《法治周末》报社等几家单位组织评出了"1978~2014影响中国法治图书奖",共有十本书,①其中有一本就是梁老师的《法辨》,并且在所有十本书当中得票数最高,是毫无争议的。今天是12月4日,"国家宪法日",新华社的一则评论里面引用了一句在中国法学界很出名的话,而这句话的中文原始版权是来自梁老师,就是大家耳熟能详的"法律必须被信仰,否则它将形同虚设"。这是当年梁老师翻译伯尔曼那本《法律与宗教》中的一句英文原文时采用的中译表述,有一种"半文半白"的感觉,有梁老师的语言风格。这是关于梁老师最近的两则新闻。此外我还准备了一个

---

* 陈柏峰为中南财经政法大学法学院教授,尤陈俊为中国人民大学法学院副教授,梁治平为中国艺术研究院研究员,汪雄涛为苏州大学王健法学院副教授。这次对话于2014年12月4日在中南财经政法大学文泰楼模拟法庭(二)举行。文字稿由王福强整理,刘磊校对。

① 2014年11月30日,《法治周末》报社、凤凰网、深圳市福田区人民政府、广西师范大学出版社共同举办的"法治的突破:1978~2014影响中国法治图书"颁奖典礼在深圳举行,评选出了1978~2014影响中国的十大法治图书。

简介。

梁治平,男,1959年生,湖北孝感人(不过梁老师到底是哪里人还有些复杂),1982年毕业于西南政法学院法律系,获法学学士学位,1985年毕业于中国人民大学法律系,获法学硕士学位,毕业后留校任教。1993年调入中国艺术研究院中国文化研究所。2002年参与创办洪范法律经济研究所,并担任所长至今。主要学术兴趣在比较法律史、法律文化、法律与社会等方面,倡导跨学科研究。1985年开始在《读书》《中国社会科学》等刊物上发表文章,并致力于倡导"用文化去阐明法律,用法律去阐明文化"的法律文化观,在中国法学界产生了非常深远的学术影响。梁老师主持出版"宪政译丛""法律文化研究文丛"等丛书和《洪范评论》杂志,出版的专著有《法辨:中国法的过去、现在与未来》《寻求自然秩序中的和谐》《清代习惯法:社会与国家》《法意与人情》《法律史的视界》《法律何为》《书斋与社会之间》《在边缘处思考》《法治十年观察》《法律后面的故事》,①编著有《法律的文化解释》《法律解释问题》《法治在中国:制度、话语与实践》《国家、市场、社会:当代中国的法律与发展》等,②译著还有《法律与宗教》③等。

这是我对梁老师的一个不简单的介绍。那么接下来我们就进入今天对话的主题。本来打算是"现场考试"的,但刚刚在门外提前三分钟把要提问的题目给梁老师大致看了一下,不过这样基本上还是相当于"现场考试"。那先由尤陈俊开始发问吧。

---

① 梁治平学术专著的具体信息为:《法辨:中国法的过去、现在与未来》,中国政法大学出版社2002年版;《寻求自然秩序中的和谐》,中国政法大学出版社2002年版,商务印书馆2013年版;《清代习惯法:社会与国家》,中国政法大学出版社1996年版,广西师范大学出版社2015年版;《法意与人情》,中国法制出版社2004年版;《法律史的视界》,广西师范大学出版社2013年版;《法律何为》,广西师范大学出版社2013年版;《书斋与社会之间》,法律出版社1998年版;《在边缘处思考》,法律出版社2010年版;《法治十年观察》,上海人民出版社2009年版;《法律后面的故事》,广西师范大学出版社2013年版。

② 梁治平编著成果的具体信息为:《法律的文化解释》,生活·读书·新知三联书店1994年版;《法律解释问题》,法律出版社1998年版;《法治在中国:制度、话语与实践》,中国政法大学出版社2002年版;《国家、市场、社会:当代中国的法律与发展》,中国政法大学出版2009年版。

③ [美]伯尔曼:《法律与宗教》,梁治平译,中国政法大学出版社2003年版。

一、学术范式

尤陈俊:有机会在这里与梁治平老师一起讨论法律文化论的问题,我感到非常荣幸。梁老师是在学术上对我影响最大的学者之一。当年我在中南念本科的时候,受到了梁老师所写的《法辨》《寻求自然秩序中的和谐》等书很大的影响。其中,《法辨》是梁老师 20 世纪 80 年代中期在《读书》上发表的一系列文章的结集。不少人在评论《法辨》这本书的文字特色时,称其为"小清新",也就是说文字清新。(笑声)

我觉得,如果要了解梁老师的学术思路,他 1985 年在《读书》上发表的一篇文章非常重要,即《比较法与比较文化》。① 在这篇文章的结尾部分,梁老师提出了一个他自己后来称为"中国式的比较法学的原则",就是刚才柏峰老师所讲的"用法律去阐明文化,用文化去阐明法律"。我自己觉得,梁老师所说的这样一种原则,也可以被称为一种研究的范式。我想请梁老师具体说明一下,您所讲的"用法律去阐明文化,用文化去阐明法律"到底是什么意思?它的具体含义是什么?

梁治平:谢谢,我先说几句题外话。第一个是关于"不简单的介绍"里面的哪年生、哪里人等信息。刚才柏峰也说了,我是哪里的人其实很难说。可能比较准确的说法是 1959 年生于湖北孝感,这一点问题都没有。但要具体说是哪儿人,这就不好说了,不过我是中国人,这一点毫无疑问。(笑声)第二个是关于对《法辨》一书的风格的评论。刚才陈俊介绍说是"小清新",如此时髦的说法我还是第一次听到。当年在《读书》发表文章(大部分收入《法辨》),很多人读了都以为我是一位老人,或者以为我在海外留学多年,跟"小清新"可是差得很远。

刚才陈俊提出的问题,我简短地讲一下。我写"用法律去阐明文化,用文化去阐明法律",是借用了孟德斯鸠"用文化去说明历史,用历

① 梁治平:《比较法与比较文化》,载《读书》1985 年第 9 期。

史去说明文化”的这样一个表述,移过来时把“历史”换成了“法律”。其实文化里面也有历史、有传统、有社会。对我来讲,进入这样一种研究,并不是因为存在一个叫作法律文化研究的学科或理论,而是因为我对所学的东西不满意,对当时流行的法律研究不满意。因为在我看来,法律不应该只是枯燥的条文或法典之类的东西,法律应该是一种活生生的经验,是社会生活的一部分,文化的一部分。我欣赏的是孟德斯鸠《论法的精神》那种类型的研究,那种研究,就法律而言,其实就是“用文化去说明法律,用法律去说明文化”,这也是我的兴趣所在。这个立场当然很宽泛,但对我来说也很合适,我那时需要的就是这样一种视野或立场,而不是一个界定清楚的学科。

陈柏峰:陈俊刚才把梁老师从1985年开始在《读书》上发表的一系列文章,称之为展示了一种新的“范式”。“范式”这个中文词,好像也是梁老师比较早谈到的。说到“范式”,我们确实会觉得你当年提的“用法律去阐明文化,用文化去阐明法律”构成了一种新的范式。那么,当年您在讲这个的时候,是否已经有对之前的那些研究的比较清晰的具体看法?以及,您对您自己的这种研究在学术界里面有怎样的贡献,或者说有怎样的推动,在当时有比较明确的自我意识么?

梁治平:范式这个词出现比较晚,我自己用这个词更晚。所以,要说我一开始就有意要创立一种研究范式,那是不对的。但是就像上面说的,我之所以要“用法律去阐明文化,用文化去阐明法律”,正是对当时流行的法律研究不满意。我给大家讲一个例子。我当年读书的时候,像样的学术书籍和学术刊物极少。在那种情况下,我的“购买力”很强,只要是“好书”,几乎是出一本我就买一本。(掌声)1979年,《法学研究》创刊,我立即订了一年。每期都读,读的结果呢,就是从此不再读《法学研究》,(笑声)后来我还劝其他研究法律的人不要读法学刊物,免得读坏了。这样说好像有点狂,但当时就是这样想的。现在已经不记得当时都读了什么文章,但是很明显,那些文章对我毫无吸引力。如果说当时的法律研究是有一种范式的话,这种范式就是我不满意、不喜欢的。我后来报考外国法制史专业,除了是受当时讲这门课的林向荣老师的吸引,也是因为我想找一个跟法律有关但又离法律最远、同时能满足我在知识上的兴趣的学科。再往后,书读得多了一些,知识慢慢积累,也开始写文章,很自然要跳出当时流行的"范式",不管是研究主题,还是表达方式。这样就有了自己的风格。虽然不是有意要创造新的研究范式,但也是有意为之,因为对自己喜欢什么、不喜欢什么,想要什么、不想要什么还是很清楚的。所以可以说,最后我走到法律文化的研究上来,既是一种自觉努力的结果,也是一个很自然的过程。

汪雄涛:刚才柏峰谈到"范式"这个词,我之前有看到费孝通先生的一个集子,叫《美国与美国人》,它是1980年代初出版的,是费孝通在文革之后去美国访问,回来之后所谈的在美国的见闻。① 其中谈到美国的社会科学研究出现了一个新词,叫作"范式"。我不知道他跟梁老师哪一个讲得更早一点?

另外,今天谈的是"法律文化论再审视",我怎么看都觉得像一个陷阱,(笑声)不知道这个题目是柏峰想出来的还是谁想的。梁老师是我一直以来学习的对象,但后来我再从头看您这些成果的时候,虽然《寻求自然秩序中的和谐》为您带来了无数的行内荣誉以及一个"法律文化论者"的标签,但是我观察到大概是从1996年到1997年,从《清代习惯法:社会与国家》开始,您好像越来越少或几乎不再用法律文化论的这种视角,反而有些转向社会与国家的视角,包括您主编的那套"法律文化研究文丛"的主题,很多都是社会与国家的视角,而没有法律与文化的这种视角。不知道这种现象是否存在?

梁治平:其实我自己用"范式"这个词是很晚的,我是在写《法律史的视界》②那篇文章的时候用了"范式"这个词,当时还专门在注释里说明,我是在什么意义上使用这个概念,这样用这个概念是不是妥当。

说到我个人的研究,如果看研究主题,应该说前后变化不小。特别是2000年前后,研究和写作的心态都有改变。比如,以前的研究以法

---

① 费孝通:《美国与美国人》,生活·读书·新知三联书店1985年版。

② 梁治平:《法律史的视界:方法、旨趣与范式》,载《中国文化》第19/20期合刊(2002年)。

律史为主,后来更偏重在当代;以前的研究计划性较强,后来的研究更多是随缘的,讨论的问题也更多样。比如我讨论《劳动合同法》的问题,[①]对"宣科案"的分析,[②]都跟我过去的研究距离很远。我涉入这些问题,也不是因为对它们有长期的关注,而是由于一些偶然的机缘。前两年广西师大出版社要我编自选集,我把过去二十多年的文章梳理了一下,发现按时间先后来分,大体可以分成历史研究和当代研究两卷。但是这种变化并不是出于计划,甚至也不是有意为之,而是自然而然。这也意味着,这些研究是有某种连续性的,这种连续性是和我过去在知识、方法、思想上的积累有关系的,但这种联系不一定是狭义上专业的、学科的。比如我昨天的报告,讲的是当代的问题。这些主题和关切之间有没有关联?我认为有,可能不像表面上这么明显吧。回到你的问题,我不认为"社会与国家"是一个与"法律文化"无关的题目或范畴。如果说我之前关于法律文化的意义阐释这个部分比较着力的话,我想更多的是与我当时研究的对象、当时所要解决的问题和当时的特殊的心得有很大关系。那之后,不是说这个视角或方法被放弃了,而是在研究不同对象的时候,为了更好地说明它们,我可能会做一些调整,更注重另外一些因素。但在变换的主题和场景后面,还是有些东西延续下来,比如在当代的场域里面讨论、观察某些现象的时候,我依然可能运用文化论的方法和视角。

二、何为文化

尤陈俊:刚才您说是在20世纪80年代提出了法律文化论这样一种进路,但我们发现其实在整个八九十年代甚至直到今天,您倡导的这

---

① 梁治平:《立法何为?——对〈劳动合同法〉的几点观察》,载《书屋》2008年第6期。

② 梁治平:《名誉权与言论自由:宣科案中的是非与轻重》,载《中国法学》2006年第2期。

种进路仍然影响很大。通过看您的文章和回顾性文字,您谈到您的这种研究与80年代的那种“文化热”有密切的关系。在当时那个氛围中,相对而言,法学是一个后知后觉的学科,“文化热”在社会学、哲学方面会表现得更多。您1985年在《读书》上发表的那篇文章《比较法与比较文化》,在开头部分就引用了社会学和人类学论述的“文化”概念,您主张用那种广义的“文化”概念作为自己研究的基础。而“文化”这个概念,属于“我不问你大家都明白,我一问你,谁都说不清楚”的一个概念。在您早期的著作里面,似乎没有一个对“文化”的大致定义。可是在后来的《法律的文化解释》里面,您采用了格尔兹对“文化”的界定。你当初最早采用对“文化”的广义理解,是出于怎样的想法呢?你这样一种对“文化”的广义理解,跟20世纪80年代的“文化热”中其他人对文化的理解有哪些不一样的地方呢?

梁治平:在80年代,如果说我的研究兴趣跟时代有什么关系,我觉得有这么两点。

一个是所谓“文化热”。那时大家都在谈文化,这是一个非常直接的关联。当然,这种联系是一种“合拍”。也就是说,并不是我对文化这个主题本来没有兴趣,只是因为“文化热”的吸引才去谈文化。前面说了,我虽然是在法学专业,但是读书过程中却与法律渐行渐远。我觉得法律应该放在更大的背景下去理解,这个背景可以叫“社会”,可以叫“文化”,也可以叫“历史”,看你取什么内容。实际上,这几个概念我都很看重,最后落在“文化”上,除了和当时的“文化热”有关,也是因为这个概念最能够满足我的兴趣和需要。法律可以被看成是文化,宗教、哲学、艺术、道德也是,观念是文化现象,行为也是。所有精神层面的东西都可以放在文化的概念下讨论。所以那个时候我是在一个很宽泛的意义上使用“文化”这个概念。

关于第二点联系,我觉得“文化热”带给我个人的一个影响,就是它对传统的批判性。这个批判性是“五四”以来的那种批判精神的延续。当然到了80年代,有它自己的问题和特点。它其实是把对现状的许多不满,借批判传统表达出来,结果是把当代人的责任转嫁到古人身上去,有这么一层东西在里面。在当时这种思想氛围里,我也是从现实出发,对传统采取了一种先行批判的立场。只不过,我又觉得,学术讲求公正,立论要有依据,即使是批判,也要先尽可能完整地理解批判的对象。写《法辨》的时候就是这样,一方面有很强烈的批判意识,但同时还是希望保持它的学术品格,我觉得这很重要。

按照我们现在的想法,你要讲文化,要讨论这个问题,就应该先把这个概念界定清楚,先了解有关文化的各种定义和理论。但当时不是这样,因为当时能接触到的学术资源非常有限。我最初接触到的泰勒的文化理论,就是一些支离破碎的知识。当然后来情况不一样了,我们有机会接触到更多更完整的文化理论。后来我用格尔兹的理论来定义文化,是觉得他的定义和方法比较有说服力,而且更合我自己的研究心得。顺便说明一下,我不是在读了格尔兹之后才写比如《寻求自然秩序中的和谐》的,而是相反,我是在写完了这些东西之后才知道格尔兹,才发现这套理论跟我自己在之前的研究中的感受是非常契合的,这时我很自然就会把它拿过来,用来说明和支持自己的研究。这样一个过程很有意思。你发现自己的研究适合用一种理论来说明,而这种理论本身又是很精细很精妙的,这个时候你可以重新审视自己的研究,并得到一个新的起点。这可以说是理论与实践,或者思考与研究实践的一个互动过程。总之,我的研究经历了这么一个比较自然的过程,对文化概念的了解和运用,由浅而深,从简单到复杂,读书、思考、写作同时进行,互相促进,而不是从现成的理论出发,先把理论都弄清楚了再去做研究。

陈柏峰:您讲了您用"文化"这个概念的一个历程。可能早期是在实体意义上的中国文化与西方文化这个角度去讲的,是我们通常意义上的"文化",而后又引入了格尔兹的理论。邓正来教授在他的那本书《中国法学向何处去》里面,系统性地批评了几个人,比如张文显教授、您以及苏力教授。他其中批判的一点,就是说您在讲《法律的文化解释》的时候,实际上前后用的"文化"的意思是很不一样的,前面是带有实体性的,后来到格尔兹的时候,因为格尔兹的人类学是比较强调主观阐释的,所以他认为这是断裂的。你自己是怎么看待他这种批评的?

梁治平:我只能在你转述的基础上来作回应。我认为我这部分的研究前后有发展,但没有什么“断裂”。为什么这么说呢?我开始做的法律文化研究虽然比较宽泛,但跟我后来看到的一些英语文献讲的法律文化也差不多。它关注的主要是一些精神性的东西,比如说行为模式、价值观念、规范性的判断指引、思想和行为当中具有较强的符号性的东西。从这里走到对“意义”的强调,不是必然,但很自然。实际上,我在写《寻求自然秩序中的和谐》的时候,最重视的,就是制度后面的“依据”,用格尔兹的话,那就是“意义”了,而要找出“意义”,或者制度后面的“依据”,就要像解释人类学倡导的那样去理解行动者,要走进他们的主观世界。从《法辨》到《寻求自然秩序中的和谐》我一直注重辨异,尤其是观念的辨异。我强调文化,重点也是辨异,字词的辨异,观念的辨异,制度的辨异,意义的辨异,这本来就是我的法律文化研究的核心,我在格尔兹那里看到一种更好的理论表述,如此而已,哪来什么分裂。

三、辨异与求同

陈柏峰:我继续追问一个问题。您刚才提到做法律研究的“辨异”这两个字,别人也经常这样来概括你的研究,您自己也这样来概括,我也觉得跟我读那本书的感觉比较契合,确实是“辨异”。可是这个法律文化研究还有另外一种路向。咱们学校有个重要的研究机构叫作中南财经政法大学法律文化研究院,这个研究院的创始人是范忠信教授,现在主持工作的是陈景良教授。过去范忠信教授也是做法律文化研究,他有一本书的名字叫《中西法文化的暗合与差异》,①他把“暗合”放在前面,就是他的很多研究说中国与西方有很多一致的地方,所以他叫

① 范忠信:《中西法文化的暗合与差异》,中国政法大学出版社2001年版。

“暗合”。其实他的路向比较倾向于“求同”的一方面,当然他也谈“异”的一方面。所以他经常在文章中讲很多东西,说你们西方古代有的东西,我们中国古代也有。您怎么看待这么一类像范老师的这样一种研究?

梁治平:我觉得“辨异”也好,“求同”也好,都有价值。因为人类的生活就是既有共同的东西,也有不同的东西。我们有无数的题目可以选择,有些题目是有价值的,而有些题目是无价值的。哪些问题有价值,这就需要很具体地去看。我当时为什么要“辨异”呢?是因为我看到讲“同”的东西太多了,而那些讲“同”的东西很差。差到何种程度呢?它不但扭曲了中国的历史、文化和社会,而且禁锢了国人的思想,消灭了学术的精神。这类讲“同”的理论是很粗暴的,比如历史发展的“五阶段论”。“五阶段论”在整个历史领域,当然也包括法律史领域,是有一套完整的叙述的。我当年写书的时候面对的就是一个很庞大的知识体系,这个知识体系是非常教条化的,非常机械的,没有生命力的。所以我比较强调“辨异”,这是很自然的。当然,你强调“辨异”,不等于说你就做得好。这要看具体的研究,也要看你怎么评价做得“好”或者“不好”,要具体讨论。我没有办法对范忠信老师做一般性的评价,我读过他几篇比较长的文章,是关于“亲亲相隐”,家庭伦理和法律的关系的。① 这几篇文章应该属于他讲的“暗合”的部分。我觉得这样的研究是有价值的,有意义的。我在最近的研究里还引用过他。所以我觉得“辨异”和“求同”本身并无好坏之分,好与不好要看具体的研究。每个学者给自己设定了研究的题目,有自己的研究策略,自己的研究方法。这些东西本身都可以进行一个很具体的评判,脱离了这个语境,脱离了具体的策略,抽象地去讲好坏优劣是没有意义的。

如果一个人说“辨异”比“求同”更重要,那我们就来讨论这个问题,为什么说“辨异”比“求同”更重要,你在什么意义上讲“辨异”比“求同”重要。反过来,一个人持完全相反的观点,我们也可以这样来

---

① 范忠信:《中西法律传统中的“亲亲相隐”》,载《中国社会科学》1997年第3期。

讨论。我们需要针对具体的结论和论据展开分析。

顺便说一句,我这个“辨异”的取向,确实和人类学的理论关注和特点有点像。人类学经常关注不同文化之间的差异性、特殊性。特别是格尔兹,他是比较强调“辨异”,特别是两个极端的比较,去突出研究对象的差异性。当然他有他的背景和问题意识,但是对我来说,在理论上就会有一些支援,因为我使用的类型分析方法也是这样,虽然我跟他面对的问题有很多是不一样的。

尤陈俊:我再追问一个问题。您刚才强调“辨异”与“求同”在抽象的情况下无所谓谁优谁劣。但现在包括法律文化研究这样一个大的框架之下,存在许多机械化的所谓中西法律文化的比较、类型化的比较,常常总结说中国的文化有什么样的特点,或中国的文化有几个特点,西方的文化也有几个相对应的特点,往往是相反的。这样的一种所谓“辨异”工作,如果推而广之,把二者对极化或对立化,您如何评价?比如现在许多学者认为中国传统法律文化是一种厌讼的文化,而西方则是好讼的。您当年在做《寻求自然秩序中的和谐》有没有朝着这种对立化或对极化去发展,或者您当时是否就已经意识到这里面会有问题?

梁治平:一个好的理论、方法或者概念,因为被滥用,变得僵化机械,毫无生命,这是完全有可能的。历史上很多很有生命力的学说,比如阳明学,或者之前的朱子学,它们都很伟大。然而朱子学之后,出现很多伪道学,阳明学之后出了很多狂人。这些东西就把世风给败坏了。但是我们不能说朱子就不好,或者说阳明就不好,虽然他们的学说里会有某种东西是值得警惕的,可能存在某种漏洞。这些可以再讨论。当然我的意思不是把自己比作圣贤,我是说这么伟大的学说都可能这样,一般等闲思想、观念被误用、滥用也没有什么好奇怪的。

有关中西法律和文化的比较,是存在你说的那类问题。其实“中西”这种说法本身就值得警惕。“中”是什么?要追究起来其实很复杂,几千年的历史,好多的文明融合在一起,最后人们讲到“中”的时候,心里可能是以汉族为“中”,以儒家为“中”,这是一种文化霸权,对其他文化是不公正的,而且实际上是对历史的另一种利用和曲解。同样,“西”的概念也难免笼而统之。我们知道西方有不同的法系,法系内部又有区别,文化上的差异性也是非常大的。所以,涉及中西法律文化的比较研究,是要比较小心的。《寻求自然秩序中的和谐》这本书处理的是中西法律文化的问题,重点是通过同西方法律历史文化的比较,认识中国传统法律的精神特质。这种策略是不是可行,结论是不是有说服力,自然都有讨论的余地。如果现在让我重新回过头去写同样的主题,肯定跟以前不一样。首先掌握的资料会比以前多,对一些问题的看法也不一样了,思想更成熟一些。当然,是不是因此就一定比以前写得好,那也不一定。有一个朋友,认识我以后跟我说,他当年读这本书的时候很激动,在书上画满了道道,心想这个人写这本书的时候还不到30岁,以后可怎么办啊。这本书真的有这么好吗?也不一定,但其中应该有些东西让人印象深刻,也许是片面的深刻,幼稚的深刻,有一些打动人的东西在那里。所以我只能说,现在让我重新写这本书不一定写得更好,但我一定会重新写。(掌声)

陈柏峰:我继续追问这方面的一个问题。谈到文化,大家可能都会有一种价值判断,觉得西方文化优而中国文化劣。可能“五四”以来都是这样的吧,这是一个总体的倾向。当然最近党中央号召我们要有文化自信,但总体上来看,从知识界到社会,这种倾向还是很强的。凭我的印象来说,在您的著作当中,对文化的表达不是那么直接,有一些隐晦,但我模糊地感觉到,比如《法辨》和《寻求自然秩序中的和谐》这两本书里面,对中国文化的态度可能批判性还是要多一些,到《法律的文化解释》的时候,这种同情式的理解要更多一些。有没有这样一种区别,或者说什么会促使你有一点点转变。

梁治平:细心的读者可能会发现这方面的变化。我自己当然更能感受到这种变化。最开始的那种讨论批判性是很强的。那个时代的风格就是这样的,作为个人,而且是一个年轻人,很容易受时代的一些影响。但是我说了,我觉得要以公允的心情、心态去对待古人,去对待传统。要批判传统,你要先了解传统是什么,这是我当时的一个基本的心态,写《法辨》时就是抱着这种心态的。我经常区分《法辨》里的两个东西,一个是研究的方法,另一个是具体的结论。我觉得结论也许不是那么重要,方法的部分,思考的部分,那个过程可能更重要。写《寻求自然秩序中的和谐》用了将近一年的时间,如果从写《法辨》和《说治》算起,前后有三年时间,我自己就能感觉到内心的变化。就是说当我试图去理解研究对象的时候,就意识到要放下一些流行的定见,而随着理解的深入,又可能发现需要调整自己的立场和态度。诚实地面对自己,面对古人,你必须这样。我们过去学的历史充斥了教条,我们的历史观念和知识,其实都充满了偏见,不光是现代人的偏见,而且是特定意识形态的偏见。你一定要打破这些偏见,才可能进入到古人的世界中去。比如管子的重农思想,仔细观察,在他的那个时代是有它的道理的。还有比如历来地方官对"讼师"的打压,也不是不可理喻的偏执做法。用阶级分析的方法,或其他一些现成的看法去套,并不能很好地解释当时人的行为。今天的研究者需要进入当时的历史情境,要试着从当时人的角度去理解他们的思想和行为。毕竟,他们对那个社会有他们自己的理解,而当时社会的形态和我们今天所处的社会形态也相去甚远。

回到《寻求自然秩序中的和谐》,其实上面说到的变化在这本书里就可以看到,而且由于写作和出版的过程都很仓促,也没有机会把这些变化很好地处理一下。所以书一出来我就想到要做一些修订,除了补充一些资料,主要是要改掉一些比较情绪化也比较轻率的表达。因为那不是一种严肃的学术态度,不是一种对待历史的适当态度。至于《法律的文化解释》,它写得比较晚,应该是 1992 年、1993 年完成的,当时是想总结和回顾自己前面的研究,特别是在方法论方面的心得。跟《寻求自然秩序中的和谐》不一样,这篇文章不是那种实体性的研究,而是理论性的,只不过,在对方法论的讨论中,它也接续了基于理解而产生的对历史的一些新的看法。

汪雄涛:我接着"辨异"再说两句。大概是自 1840 年开始,中国一直自觉或不自觉地面对西方的参照系。老一辈的学者,像费孝通先生、梁漱溟先生、瞿同祖先生,一直就在阐明一个异于西方的中国。我们看到这种"辨异"会强调一些跟西方很不一样的特质,从而去提炼出一些概念。比如说瞿同祖老先生,他认为他一生最大的贡献在于提出了法律儒家化,但其实当我们去考察中国法的实际运作,可能儒家化的内部结构会更复杂一些。比如,我曾经有一个研究,去考察亲属之间的争讼,①通过亲属争讼的比例看当时家族中司法的权威,在社会控制中,这种权威在多大程度上是存在的。后来我发现可能法律儒家化在某种程度上是被夸大了的。家族中的这种利益争斗,包括像柏峰去做的很多这种社会调查,使我们发现实际的中华文化的内部结构要比我们过去提出的法律儒家化、家族社会要复杂得多。所以我想问的是,我们如何克服作为一种方法的这种类型论或文化论,或者在"辨异"的时候,对"求同"的一种无意的忽略,或者说在定义的同时,可能对"异"是否夸大了。您怎么看?

梁治平:"辨异"这个问题,刚才我们一般地讨论了一下。你提到的例子,比如瞿同祖先生的法律儒家化说,与其说是"辨异",不如说是对某种历史现象的概括。概括总是需要的,但也会有种种问题。法律儒家化的说法不能说没有根据,但可能有照顾不到的地方,也可能遮蔽某些问题,看到这里面的复杂性,是我们对历史观察越来越成熟的一个标志。但抛开这些不论的话,我们在某个抽象的层次上,可不可以做出一些概括,比如说中国法律的传统有某些特征,有的人举出3个,有的人举出5个。如果我们持一个比较开放、比较有弹性的立场,又言之有据,那么这些认识对于我们可能还是有帮助的。

就西方而言(当然我刚才说了"西方"也是一个很复杂的概念,暂且还是用这个简单的概念吧),一般都认为,西方是基督教文明,早先有希腊的影响,然后经过文艺复兴、启蒙运动发展起来。其中有很多不同的国家和民族,有不同的风俗、习惯和制度,但总的来说还是有很多共同特征的,包括语言(语系)。那么,针对某些特定问题,或者

---

① 汪雄涛:《明清判牍中的亲属争讼》,载《环球法律评论》2009年第5期。

作为某种研究策略,我们有没有可能基于那些共同特征进行文明之间的比较研究呢?客观地说,当我们讲到世界文明的时候,比如说轴心文明,我们其实是假定这些文明各有其特征,各有其统一性,而且,它们之间的关系也不相同,有些文明距离较近,有些相距较远,有些可能是在两极上。

当然,任何研究都可能会夸大和简单化。抛开这些不说,对照性很强的文明的例子也是有的。我们以语言为例。语言学家、人类学家研究印欧语系,发现其中有很多差异和变化,但这里面还是有某种关联性和规律。然后他们去研究汉语,就发现"连头上的天都变了"(这是语言学家萨丕尔的说法),差别太大了。比如法国汉学家谢和耐,他研究宗教,发现想让中国人理解西方的神学观念有特别大的困难,而这种困难和语言结构有很大的关系。在中国的语言结构里面,经常没有主语,这跟西方语言很不一样。西方语言,还有很多其他语言里,有很强的施动者的观念,而中国没有。这会影响到思维,产生不同的精神表达或者精神的创造物。再举一个法律方面的例子,昂格尔写《现代社会中的法律》,他想要说明他所谓的"法律秩序"是如何(在西方)产生的。这是一个韦伯式的问题。他这样做的时候就发现,四大文明中,伊斯兰文明、印度文明相对于中国文明比较居中,西方文明和中国文明各居一端。因此,要说明近代法治秩序为什么能在西方出现,中国就成了一个反例。他不是汉学家,他也不懂中文。顺便说一下,韦伯的研究也是把中国当作一个反例,中国宗教,或说儒教与道教,是作为清教的反面来研究的。这种研究本身很有意思,但也有很多问题。林端教授在他的新书《韦伯论中国传统法律》中①有对韦伯的批判,指出了韦伯方法论上的一些问题,主要是他混淆了文化内比较和文化间比较,把共时性问题变成了历时性问题,因此产生了一些成问题的结论。

① 林端:《韦伯论中国传统法律:韦伯比较社会学的批判》,中国政法大学出版社2014年版。

四、文化类型学

尤陈俊:刚才您谈到了“辨异”,也提到韦伯。韦伯有一个很重要的研究方法叫“理想类型”。我看您早期的研究,包括《法辨》和《寻求自然秩序中的和谐》,总体上采取的仍是一种文化类型学的比较方法。在做研究时,这一比较方法在运用到中西文化的比较的时候往往会得出两者之间是无法通约的,即两者之间存在着本质上的差别的结论。这有些类似于基因决定论,即后天无论再怎么努力,最后两者也不可能在一起。这种状况就会有意无意地将西方的法律文化作为一种评价的标准,而不仅仅是作为一种参照,西方文化成为评价中国文化是好是坏、是处于一种什么阶段的一个最后的标准,而不是仅仅作为一种平等的参照。很多学者其实对这一点有很多批评,比如邓正来在他的书中专门就这一点批评了您的研究。我不知道您是如何看待这种文化类型学的方法或者这样一种受韦伯影响很大的方法在法律文化研究当中的运用的?

梁治平:我觉得文化类型学作为一种方法,有助于凸显某种东西、说明某种东西,但是另外一个方面,它也会遮蔽某些东西,在不自觉的情况下,这种方法可能会流于僵化、封闭。这是第一点。

第二点,关于评判标准,我不认为文化类型学的研究必定导向用某一种类型去评判另一种类型,比如用西方文化来评判中国文化的优劣。恰恰相反,类型学方法是比较相对主义的。如果不可通约或者不相交,那你怎么去评判呢?只有在可通约的、有公约数的情况下,才有共同的标准可以来评判差异。就像赛跑,同一个赛场,同一个终点,才能看谁跑得最快。如果向不同的方向跑,南辕北辙,目的地就不一样,你怎么去评价呢?类型学讲的是目的地不同,道路不同,涉及中西历史文化,它的意思是:中国社会并不是内在地要发展到西方社会后来发展出的那个方向上去。梁漱溟说得比较清楚,我引用过他的话,他说中国人不是同西方人走一条路线的，因为走得慢，比人家慢了几十里路。如果没有和西方接触，再过几十年几百年，中国也不会有西方的民主科学。

当然，这种情况后来改变了，这种改变带来了评价上的问题，也让这个问题变得比较复杂。过去不同文明之间的交往，如果只限于如郑和下西洋，或一些比较表面的、浅层的交往的时候，或者实力明显失衡的交往的时候，至少强势的一方可能就会保持自己独立的发展轨迹。但是中国后来碰到的问题是全球化。大家都被裹挟到全球化的浪潮里面，没有任何一个民族和文明可以置身事外。从文化的角度看，这是一个文化融合、文化变迁的过程，也是文化发生改变的一个很常见的现象，只不过近代这种现象不是很常见。因为这个过程很暴烈，而且规模非常大，像中国这么悠久的文明基本上瓦解了、破碎了。这样的事情是不常发生的，但是它确实给这个社会带来了文化改变的契机。这个时候评价的尺度就会发生变化。

说到评价，我觉得还有一个很重要的问题。现在很多人从现代民主、自由的立场出发来审视中国文化，或者认为中国过去就有这方面的资源，或者认为中国完全欠缺这方面的资源，进而得出肯定或者否定中国文化的结论。还有人正面评价中国文化，但认为还需要从中开出一些它没有的思想和制度。对于这类做法，有人不以为然，认为这样取舍其实是扭曲、阉割了中国文化。在方法论上，我同意这种批评，但我也不认为不一样的文化之间无法沟通。比如，我认为中国文化没有发展出权利(rights)这个观念，也没有发展出西方的个人自由的观念，而是另有一套观念，一套和“权利”或者“个人自由”非常不同的观念，以及相应的制度安排、生活情态。但这也不是说，中国社会恰好是西方社会的反面，就像今天人们认为的极权社会是自由社会的反面那样。事实上，今天确实有很多人把对现代专制社会、极权社会的看法投射到中国古代社会里去了。这是不对的。中国文化发展出来的那套思想和观念，还有传统社会的样态，的确和西方的不同，因为它不是一个路子发展起来的，它的思想方法不一样，使用的概念也非常不同。比较西方的概念和思想，有所短，也有所长，而且有相通的地方，虽然不是共同的，却是可以沟通的。这个问题很复杂,但不管怎样,文化类型的研究方法本身,并不意味着把西方文化变成评判中国文化的标准,这是肯定的。

尤陈俊:您刚才的回答,让我想起林端老师在他的《韦伯论中国传统法律》里面对韦伯的方法论的批评。他认为韦伯在研究中国的法律文化时犯的一个最大的错误,是把文化间的比较处理成文化内的比较。就好像你刚才说的,中国和西方它应该是两个不同类型的文明,但是在韦伯的笔下,他把它处理成同一种类型文明的不同发展阶段,因此使得西方文明发展处在形式理性的阶段,而中国文明就会停在一种实质非理性的阶段,就会成为一个发展路径内的不同阶段。但按照你刚才所说的,韦伯的这一套东西是有问题的,其实它不是在一条轴心上发展的。

梁治平:对,韦伯把西方内部的一个发展,变成了文明间比较的框架,这样,文明类型的差别就变成了历史阶段上的不同,中西之别成了古今之别。到底是中西还是古今,中国在二三十年代争得很厉害。后来唯物主义史观占了上风,于是只有古今的差别,没有东西的差别。现在看来没那么简单,其实这两种东西都有,中西的差别(即类型的差别)与古今的差别(即传统社会与现代社会的差别)是交织在一起的。

汪雄涛:我就接着类型化再讲两句。我觉得类型化并非必然,但很容易产生的一种倾向是化约。比如像中国法律传统,我们经常会说是儒家的,甚至会说是家族社会等。但其实我们知道在中国的底层社会,家族化的倾向首先是有南北之分的。到宋代,特别是到明清社会才变得更为明显的,是商鞅的政策"民有二男以上不分异者倍其赋"对中国家族化的巨大影响。所以我们经常会对中国法律传统做一些类型化的表述,且很容易被化约。

有时一谈到中国文化,或者说法律文化,我们就说是儒家的,一说儒家的就是孔子。这种类型化的现象极为严重,包括习近平前几天一谈到中国的东西就谈儒家的。所以我觉得这种化约的结果会带来一是对中国社会科学的研究,二是对中国社会的阐述可能会是非常粗糙的开始。我有观察其他学科的研究,包括社会学、人类学的研究,他们很多研究是以费孝通先生等的论述为逻辑起点,然后再开始进行逻辑推理,但很有可能这种家族化的论述是不够精致的。其实很多人并没有详细分析前辈学者的表达。有关家族化的问题,比如费孝通先生有一个很重要的表达是“差序格局”,这个里面是有“私”的观念在里头的,并不是一个简单的家族化的结构。我不知道您怎么看这种化约的危险的?

梁治平:这种化约我想在所有的研究、学科、方法里面都有可能存在,而且对化约的做法大家都是持否定的态度,不断有学者在批判这种做法。化约肯定是不可取的。类型化本身会不会产生化约的结果?当然会,所以在这种研究里面我们要小心地去避免这种做法。如果能保持比较高度的反省和警惕,我们可能会比较好地避免这种结果,我们会留有余地,避免简单化,保持足够的开放性和弹性,如果有例外情形,我们存疑,如果例外很多,我们可能做出调整,修正原来的结论。我觉得这是学者应该有的一种态度,尽管在方法论上,注重类型的研究可能比较容易产生化约倾向。

但是,类型学研究不会因此而变得没有意义,它还是有助于我们了解和认识这个世界。当然,有好的类型研究,也有坏的类型研究,但是无论好坏,都需要运用归纳、综合、概括、抽象的方法。这些方法是必要的,但是运用不当,就可能变成“化约”,按负面的用法,化约就是简单化的、不恰当的概括,没有照顾到现实世界的复杂性。不过,有些对类型研究的批评也不是好的批评。比如,在微观层面上有效的批评,放在宏观层面上显得很无力,甚至不相干。有的批评指出了一些问题,但它提供给我们的东西,没有它批评的提供给我们的东西更多,或者,它没有给我们一个对世界更好的认识。总之,涉及具体的研究,类型研究也好,对这种研究的批评也好,都有可能是很好的,也有可能是不好的,要做具体分析。其实,化约的问题远不是类型研究独有的问题。化约在所有的地方都会产生,因此,对这个问题保持一种自觉和警惕是很重要的。

汪雄涛:关于这个话题,我还讲最后一个问题。当我们在谈到“辨异”的时候发现你在《寻求自然秩序中的和谐》这本书中有一个很有趣的方法,就是在“异中求同”。比如我们很多人讲到儒家和法家的时候会讲到他们如此地不同,但我记得你说儒家和法家有一个共性就是“去私”。我觉得“异中求同”的风险要比纯粹“辨异”小得多。又比如,我还注意到一个概念,可能现在很多人都没有注意到,即中国哲学观念中的“平”。我去考察“平”的时候,就发现不止儒家,法家、道家都在讲“平”。我们一说儒家就会讲到“孝悌忠义礼义廉耻”,但是很有意思的一个表达是“修身、齐家、治国、平天下”,“平”是一个最高的哲学概念。而“平”不是儒家独有的,是当时先秦诸子共有的,我看他们在很多论述中都有这个概念。所以我有时候觉得在“异中求同”可能会比单独“辨异”的风险会低一点。

梁治平:我不是从风险的角度去看待这个问题。《寻求自然秩序中的和谐》的关注点,有异,也有同,这和讨论涉及的层次有关。我注意到,中国文化从它的起源开始,经历先秦时期逐渐定型,形成了一些长期支配人们思想的东西,我称之为中国文化的“神圣传统”或者叫作恒久的传统。像你刚才说的“去私”。当然“去私”的观念也很复杂,特别是到了明代以后,关于“私”的讨论,有一些跟以前不大一样的东西。这个时候,“异”和“同”的关系就更复杂。还有“法是什么”的问题。我认为,儒家和法家在先秦以后在“法是什么”的问题上是有共识的。

我想说的是,如果在一个文化里面,在表面上争论很厉害,甚至水火不容的那些思想学说背后有共同的东西,有我上面说的恒久的“神圣传统”,那是特别能说明问题的。那应该是一种高度的共识,它不但长久地存在,而且不言自明,大家习以为常、习焉不察,没有人去追问和质疑,这种东西对人心的支配是隐蔽的、牢固的。古人有很多争论,正因为有这些隐蔽的前提性的“共识”才可能发生,比如“任法”还是“任人”之争,“德刑”之争,“义利”之争等。我对异、同的关注和处理,就是基于这样的认识和考虑来的,跟“风险”没有关系。其实,求同还是辨异本身并没有风险更高或更低的问题,因为都可能出错,因为你的结论是否成立取决于你的论据、论证是否充分。从这个意义上说,它们的风险是一样的。如果方法运用不当,思考不周,“求同”跟“辨异”一样,都会有很大的问题。

陈柏峰:我抢一次话筒感觉好难啊,抢了半天才抢到。(笑声)刚才我们谈到方法论的文化类型学,对这个话题我也简单地谈一下我的看法。我觉得其实所有的研究都是一种化约,化约是不可避免的。事物如此复杂,你只要研究它,讲它,你就化约了。但问题在于你能不能把核心的问题化约出来。有可能化约的时候,你把核心的放过了,把不重要的化约出来了,那就是一个失败的研究。你把核心的特征化约出来了,大家一看你讲的就是这个东西,抓住核心就可以了。梁老师刚才也讲了,其实不止是文化类型学会有这个问题,所有的方法甚至广义地来说,只要是研究都会有这个问题。再广义地来说,只要是“表达”就有这个问题。比如说梁老师在这里讲,过一会儿我给人表述梁老师所讲的,我就已经在化约了,因为我没有办法完全还原梁老师所讲的,甚至我都没有办法抓住他所要表达的所有的意思,他的表情、眼光等。可以说,化约是无处不在的,人只有化约才能交流,才能理解。

梁治平:我相信各位在听我们讲的时候,都在做“化约”的工夫,因为不“化约”就没有办法去掌握所听到的信息。所以信息的传播就很容易出错,所以刚才我说到,对于邓正来的批评,我只能以你(柏峰)的转述作为我的回应的对象。

五、法律人类学

陈柏峰:我接下来还想谈一个方法的问题。在您早期的研究中,孟德斯鸠、梅因这些人对您的影响还是很大的。后来的研究其实受人类学的影响比较大,包括格尔兹的影响,再包括芮德菲尔德的“大传统与小传统"的影响,①那您怎么看人类学的方法对法律史的研究,甚至我们最近青年人搞的社科法学的研究的影响?

梁治平:我不是人类学家,对人类学也没有深入的研究,但我个人从人类学中受益,刚才你也提到了。我欣赏人类学的最重要的一点是它的反思性:它是一门反思性很强的学科。它去研究"异文化",然后把不同的文化经验带到自己的视野当中,给予它各种解释,有的是客观主义的,有的是主观主义的。不管怎么样,都很有意思。这是人类学对我非常有吸引力的地方。至于说它对法律有什么样的益处,首先它产生了一门学科,即法律人类学,在法律研究里比较系统地来运用人类学的方法。

除此之外,是否还有益处?我们可以各取所需,从它的传统里面找到很多的滋养,比如作为方法的田野研究,它的整体观察方法,它的参与式观察,它对事物非常细致的"辨析",特别是它那种很强的反思性格,这些对我们研究法律现象是很有帮助的。但是,如果你说它对规范性的法律学习或实践有什么帮助,那也未必。我们四个人坐在这里,可能是"臭味相投",大家都觉得法律应该放到这个位置上来认识,相信只是在传统内部去解释法律是不够的,还应该从它的外部去观察它,或者把它作为一种社会现象去理解。如果持这种看法,那人类学当然就是一种很宝贵的传统。但对于没有这种兴趣的法律学子来说,人类学有什么益处呢?

我们学法律,成为法律人,做律师去为当事人的利益服务,或者做法官去使用法律,当然要在法律传统内部,按法律的要求做事。但不要忘记,那只是你的职业、你的社会角色。但你首先是一个人,人是完整的,他还有好多需求,包括精神上、知识上的需求,那是超出社会角色所要求于你的。这个时候,我觉得我们每个人都应该会有一种受教育的

---

① "大传统与小传统"是美国人类学家罗伯特·芮德菲尔德(Robert Redfield)在1956年出版的《农民社会与文化》(*Peasant Society and Culture:An Anthropological Appoach to Civilization*)中提出的一种二元分析的框架,用来说明在复杂社会中存在的两个不同文化层次的传统。该书中译本可参见[美]罗伯特·芮德菲尔德:《农民社会与文化——人类学对文明的一种诠释》,王莹译,中国社会科学出版社2013年版。

需求。我说的受教育不一定是受老师的教育,也不一定要受学校、机构和什么组织的教育,而是一个开启自我心智的过程,就是学习如何去看世界、如何去反省人生。这意味着你可以重新去看法律,甚至去看你自己的角色,就好像你完全超脱了,去看你怎么去适用法律、法律对你会发生什么样的作用、法律在这个社会当中起什么样的作用。在这个时候你应该是跳出法律之外去看的。所以在这个意义上,我觉得我们每个人都不同程度地可以从人类学当中获益。

尤陈俊:我是否可以这样理解,您刚才所讲的人类学的视角,其实有助于反思我们自身的一些问题。其实我觉得您在您最早的书中,包括《法辨》和《寻求自然秩序中的和谐》,除了汲取人类学的滋养之外,还有一种方法,即语词的分析的方法。比如在《法辨》里面,我觉得您对中西法文化的法的概念的背后的含义,做了十分全面的分析、更深刻的辨析。在《寻求自然秩中的和谐》中,您对中国传统的"家""刑""法""律""公法""礼法"这些概念也做了辨析。我不知道您是怎么认为的:在法律研究中,使用语词分析的方法,有哪些优点,或者说在运用这种方法的时候,有哪些地方需要注意?

梁治平:语词涉及的是非常基本的问题。语词是我们的认识符号,表达符号,而且是一种浓缩的文化符号。语词构成了范畴,构成了概念,这里面蕴含的东西往往是文化长期积累下来的。当然现在许多词可能是昙花一现,有些词大家用了几年,不流行了就不用了,每年又有很多新词出来。这种词可能没有那么深的文化意味。但是我们看传统的词汇里面,很多都非常厚重,传递了丰富的历史文化信息,是我们认识历史,也包括现在的一个非常重要的入口,或者说媒介,甚至有的时候,它就是我们要认识的事物本身。

这里有个非常重要也是非常微妙的问题,那就是现代汉语的性质,它与古代汉语的关系,其实也是古今两个世界、两种思想的关系。现代汉语是一种语言,但也不单纯是语言,而是一种经过改造的,融合了新的世界观、生命经验的语言,它的重要性怎么说都不为过。现代汉语和古汉语之间的关系非常微妙。一方面,现代汉语里很多字和词都是从古代传下来的,而且也或多或少地包含了过去的一些意思;但另一方面,它们同时又有了新的意思,里面进来了很多"异文化"的因素。结果,我们在用这套语言讲述历史的时候,不经意之间,就把历史曲解了,改变了。我们都有这种经验:读一段古文,觉得很精彩,但是用白话文把它翻译出来,你会发现真的是淡如白开水,一点味道都没有,而且很可能还不能把原来的意思完全转达出来。尽管都是汉语,用的字和词也都是古已有之,但就是不一样。广义上说,用现代汉语讲古代的故事就是在翻译,而且是文化间的翻译。文化间的翻译很难,想象一下用中文去翻译意大利语的诗,或者用俄文去翻译中文的《红楼梦》,有的批评家就会说,翻译剩下来的东西是诗,翻译过去的都不是。那翻译是不是完全不可为呢?也不是,它毕竟把那个意思传递了,让另外一些语言的读者领会了。但领会的是不是"原初"的意思,就存在疑问了。当然,"原初"是打了引号的,因为本来诗无达诂,理解是各种各样的。翻译其实就是文化之间,甚至是人与人之间沟通的最微妙的、最有趣的过程。它既是可能的,又是不可能的。中西之间、现代语言和古代语言之间都有这个问题,而后者的关系可能更加微妙,更加复杂。因为现代汉语和古汉语之间的传承关系,很容易产生误导,让研究者一开始就误入歧途却毫无知觉。但是反过来,在这个方面做深入、细微的辨析,对我们认识世界也会非常有益。

《法律的文化解释》对这个问题讨论较多。这实际上是一个可以在学术上深入探究的话题,在学者当中有过很大的争论。人类学家在讲述另一个民族的故事的时候,用什么样的语言去讲述?如果用部族的语言,没有几个人能懂,研究部族的人和部族的人能懂,但不够啊,你要把这个东西传递到世界的其他地方去。但传递就是翻译。翻译会不会把最重要的东西给丢掉了,或者把它曲解了。这是非常严峻的问题。到底使用什么样的语言好?这既是一个困难的问题,又是一个特别有趣、蕴含着创造性的领域。我个人很注重语词的研究,虽然我的研究还很粗浅,但方向是对的。问题是很多研究者没有这种意识,当然也就谈不上自觉,他们的工作是翻译,是转换,但他们没有意识,还以为是在客观描述，这就很糟糕。这项工作其实要求很高的自觉性、技巧性，这对研究者是很高的要求。

尤陈俊：刚才您讲的问题让我想起了在人类学领域中有一场非常著名的争论，就是格卢克曼和博安南的争论，他们去研究不同社会部落的时候，最后写出的著作使用的一些观点和概念是应该使用他们本部族的那些固有的语词，还是使用当时西方通用的语词。① 其实就是你刚才所讲的概念在不同文化之间的转译有没有可能的问题。但是这个问题我们今天有一种所谓的定论：我们做研究必须要对它做一些转译的工作，至少一些必要的工作是不能省略的。刚才你也谈到了人类学。按人类学家芮德菲尔德的分类，他把文化分成了大传统的文化和小传统的文化，但在您的研究里面，如《法辨》和《寻求自然秩序中的和谐》这两本书里面主要是关注大传统的法律文化，而到了后来，包括您出版的《清代习惯法：社会与国家》那本书的时候，关注的是小传统的文化。我不知道您是怎么看待这种大传统文化和小传统文化的区分，以及后来您从关注大传统到转向关注小传统，这背后有什么样的因缘在促成，或您觉得您这种学术关注中心点的转移有什么比较重要的意义？

梁治平：对我来说，这是一个很自然的过程。《寻求自然秩序中的和谐》里面有五章都是在讨论所谓"民法"的问题。一般都认为，中国古代民法不发达，这种看法其实也是假定，现代法律（实际也是西方法律）的范畴、分类具有普适性。而我要说的是，中国古代法的精神是从它的文化里来的，在这种文化里，"民法""私法"这类概念从一开始就不会有，它不符合这个文化的逻辑，这类概念本身就自相矛盾。在中国，法是君主垄断的东西，跟"公"相连，而且，现代民法里的一些基本内容，古人认为不重要，让"民"自己处理，而"民"的习惯只是"俗例"，不是法。这和西方的传统很不一样。我们知道，古罗马时代，外事裁判官依据习惯裁判案件，发展出万民法，法学家从中阐发学理，发展出私法学。这样的事情在中国没有发生，也不会发生。当然，这并不是说中

---

① 关于这场争论，可参见王伟臣：《法律人类学的困境——格卢克曼与博安南之争》，商务印书馆2015年版。

国人的生活里没有西方或者现代民法要处理的事务或内容,比如各种各样的交易、合同、雇佣关系、租赁等,更不用说婚姻、继承这些了。如果只看制度的功能,你也可以说,这就是中国的民法,事实上,过去中国法制史就是这样做的。这样,中国法制史自然可以放在一个现代的也是西方的法律概念架构里讨论、评估。而我希望揭示出技术、制度、功能层面后面的东西,那就是意义,或者,用我当时的说法,制度后面的根据。不同社会的制度,只看功能,接近的甚至重合的地方会多一些,社会的经济形态相近(比如都是农业社会)更是这样,所以人们会说,你看,西方有,中国也有,都差不多,只不过西方发展快,中国落后罢了。但从文化类型的角度看就不是这样,中国社会所经历的阶段、发展的方向,还有它的生活样态之所以不像西方社会的,根本的原因还要在文化、也就是社会的意义系统中去找。借着讨论"民法"问题,《寻求自然秩序中的和谐》从不同方面进入这个意义系统,最后是用"礼法文化"和"私法文化"这样一种概括和区分,来说明中西法律文化上的差异。

但是,这个工作做完之后,我觉得有一个很大的缺憾,就是从大传统角度讲的这些问题,比如"无讼"作为一种努力、一种理想,还不能在微观层面上说明实际的社会生活是怎样的。老百姓还是会有诉讼,他诉讼想要解决什么问题,或诉讼之前,这个纠纷有了,那这个纠纷产生的秩序的背景又是什么?这些问题其实是小传统里面的,需要深入日常生活中去考察这一部分。后来有了一个机缘,我就做了这个方面的研究。当时写了一篇论文,后来把它发展成一本书。这个自然也很符合我的学术旨趣,它也是社会学、人类学非常关注的一个方面,即实际生活的样态。

区分大传统和小传统,我觉得很有帮助。因为我们通常讲文化、讲传统的时候(特别是20世纪80年代),都是在讲大传统,讲经典,讲思想史。人类学讲文化,离不开小传统,比如李亦园先生,他讲文化就很注意小传统,如民间宗教等。文化的这部分实用性比较强,让我们看到社会生活的另一面。而在中国的语境里面,它和大传统之间构成什么样的互动关系,也是非常值得注意的,这也是我研究中的一个重点。

陈柏峰：刚才讲到人类学的研究，是运用内部语言好，还是外部语言好。这个问题放大一点来看的话，我觉得是一个萨义德所讲的“东方学”问题。实际上所有的后发国家都面临这个问题。比如我们现在大学校园里面用的一套东西都是西方来的，离开了西方的语言没有办法来表达自己，可以说是后发国家的一个悲剧。后发国家的人要么没有办法来表达自己，要么一表达自己就是用别人的东西来表达自己。我们从近代以来，包括“五阶段论”，也是这么一个问题。我们想要表达自己，但我们又要借助别人的工具，结果一表达之后又不太像我们自己，就是这么一个悲剧性的冲突。我觉得它是广泛地存在于我们学术当中的。当然这个过程又会变得很复杂，复杂在什么地方呢？本来不是那个东西的，你又要用那个东西来表达它，慢慢地它就变成了那个东西。比如说我记得您研究过申冤与维权，[①]这个东西实际上变得越来越难以辨析。它本来最开始可能是申冤，但我们却要把它说成维权，因为我们现代语言没有申冤这回事，只有维权，那么就用维权去表达它。然后那个受众，包括那个行动者，听说自己的行为被描述成维权以后，他自己也就表达说自己就是维权，逐渐地他就成了维权。概念、行动、结构或者观念之间这种不断复杂的互动，也许我们的现代就是这么一个过程，包括社会的、学术的现代化。但我这不是一个问题，是一个评论，想到了很多，很复杂。

梁治平：你提到《申冤与维权》这篇文章，这是用法律的文化解释方法来处理当代社会现象的一个尝试。我们看到，强调意义的文化研究视角是可以用来观察当下社会现象，指导我们的研究的。我们可以从意义的角度来考察社会行动者的行动。传统上，“申冤”是一个很有意义的符号，有正当性，有号召力，可以产生社会影响。但在今天，无论是作为工具，还是一种意义表达，它仍然很重要。而“维权”是一个现代概念，这两个词、两个概念代表了两个世界，而这两个世界今天其实是挤压在一起、融合在一起的。所以，文章里当事人的维权不是单纯的

---

① 梁治平：《申冤与维权——在“传统”与“现代”之间建构法治秩序》，载《二十一世纪》2007年第6期。

维权,不是比如西方人理解的维权,它含有申冤的因素;但申冤也已经不是传统的申冤,也已经有了维权的因素。这是一个复杂的过程,会对中国的法治进程和未来的中国社会有深刻影响。

另外想接着你刚才的意思说一点,简单说就是,中国人在过去100年里最大的悲哀在于失去了讲述自己故事的能力。没有一种合适的表达方式,这是一方面。但可能比这还要悲哀的是,我们根本失去了认识和理解自己的故事的能力,我们忘掉了那个故事,而讲出来的时候,那个故事根本就不是“原初”的故事了。当然从某种意义上来说,本来就没有“原初”的故事。故事总是被重述的,每次重述,都会改变,关键是看这种改变是不是创造性的。我们最大的悲哀是,每次重述的都是别人的故事,而我们却以为是自己的故事。当我们这样做的时候,缺少适当的表达方式是很重要的一个原因。

汪雄涛:我接着柏峰的话补充一句。芮德菲尔德分“大传统”和“小传统”,这是一个非常有意义的分类。在中国的法律传统之中,有两个很重要的语词,一个是情理,一个是冤。滋贺秀三对情理做了极为细致的考察,寺田浩明对“冤”也做了极为细致的考察,[1]应该说他们都抓住了小传统中一个非常好的语词。但是就像您所批评的,他们还是不自觉地回到了他们自我设定的“法首先是规则”的法理学起点。我借此想说的是,这种语词的方法它还是无法避免自我所设定陷阱。您怎么看?

梁治平:这是任何研究都可能出现的。任何研究都可能失败,或有各种各样的问题。那么原因在哪里呢?对语词的关注,就比如你举的这个例子,我觉得它的重要性是没有问题的。在任何情况下,对语词的检讨,只要是深入的、恰当的,都会给我们很多反省的机会。我们会考虑,我用的这个词是不是能很好地传递出那种含义来?那个词后面的历史的、文化的、意义的世界究竟是什么?我们在翻译(广义上)的时候能否很好地翻译它?我们自己的立场是什么?我们的立场会遮蔽什

① [日]寺田浩明:《权利与冤抑:寺田浩明中国法史论集》,王亚新译,清华大学出版社2012年版。

么？保持这样的反省，我们的研究就会具有一种深度，有一些别人不一定能达到的东西。比如你提到的滋贺秀三和寺田浩明，他们两人的研究都有很吸引人的地方，虽然最后的结论还是受到某些限制，有不太令人信服的地方。我最初是因为很偶然的机会接触到他们的东西，读了以后挺兴奋的。因为我发现他们的研究路向，和我自己自写《法辨》以来走的这条路非常接近。尽管我们还有很多地方可以讨论，可以互相批评，但是方法上面真的非常接近。

当然，注重和运用传统语词分析的学者也不是只有他们两位，像草野靖的研究里面就用了很多当时的概念。还有中国的老辈学者比如杨联陞，从“包”“保”“报”这些概念入手去研究中国文化，[①]也是很有意义的。同样，倡导社会科学本土化的台湾学者杨国枢、黄光国的“面子和人情”的研究，[②]也是非常有创意的。希望提出中国问题，或对流行的、源于西方社会理论、社会学的一些重要概念和结论加以补充或修正的研究，就要从这里入手，要从中国固有的概念里做这种工作。

六、法律史

尤陈俊：您刚才所讲的一些概念，像冤情、情理、申冤，包括您谈到的那篇文章《申冤与维权》，我发现其实并不只是描述过去时使用的概念。它们背后其实带有一种很强的现实关怀。在您之前做的研究里面也有这个特点，比如您在做《法辨》《寻求自然秩序中的和谐》《清代习惯法》时，看起来讨论的是中国法律史上的问题，但其实背后都带有一些现实关怀。刚才您也讲到，您 1998 年或 2000 年以后的研究可能更多地会直接面对现实，如您写的关于法治、社会转型时期的制度建构、

① 杨联陞：《中国文化中“报”“保”“包”之意义》，贵州人民出版社 2009 年版。

② 有关这方面的研究，可以参见黄光国、胡光缙等：《人情与面子：中国人的权利游戏》，中国人民大学出版社 2010 年版；杨国枢主编：《中国人情系列读本：中国人的心理》，中国人民大学出版社 2012 年版。

乡土社会中的法律秩序,这些都是直接研究所谓现实的。其实法律史的研究往往被人们诟病的地方就是说没有现实意义。事实上,包括我在内,还有我们的前辈,常常被我们的同学问:你教的那个学科,你学的那个东西有什么用?我们常常会受到这样的疑问,因为很多人认为这个学科研究的东西都是过去的。即便你对清代的法律了解得再多,那也不能拿到清朝的剑去斩当代的贪官。您能不能跟我们分享一下,从您的研究经历来讲,怎样去通过关注过去而获得现实关怀?您有什么心得?或面对过去的法律史研究的现实关怀怎么去养成?

梁治平:一般地问历史有什么用,包括法制史、各种各样的"史"有什么用,我可能给一个现成的答案:历史的作用就是帮助你认识自己。据说古希腊的菲尔德神庙上刻了一句话:"认识你自己。"我觉得历史就起到了这个作用。很多人以为历史不重要,现实才重要。但现实会变成历史,我们怎么就认为历史不重要了呢?历史是我们的昨天,是昨天的现实,为什么昨天就不重要,当下才重要呢?难道当下不是从昨天过来,不是昨天的延伸也因此受制于昨天吗?人一般只关注眼前的事,可能人性就是如此。前面讲到教育,其实历史在教育里的作用非常重要,因为教育也是要达到认识自己的目的,这是很多别的知识的传授做不到的。其实人是离不开历史的。我们此刻的每一分钟过去都成为历史,历史是与我们血脉相连的一个部分。忘掉历史,你就成了一个失忆的人,生活没有方向,没有意义,非常可悲。

那么,具体的研究里面怎么去贯通历史和当代?首先要说明,并不是所有的历史研究都要有现实的关切,都要贯通古今。有的学者做史料研究,孜孜矻矻许多年,坐冷板凳,乐在其中,也有所贡献。学术有分工,我们每个人都有自己的兴趣。就是"为学问而学问",也值得赞赏,特别是在我们这个时代。但有一些历史是不一样的。

某种意义上说,"所有的历史都是当代史"。每一代人对历史的兴趣,都有当代的视野、当代的关怀、当代的风尚灌注在里面。这样历史就常新。同样一个历史,大家研究的兴趣、角度不一样,得出的结论也不一样。重要的是能够保持一种自觉,能够看到历史的关联,意识到我们作为研究者、观察者和讲述者在历史中的位置。比如前面说到80年代的“文化热”。我提倡法律文化研究,也受“文化热”的影响,有那个时代的烙印。如果没有“文化热”,可能我也会朝这个方向发展,但具体方面可能会有些不同,有些不一样。这些差异是时代造成的,只不过,我们经常意识不到这一点。很多事情也只是事后才看到。所以,对自己的问题意识和立场保持反省就非常重要:我为什么要选择这些题目?这些题目可能是从阅读中来,因为大家都在讨论这些问题,那你就再问:为什么大家都要讨论这些问题,他们的问题从何而来?这样,你可能要看这个学术的传统,看它要解决的问题是什么。这些问题也可能是隐藏的、不明显的,但你通过这样一种追问、反省,包括你对承继的学术传统的反省,就能够把它们显露出来。我觉得这是成为一个好学者非常重要的步骤,或者说一个标志。通过这样一种观照,历史和现实就会贯通起来。当然,更根本的是,历史和现实本来就无法分割,不了解历史,不可能真正理解认识现实。

陈柏峰:刚才梁老师谈到历史与教育的关系,我想到很多。我记得我在纽约的时候就跟那些华人讲:你们的孩子不仅仅应该学习汉语,还应该学习中国史。要是不知道中国史,他怎么能说自己是中国人?我最后走的时候,把我的汉语书全部捐给了当地的图书馆,就希望他们能看到更多的汉语书,那不是很好吗?我下次去,就把中学的历史教材多带些过去送给他们。我真的觉得除了要懂语言以外,还要懂整个中国的历史。当然研究又是另一回事,这是一个很长的话题。因为今天时间的关系,我们只能到这个地方。我们准备的问题还没有问完,但是我们现在还要开放出一些问题给大家,让大家向梁老师提问。当然如果你们对我们三个有兴趣的话,向我们提问也可以,但主要是向梁老师提问。向我们提问的机会很多,向梁老师提问的机会不容易。

提问环节

提问一:梁老师您好,我的问题是:当今中国出现了越来越多的冤假错案,如佘祥林案和念斌案等。产生冤假错案的原因有很多,我想知道的是中国的法律文化传统是否对这些冤假错案的发生有影响?如果有的话,具体表现在哪些方面?

梁治平:这是大家经常说的问题,我想你提这个问题也是有感而发。大家觉得我们的文化是一个没有法治传统的文化,都是人治,草菅人命,但历史不是这样简单的。草菅人命的情况固然有,但古代社会也有它的秩序观、正义观,不是无法无天、随意判案。我们现在讲人权,古代没有这个概念,但实际上,古人对生命恐怕比现代人看得更重,大家都知道"人命关天"这个说法,这是古人的说法。在古代,"天"是一个很高尚的、有神圣意味的观念。所以,"人命关天"不像在现代就是一个比喻,而是有一种庄严的宗教的意味。国家的制度这样安排,如果风调雨顺、国泰民安,就没有什么问题。但如果这个国家秩序紊乱,出现各种灾异现象,如水灾、旱灾、战争等,他们会认为这可能与狱讼处理不当有关系。所以就会去清理监狱里应审未审的人,纠正错误的行为,尤其是要平反冤案,大赦天下等。

涉及人命,古人就更是不敢懈怠,对死刑的判决和执行,尤为慎重。比如死刑是需要皇帝亲自审核批准的,死刑从判决到执行,中间还有若干审核程序,也不是最后都执行。至于死刑的人数,按历史记载,没有办法和现在比。中国现在一年有多少死刑,那是国家机密,我们不知道,知道也不能说,但应该比古时多出不少,因为不管从观念上还是程序上说,现在的死刑判决比古时都要容易。前几年,最高人民法院收回了死刑复核权,对死刑判决更慎重了。

我们今天讲人权,讲罪刑法定,疑罪从无,但还是屡屡有刑讯逼供,冤假错案。原因何在?很多人喜欢到传统里面找原因,这种心态本身就很值得分析。站在现代人的立场上看,古代的法律制度固然有种种问题,但它并不像很多人以为的那样简陋。比如清代的法律制度,其实也是高度发展的,案件的审理从县一级开始,层层批拟,比较严重的案件,要较高层级才能决定,死刑要报皇帝亲自批准。这个过程中,很多官员要参与其中,提出法律意见,有问题还会讨论,因为意见不同而争论或者驳回的事情时有发生。有的案件,即使是皇帝出面决定,也有人反对。比如雍正时发生的曾静案。曾静谋反大逆,按大清律例是要处以凌迟的。但雍正皇帝为了教育"全国人民",就把他留下来当一个活的教材。但他下面的官僚们认为,皇帝也要按法律办事,不能凭个人想法想杀就杀,想留就留,所以很多官员都反对雍正皇帝的决定,让雍正皇帝压力很大。这种情况大家能想象吗?

我举这些例子,并不是说古代制度没有问题,也不是说过去的经验对今天没有影响,而是想说,今天的问题有自己的原因,我们自己要首先对这些问题负责,动不动就把责任追到古人头上,不是一种恰当的历史态度,更多的是一种意识形态的宣泄。

提问二:我首先想问关于昨天讲座的一个问题:我们既要法治化,又要国家治理现代化,这两个概念间是什么关系?他们是可以等同的吗?第二个问题是:刚才老师谈到,有时候我们难以自我表达,或者说难以重述我们自己的文化或历史,那我想问的是,是我们自己丢掉了这种能力,还是说因为我们整个社会的变革,使我们的文化资源与我们的语言范式本身,不能提供一个表达自我的机制,使我们必须借助于外来的文化资源和语言范式?这是我的两个问题,谢谢老师!

梁治平:按官方的表述,第五个现代化就是治理体系与治理能力的现代化,具体表现为"全面推行法治"。也可以说,推行法治是建构第五个现代化的核心。对这种表述和构想,自然可以进行讨论。比如为什么说法治是建构第五个现代化的核心?法治的含义是什么?如何实现这样的法治?这些是我昨天报告讨论的问题。

第二个问题,并不是说我们用了西方的概念,用了西方的语言,吸收了西方的文化,就不能去讲自己的故事,失去了这种能力。不是的。相反,我们首先是失去了这种能力,所以不管什么东西到我们手里,都是无用之物,都可能造成恶果。在有这种能力的时候,你能化腐朽为神奇,你可以把文化中最精粹的东西创造性地激活,把它结合到新的社会生活当中去,把不同的文化结合到一起。这方面成功的例子有,比如日本转型就做得比较好。日本是一个现代国家,采纳了很多现代西方的制度,但是它也较好地保留了自己的传统,这些东西可以很和谐地在一起,这样它就保住自己民族的特点。但中国就不是这样,我们没有保住自己的文化,没有文化的自觉,更没有自信。在我们手里,传统是坏的,西方传来的也是坏的,资本主义是坏的,社会主义也是坏的,我们不能化腐朽为神奇,而是把神奇的化为腐朽。这就是失去创造力的表现。所以创造力是比具体的表达形式更重要、更根本的东西。但为什么没有创造力?当然原因很多。

我们现在需要有文化自觉,就是意识到我刚才说的这些问题,意识到传统的失落,意识到我们可以做什么、应该做什么。在这种高度的自我意识上去谈文化自觉,对文化,对传统,才能有一种新的理解。只有在这个基础上,才谈得上文化自信。顺便说一句,文化自觉和文化自信如果是由一个政治组织、政治机构去主导和推动是无法奏效的,政治推动也不是完全没有意义,但是它作用有限,还会带来很多负面的东西。文化要繁盛,必须有生长的空间。如果不尊重个人和社会的自主性,用政治手段解决一切问题,那不但会失败,而且是悲剧性的。

提问三:自"五四"、80年代"文化热"以来,多是不满足于现实而苛责古人的这种氛围,然后是一种简单的外显化的批判的视角,而您提供了一种内在化、体贴式的观察,对我们这一代,甚至下一代的学生,是一个很好的标杆,避免了我们简单化地去理解问题。我的问题就是,"五四"以及80年代"文化热"背后的恶疾没有解决,近代的这种文化焦虑没有化解,该怎么办?从春秋战国到董仲舒,化解了这样的问题并且集大成,到朱熹又化解了佛教对汉族的冲击。但近代以来,这种冲击是没有化解完的。在这样的一个过程里面,我就想到底有什么人物,对历史上这种冲击及相应的化解做了有共性的、有益的探讨?现在,梁老师您是一种学术上的指引。从思想史上来讲,我特别想到了一个人物,顾准。12月3日是他的逝世纪念日,今天是他逝世45周年的纪念日。那么我想向梁老师请教一下,你怎么看待顾准在我们近代的地位?谢谢梁老师。

梁治平:这个问题非常好,但我不知道能不能回答。顾准的书我是读过的，而且也引用过，那是80年代的时候。我认为顾准是非常优秀的知识分子，尤其是在他那个年代，他的那种清醒的、独立的、对社会的批判性的认识真的是独树一帜。但要问顾准能不能扮演类似董仲舒、朱熹在历史上扮演过的那种角色，坦白讲我觉得不能。

我对中国历史有这样一个观察：我把中国文明分为三期，第一期就是三代，它的顶峰是周代的礼乐文明；第二期是秦汉以后，一直到清代；第三期就是民国以后到现在。我们看到第一期文明成熟了，成熟以后就衰落了，春秋战国时代就是它的衰落期。第二期文明呢？它是在秦汉的时候，到董仲舒之后，甚至到王莽之后，从政治架构到意识形态到文化整合各个方面，才逐渐定型。儒法合流以后成为中国的主流。那么第三期文明是什么情况呢？我们现在面临的是和春秋战国时候同样的文明崩解的局面。那个时候，弥合文明的崩解，是用了好几百年的时间，我们距清末不过一百多年，现在还处在文明重建的过程当中，还没有走出来。第三期文明还是一种可能，一个愿景。从这个角度看，虽然我们现在面临着很多具体问题，如住房、医疗、教育、社会保障、环境、经济增长、法治、政治改革等，但我们把眼光一点点放开就会发现，我们面临的更大的问题其实是文化重建、文明重建，我们面临的问题和春秋战国时候是一样的。当然，很多具体的情况是不同的：那个时候它还是一个文明内部崩解，而现在我们面临的是全球化，中西文明交融，有新的契机，也面临新的挑战。你说顾准能成为像董仲舒那样一个承上启下、奠定新秩序基础的人物吗？董仲舒不但承接孔子、孟子、荀子所代表的思想，也吸纳了儒家以外的各种思想资源，最后把这些东西在思想、文化和制度上整合起来，这样的人物也是几百年才有一个。我们现在当然也需要这样的人物（仅就其思想的创造力而言），但在今天的制度背景下，这样的人物基本上不可能出现。顾准当然有他的贡献，可以作为优秀的知识分子被大家记住，他的精神也应当被大家继承和发扬。但只有顾准是远远不够的。中国需要一批真正有分量的思想家出来，否则这个民族没有希望。中国不能只凭着廉价商品去证明自己的崛起。中国崛起（暂且用这个词）终究要靠思想，靠文化。

陈柏峰:谢谢梁老师,我们的时间有限,问题总是很多,也不能不结束了。最后让我们以热烈的掌声感谢梁老师精彩的“考核”!(热烈的掌声)谢谢大家,我们今晚的活动到此结束。

《法律和社会科学》(2016)
第 15 卷第 1 辑,第 291 ~313 页

对话朱晓阳:法学遇上人类学

侯　猛　朱晓阳　孙　超　杨锦程　尤陈俊*

一、法律研究与人类学方法

侯　猛:朱老师好! 今天我们几个来和您对话,主要是想谈谈法律人类学的研究现状。考虑到我们的对话,将来整理后是给《法律和社会科学》的读者。他们可能还不熟悉您。所以,我先简单介绍一下您。朱老师的人生经历丰富,早年下乡插队做过知青,大学时代热爱诗歌办过油印诗刊,后来去新疆支教,然后辗转在电视台、报社做过编辑。1991 年赴澳大利亚留学,2000 年获得 Macquarie 大学人类学专业博士,2001 年至今在北京大学社会学系任教。朱老师的研究领域包括:法律人类学、人类学发展理论、工业人类学、社会科

* 侯猛为北京大学法学院副教授,朱晓阳为北京大学社会学系、北京大学社会学人类学研究所教授,孙超为北京大学社会学系博士研究生,杨锦程为北京大学法学院硕士研究生,尤陈俊为中国人民大学法学院副教授。这次对话于 2016 年 1 月 21 日在北京万圣书园咖啡厅举行。文字稿由杨锦程整理,侯猛、尤陈俊、孙超审校。正文中的注释均由整理者所加。

学方法论,其专著《罪过与惩罚:小村故事(1931～1997)》,[①]被认为是国内法律人类学的代表性作品之一。

今天我们跟您对话,也主要是想谈谈法律人类学的研究现状,将来这篇对话的潜在读者,可能主要是法学的学生。这几年,法律和社会科学研究影响较大,主要是法学院这边的人在推动。但其中存在的问题在于,在法学这边真正接受过社会科学训练的人还是太少。包括像法律人类学,法学这边虽然有不少人做,想进入人类学,但总感觉做出来的东西还不够人类学。而另一方面,人类学那边更没有多少人进入到法律领域,来做法律人类学。这是我感觉到的跨学科法律研究目前的窘境。

朱晓阳:这是一个难题。不过我的观感是相反。我也观察过,在我们这边,本科就很少有学人类学的,只有中山大学、厦门大学、山东大学有人类学专业。他们进入到法学就比较难。相反,如果有法学的本科背景,进入人类学反而倒容易。但是又很少有法学的人愿意进来。当然这不是法学的问题,主要还是人类学队伍太小。我们自己学人类学的学生,读博士时都逃掉了,去读社会学或其他专业。这是一个问题。

孙　超:我觉得人类学投入产出比太低,比如要做一年的田野(调查),大家都不愿意去。

朱晓阳:这有关系吗?好像也没多大关系。

侯　猛:这也许是和就业有关。目前国内人类学的教学科研职位偏少。学生毕业以后总得面临找工作的问题。

朱晓阳:当然也不是绝对的。如果读到博士,大学里还是有一些位置,虽然不太多。人类学的硕士文凭基本上没法找工作。我估计国外也是类似的,从历史上看,学法律人类学的大多数是法律人居多,人类学只是一个辅修专业。

侯　猛:我记得2005年在北大社会学人类学研究所做博士后时,高丙中老师就和我说:"你们法学是一个大学科,应该想办法让更多的

---

① 该书第一版由天津古籍出版社2003年出版,第二版即增订版由北京大学出版社2011年出版。

法学学生过来学习人类学。也希望你做完博士后以后，能把人类学的知识传统介绍到法学那边。”所以，当时我也在琢磨怎么把人类学和法学两个学科勾连起来。后来我们还开过“法学与人类学的对话”学术讨论会，以及与您一起编过《法律与人类学：中国读本》。[①] 但现在看来，法学这边的人类学氛围还是不够，改行学人类学的更少。包括我自己在内，觉得与法律人类学还是隔着一层皮。

美国的情况与您说的大体一致。在顶尖法学院中，几乎都有从事法律人类学研究的教授。2012 年我在纽约大学法学院访问时，就遇到过这么一位学者。他的名字叫 Matthew Erie（尹孟修），他在宾夕法尼亚大学法学院获得 J. D. ，然后去华尔街当律师，最后又在康奈尔大学获得人类学博士。让我比较惊讶的是，他研究的是中国的法律人类学，而且博士论文做的是西北地区阿訇如何解决纠纷的问题。[②] 当然，他能从华尔街律师转身变成为法律人类学专家，也许与他之前的教育背景相关。在读 J. D. 之前，他还获得过亚洲研究和人类学的硕士学位。

好，再回到问题本身，您觉得法律人类学的研究包括哪些？

朱晓阳：按我的理解，法律人类学就是关于秩序规范的研究，是关于不同文化下的秩序规范，这里面包括法律、政治、宗教等种种主题，甚至也包括一定程度的经济。

侯　猛：所以在人类学的视野中，法律、政治、宗教都是理解秩序的一个变量。法律人类学与政治人类学并非严格界分。这种现象在法学中不可能出现。我们有严格的部门法划分，宪法学、刑法学、民法学、行政法学、诉讼法学都有明确的学科属性。

朱晓阳：对，社会学都有较细分工。但人类学还是这样，我甚至有时去参加宗教人类学的会议。我说我从来也没有研究过宗教，但他们认为我也是研究宗教的。我还参加过社会工作的会议。所以说，人类学家的形象很模糊，这基本上反映的是前工业化时代学科分化之前的

① 朱晓阳、侯猛编：《法律与人类学：中国读本》，北京大学出版社 2008 年版。

② Matthew Erie 现在任教于牛津大学东方研究系，并出版专著：*China and Islam：The Prophet，the Party，and Law*，Cambridge University Press，2016。

现象。

侯　猛:人类学研究中这种未分化的状态特别明显,在概念上称之为“总体社会事实”。但为什么会有这种情况?

朱晓阳:生活世界本来就是分不清的,在农村里,法律问题、政治问题、宗教问题都纠缠在一起。在以前,我们把世界看作一个整体,生活本来就是区分不开的,但是有了工业化时代的分工,当一些学科有了貌似自治或者自治的边界以后,似乎政治学可以拿出来,法学也可以拿出来,经济学也可以拿出来,宗教学也可以拿出来。这些学科各自构成了一个学科系统,进而形成一种社会事实。比如说我们讨论政治学,一般都会讨论制度、政党等这些已经建构出的社会事实。法律也一样,有法院,有检察院,有法官,有律师。而人类学研究大多数时候还是在研究底层的生活世界。

侯　猛:对,我自己在读人类学作品时,常常感觉到专业术语与日常生活语言表达的疏离感没有那么强。

朱晓阳:没有那么远,我们当然曾经有,比如功能主义人类学、结构主义人类学等这些概念。但是大多数时候,我们描述的就是日常生活世界和日常生活观念。

侯　猛:但这似乎让人感到,法律人类学只能研究非国家层面的,可以采取多元主义的视角,反映日常生活的多样性。但很难研究正式的国家法律制度,因为法律有专业术语,而且与日常生活语言并不一致,甚至完全不一致。将这种相对艰涩的法律术语引入到人类学中,似乎比较困难。

朱晓阳:为什么不可引入呢?比如你做中国最高法院的民族志,就要面对他们使用的语言。[①] 你不可能不考虑这些语言的存在。之所以说人类学研究的是混乱的一片,是因为我们面对的世界是这样的。当然你也不能说它完全混乱,因为农民也会讲法言法语,但是我们会用另外一套系统来处理这种现象。我们没有一套完备的、自洽的、融贯的法

---

① 侯猛:《中国最高人民法院研究》,法律出版社2007年版。

律语言，因为生活世界中就是相互交融的。但是你研究最高法院时，它里面存在着法律的系统，你要正面地面对这个现象，而不是穿透它。此外，人类学最后面对的是人，最高法院的法官也是人，肯定不会24小时讲法言法语，他肯定会用自己的语言评价这个系统。这也很重要。

因此，这种混杂现象是要承认的。另外，任何生活世界还是能抽象出一些形式来。把这些形式抽象出来，就是我们研究人类学的目标，"接地气"并不是我们的目的。这个抽象过程我们就把它叫作"民族志"。但我们不会把这种抽象形式看得死死的。比如说，对于一个司法决定，我们会讨论它跟一个政治决定有没有什么区别，它和政治性的事件有没有区别。从这个意义来讲，我们确实会讨论执法的问题，只不过我们讨论得更宽。因此，我们必须研究生活世界中各个系统之间的交织状态，从中抽象出一些我们认为有意义的概念。这些概念和生活世界一样，都是融贯的。我们把它写出来，叫作"民族志"，是不是？

孙　超：朱老师，您觉得是不是人类学始终拒绝把社会事实高度抽象？不像经济学那样构建一个逻辑特别严谨的体系。人类学的体系始终是有些模糊的。

朱晓阳：当然也不能这么说，人类学中也有抽象的概念。举个例子，比如说马林诺夫斯基讨论的"库拉圈"，就是一种法律人类学概念。

侯　猛：但它是个描述性的概念，而不是分析性概念。

朱晓阳：描述性和分析性两者的差别有时候也很小。"库拉圈"你可以说它也是在描述一个物质的行为过程。这是一类，这个工作经过莫斯后，它就变成了对礼物的讨论，它就变成了一种规范了，现在我们都知道"互惠性"的概念。这是最典型的一个人类学的抽象，你也可以说这是处理了一种规范问题。这个东西和法律的差别是不是很大？还有一类，更早一点，就是你们之前已经看到的《非洲政治制度》这本书。[1] 非洲政治制度基本上是基于结构功能论的观点，也结合了马克斯·韦伯关于政治社会讨论，处理在固定疆域上的组织、暴力、垄断暴

---

① ［英］M. 福特斯、E. E. 埃文斯－普里查德主编：《非洲的政治制度》，刘真翻译、刘海涛校对，商务印书馆2014年版。

力使用的国家这样的问题。用这样一个框架去看非洲的社会,然后从中抽象出有集中组织的社会和无集中组织的社会。这也是一种抽象。

侯　猛:对于人类学的初学者而言,他首先要运用这些抽象概念,或者用吉尔茨的那一套阐释人类学理论,或者用拉德克利夫·布朗的功能主义理论。他肯定只能先学习到一套范式,使用那些专业概念,才能够进入人类学研究。

朱晓阳:他需要一些这样的概念,比如最典型的"互惠性"的概念。他需要阅读一堆民族志,找到感觉,然后从这种角度来讨论规范秩序的问题。这个是不是感觉和法学训练比较远?

侯　猛:法学就很明显,就是以法律文本为基础。人类学做研究需要先了解这几套传统理论和抽象概念,然后才能进行下一步工作。而对于法科学生特别是部门法学生来说,他首先面对的是法律条文。在法律条文的基础上形成一套专门术语和法律理论,然后运用这些术语和理论去解释具体个案。

朱晓阳:我觉得人类学也有一套很死板的规范性话语。这就是为什么学生们会觉得人类学和社会学界限很大。以我为例,我原来受的教育是社会学,我没读过人类学课程,所以我要去找人类学的教程,去学习人类学的那套话语。所以直到现在我上课,一般学生会觉得好像社会学的色彩更浓一些。回到你刚才的问题,人类学自己的一套规范、一套语言、一套方式、一套概念,你要不具备这些,别人就会认为你不像。所以在某种意义上,我觉得学习人类学从人类学的这套话语开始,与学习法学要从法律文本开始是一样的。

侯　猛:是的。在法学这边,如果你的触角延伸到部门法学,人家就会觉得你还没有学会我们这一套行话呢?不能随便进来。法学研究者常常使用"专业槽"这个概念。例如,刑法学有刑法学的专业槽,民法学者不能随便进来,法理学者也不能随便进来。你必须先把专业槽学会了,才有研究的正当性。

朱晓阳:这个词很好,社会学人类学里也有专业槽,这个槽有时候也还挺清楚的。所以确实有专业槽。从某种意义来说,每一个学科,都有进入的成本和障碍。

侯　猛：所以你认为进入人类学，包括法律人类学需要什么条件？

朱晓阳：我觉得很简单，虽然千变万化，但说来说去，还是要做一点民族志。不管是最高法院的民族志也好，还是一个村社的民族志也好。民族志本来是一个很模糊的概念。传统的民族志，就是对一个固定的疆界内的社群作一个全景式的文化描述。用参与观察的方法进入田野，在田野待一定时间，然后写成描述报告这就叫民族志。我们今天可以把这个概念放宽，但是民族志就是对一个群体、一个村庄、一个组织的文化描述，这个概念不能放弃。

传统民族志要求你在田野里待一年，那是因为传统生活的时间和空间就是这么确定的。传统社会基本上是农耕生活，你必须要经历春夏秋冬，一个周期，你才知道它。

还有一点，传统民族志注重的是参与观察。我觉得研究最高法院也是一样。你直接向法官提问题，别人可能想不起来，也没有啥好问的，你得观察，并且得有一段持续的时间。因为你观察的地方可能会发生一些事件。这些极端的事件会把一个群体、一个社群之中一些深层的东西给连根拔出来。当代民族志要求更多，除了参与观察以外，它还要求不断的再访问（revisit）。

侯　猛：您觉得是现在的民族志强调 revisit，传统民族志不强调 revisit 么？

朱晓阳：传统的田野调查很多都是一锤子买卖，我走了，这辈子就再也不回来了。比如说我来观察了这个蚂蚁，观察完了之后我写了一个蚂蚁民族志，我就走了，然后去观察蝴蝶去了。但是有不少学者觉得，你和当地接触，面对的终归是人，人及其环境是有变化的。所以很多人类学者会和自己的社群有长时间来来回回的交往。这不止是我自己这样，大多数人类学者都这样。所以我觉得人类学有助于拓宽法律的问题，特别是把法律和生活世界，法律和法官的生活联系起来。这些知识可以通过民族志挖掘出来，但法学学科自己是不会提供的。

杨锦程：我有个问题。法学研究这边有一个声音，就是说作为一个学者,可能并不需要去做一个特别“在地的”经验研究,你可能只需要找到一些材料,再通过一种建构性诠释或者是什么也好,就可以了。所以您觉得作为一个人类学研究,重要的是通过材料去追根溯源,把它建构回来的这种能力,还是说一定要去当地和人进行沟通、接触和交流?

侯　猛:怎么感觉像是在说苏力?我注意到苏力就强调说田野无处不在,并不是必须得去一个地方去做调查。实际上你的周围,例如,在法学院就能做经验研究。

朱晓阳:费孝通也这么讲。但是这个观点要取决于我此时此刻在写什么书。如果我写一部云南滇池边上的事,光靠上网是没办法完成的。你必须去滇池边上收集材料,你才能写那边的。

杨锦程:但也有人通过网络、博客去想象滇池那边所发生的事情。历史研究不就是这样吗?通过历史遗留下的各种各样的文献。

孙　超:这样信息的损失会很大。历史研究他没有办法回到当时,没有办法找细节,所以需要依靠想象力补充,但是现在如果你能够到当地,获得更丰富的资源和信息,为什么一定要依赖这种被压缩的渠道呢。我有个感觉,就是我之前在基层政府工作两年,工作之前,看到过一些政府报告,比如“一、加强领导;二、加大宣传;三、监督到位”,我以为这些都是格式化的。但到那去我才发现,当他们写“加强领导”的时候,一定是因为这个项目需要先把各个单位之间人事关系顺清,一定要成立一个工作组或者领导小组。这些文件里的每一句话都是有具体的针对性的,当我们看这种已经被抽象成文本的东西之后,就很难再复原这些内容,因而就很难理解它。你会觉得它是千篇一律的,其实对当地来说它是有实际的意义。

侯　猛:我注意到苏力的不少个案研究,并没有去第一线做田野。他对不少热点事件都做过专门研究,比如,药家鑫案、肖志军案、黄碟案、许霆案。他或许会认为,研究这些个案,并不需要必须得亲自去做调查。不去广东找许霆,也没有访问许霆的主审法官,根据现有的材料,通过想象力和经验判断,仍然可以写出一篇有解释力和洞察力的论文出来。有时,这比亲自去做调查,花那么多时间写出来的东西还要好。

朱晓阳:我觉得这样说有问题。首先,可能连他自己都忘记掉,他是在应用过去累积下的经验对现在的案子进行定位。我们对每一个事件的定位和描述肯定依赖于之前的经验。此外,或许他也太过于自信。因为每个案子从人类学的角度来说是值得去的,这个案子和其他案子相比,肯定有不一样的地方。我们关心的是,这个个案和另一个个案的差异在哪里。要看差异性,你就不只是依赖于过往的知识。很可能药家鑫案和以前类似的案件是不一样的,有着不一样的逻辑。这是人类学需要关心的。不管是法律人类学也好,还是政治人类学也好,我们要关心的。从这个意义上来说,你是必须要去做田野的。

尤陈俊:我问一个问题:按照传统人类学的理解,比如马林诺夫斯基,做民族志做田野必须有个时间的长度,当年把它定位为三年。我觉得这其实有一种先进入者排斥后进入者的感觉,由于这种很高的标准,"我"自己才是稀缺的,我才能获得很高的学科地位。会不会有这方面的批评?

朱晓阳:你说得是很对。所以我刚才想表达,传统规定的田野时间,它是有一个前工业时代的背景,而且还要假设社会基本不变。做一年的田野就能管一辈子。但是现在不可能有这样的社会。现在进入田野,即使远在天边,顶多就是十几个钟头的飞机就到了,你还可以用微信视频和卫星图片等各种各样的手段,过去收集材料的手段被限制在一个特定的时间空间,现在已经被完全突破了。所以现在,第一,我们要扩大"田野"的概念。田野不仅仅是你所在的那个地方,也包括你通过二手材料——通过电话,通过微信,通过卫星照片等这些——去获得的知识。在过去,当地人都是被动的,现在在任何一个地方,你看他们自己都肯定会从博客、微信这样的地方获取信息。考虑到这些,我觉得,田野的时间,田野的地点,田野的方式,这些早就已经变了。所以反过来,"田野"本身这个词都是值得怀疑的。实际上你必须做调查,不管是实际在那里,还是在虚拟的空间中。

尤陈俊:我不知道可不可以这样理解,现在交通方便,信息交流便捷,因此我们可以压缩田野的时间和空间。有人说人类学家在村子做田野的时候,是巴不得那个村子出点事,因为出点事后才会有很多东西显现出来。现在这种情形有变化,就是哪怕你从田野里回来了,给那边打个电话,问问最近发生了什么事件,买张飞机票就直接过去了。是不是您刚才说的这种交通的便捷、信息传递的便捷,会使得做田野和民族志所需要的时间大大节省。

朱晓阳:说得准确一点,一方面是单次的时间被压缩了,你没有必要在那里待一年;但另一方面,总的时间延长了,你经常会通过其他渠道来接触当地。由于现代人类学对回访的强调,一个田野你可能会做三年五年甚至更长时间。过去这样做成本是很高的,你每去一次都要耗费大量的时间。但现在成本就低了,一个月去一次或两个月去一次都是可以的。这是一个变化。但是,我觉得它不能取代你最初获得的那个印象,你应该在那个生活世界经历一个基本的时间长度。我们不说一年,起码要取决于它那个地方的生计具有一个怎么样的周期,你对这个周期要有一个观察。这个时间长度能够使你知道他们是怎么进行生活的,这些知识并不是简简单单做个访谈就可以获得。

候　猛:我还有一个问题:不同的田野对时间的要求可能不一样。比如你去做滇池小村的田野和去做金融街的田野,在时间要求上是不一样的。

朱晓阳:金融街的时间和空间的周期是不一样的。去年我们请来瑞典隆德大学的一个老太太,她就做华尔街的民族志,研究纳斯达克。这个样式和村庄就不一样。还有一点,过去的民族志会假设所有这些问题都发生在一个特定的时空之中。但今天我们已经不会这么认为。今天我们认为如果要讨论村庄,就必须去讨论街道办、讨论县、讨论省。我们今天就把它叫作“多点民族志”。多点民族志不是乱七八糟的东一点西一点,而是一个系统自然而然的延伸。比如我要讨论村庄里的选举,仅仅讨论村里是不行的。因为哪些人可以作为候选人,哪些人不行,这个问题经常与乡和区有密切的关系。

孙　超:这会不会带来另一个问题,就和您刚才所讲的,现在做田野不会像以前那样在田野里待三年或者一年,这样会不会使得最后拿出来的民族志作品跟社会学研究中的个案研究之间的差别越来越小。它们的界限在哪里呢?

朱晓阳:我觉得可能是反过来的,社会学里的个案研究,经常也借鉴民族志的办法。民族志已经不再只属于人类学一家。社会学里也做民族志,特别是法国的社会学,非常重视民族志。

二、小村的过去与现在

侯　猛:朱老师,现在我们来讨论《小村故事》系列。小村,最早是您下乡插队的地方,但您一直跟踪研究到现在。不仅研究它,同时还参与见证它的变迁。今天把孙超叫过来参与对话,主要也是因为孙超在那边呆了很长一段时间,并且完成了硕士论文。

杨锦程:我先问个问题。虽然三本《小村故事》①都聚焦一个地方,但是从不同侧面切入的研究,第一本还是比较传统的人类学的惩罚主题,第二本叫《地志与家园》,第三本写小村的拆迁斗争。如果三本有什么一致的东西,我觉得就是农民和国家之间的关系。您觉得三本《小村故事》之间,传承的地方是什么,然后又有什么不一样的地方。

朱晓阳:我想,除了你说的农民和国家以外,实际上都贯穿了"政治与法律"的命题。只不过第一本,它确实受到社会学命题的影响。因为一般的人类学民族志不会有那么清晰的概念和主题。第二本则拓展得更宽,因为慢慢地我意识到,政治和法律的问题和他们所生活的生活世界——那样一个地理景观环境——都是相关的。到第三本,外表上它是集中的一个事件,也是小村这几年最大的一个事件:城市化,但是这背后还存在着生活世界里的政治关系和法律关系,不管是农民跟农民,

① 目前,朱晓阳教授已出版《小村故事:罪过与惩罚(1931 - 1997)》(天津古籍出版社 2003 年版、法律出版社 2011 年增订版),《小村故事:地志与家园(2003 - 2009)》(北京大学出版社 2011 年版)。"小村故事"系列第三本《小村故事:洋芋与挖机(2010 - 2014)》(作者:朱晓阳、孙超)也将要出版,其中收入朱晓阳:《物的城市化与神的战争》,载《法律和社会科学》第 10 辑,法律出版社 2012 年版。

还是农民跟国家。也就是说这一本,除了农民与国家的主题之外,还有"城市化"这样的时代主题。

侯　猛:但我觉得你在写第二本时就已经谈到政治地势的概念了,这里面已经涉及城市化。那么,第二本和第三本的区别在哪里?

朱晓阳:第二本基本上是生活世界的描述和对物质性环境的阐释,没有事件。第三本则完全是从事件来回应第二本甚至第一本里提出来的一些问题。

孙　超:我觉得第二本和第三本其实也延续了第一本《小村故事》的思考,就是如何维持村庄内部的秩序。第一本《小村故事》传统的色彩比较多,主要看小村的人们做了什么来维持村庄的秩序。第二本则探讨村庄内部有哪些因素,村民们怎么想?他们怎么看待这种秩序?到第三本,其实是拆迁强行介入,村庄被卷入到一个更大的系统里面。以前村庄里那种比较柔和与稳定的关系,被一种突发其来的事件所穿透,并且把村庄里的各种因素都激活了。

朱晓阳:这些变化不是我们的变化,而是村子的变化,第一本里虽然有各种政治运动,但村庄的边界没变,物理的空间没有变。虽然村庄可能一会儿变成了公社,一会儿又承包制化,分田分地,甚至还经过了学大寨,但村庄的边界是稳定的。到第三本,整个村庄的物理空间是要被拆迁连根拔除的。这是一个意想不到的变化。所以对我们来说,这个是完全是没有任何预期的。要找三本之间的联系,不是说拍一个《无间道》,三集都拍好了素材,然后慢慢来编,给你先看第一集,后面还有两集,完全没有。当初我写第一集时,也没有想到会有第二集、第三集。

杨锦程:从一个读者角度来讲,感觉这三本就是延续的,时间上非常连续。

朱晓阳:这是不可避免的,因为是同一个作者在写,回溯村庄历史的时候,才会发现一些新的问题。写了过去80年的村庄,回过头来看,才会把这个村子看得更清晰一些。比如说党派在村庄里的发展。

某种意义上来说,这本书很多地方像一个笔记,不是说事先谋划好了写哪些东西,而是事情发生了,我们把它记录下来。因而这本书比一个结构很好的作品内容反倒更丰富一些。

杨锦程:第三部看起来就感觉特别过瘾,像一本小说一样。

朱晓阳:我觉得这本书应该有相当的影响,它值得。比起作为旁观者写作的前两本,好多村庄的内部情况我们根本不懂。但是在这6年参与村庄事务的过程中,我们是学了很多东西。

侯　猛:谈到这里,我正好想问一个研究方法论的问题。第一本和你过去插队的经历有关,你实际上是一个旁观者。然后第二本,好象也是参与观察的立场,可能参与程度更深。但到了第三本,您已经变成一个积极参与者。所以在方法论上,我们应该怎么理解这样一个变化?

朱晓阳:我觉得有得有失。我为了写前面两本(第二本是在2009年结束,而且不要忘了,我们那期间还拍一部电影),不断地打扰人家,所以一遇上拆迁人家打电话向你求救了,你也没办法,不能不帮人家。于是我就被扯进去了。但一旦进去,就得帮忙帮到底,有这么一个责任和道义。到后来,我们觉得这很有意义,就帮助他们进行地方治理。我们觉得即使不写书,把它那个地方治理好也是一个很好的结果。所以我们就不断地投入更多的人力和资源。后来我们把云南大学法学院、社工专业以及搞建筑设计的都请过来做了一些事情。所以现在那里已经成了云大社工的一个点。这已经脱离我们的控制了。但是我觉得,这种参与在方法论上有得有失。一方面我们获得了很多这个地方的内部肌理和政治关系,这在过去完全不可能。那失去的是什么呢?比如过去我们可以跟村里头的各种人接触。但现在由于村里已经成为了事实上的两党政治,我们没办法和对立的那方交流。还有就是我们接触的面没有以前那么广泛。当你在做一个客观研究的时候,你接触到的都差不多。现在考虑到主题的轻重,在处理材料上肯定会有代价。

侯　猛:作为学者介入到社会治理,其实费孝通晚年也特别强调这个,比如"志在富民",①当然他自己没有强烈的政治色彩,但他本身就

① 费孝通:《志在富民》,上海人民出版社2004年版。

是要把观念转化成类似于生产力或者社会实践这样的东西。您现在做的研究似乎和费孝通晚年的提倡很是相像。

朱晓阳:你说是从观念上。小村人的斗争背后仍然有城市化的背景。这里头确实有对传统社会学,划分城市与乡村、传统与现代的批评。我觉得传统社会学给实践提供了一些害人的观念,好像城市和乡村是不一样的,一定要把这些乡村拆掉,才能实现城市化。这里面实际上存在一个是非判断,为什么要保卫城中村?因为我不认为城中村不是城市,它有些问题可以进行自我调整。这与我们如何理解城市是有关的。

尤陈俊:我就这一点提一个问题,法学现在会强调介入,我不知道在您的理解里这种民族志的研究,和法学研究者研究社会问题,有什么区别?

朱晓阳:我要先问法学的介入是怎么介入。

尤陈俊:法学研究者去研究社会问题,往往都要给出一个对策。而社会学只要把问题描述清楚就可以了。

侯　猛:我不认为社会学人类学仅仅是描述。刚才朱老师讲,对于城中村的理解,他其实是给出了一个答案。城中村是可以自我调整的,但是背后有一个问题,人类学家和社会学家参与实践后,还能回到学术本身。但在法学里面,学术是学术,实践是实践,它们是分开的。比如我们有些法学家,受邀给一个事件、一个判决提供建议。其实他是去给人家做法律咨询,并不是学术研究。

尤陈俊:这不是我自己的判断。比如你看美国法社会学家唐纳德·布莱克(Donald Black),特别是他在《社会学视野中的司法》那本书里面,[①]他非常明确地列了一个表谈法学进路的法律社会学和社会学进路的法律社会学有什么区别,他列了大概有七八点不同。法学进路,是一种介入式的,而且基本上是站在旁观者的角度。也许有些人会不同意这个判断,但至少我觉得他可能会代表了很多人对不同进路的

---

① [美]唐纳德·布莱克:《社会学视野中的司法》,郭星华等译,法律出版社2002年版。

类型化差异的看法。

朱晓阳：我明白，但是我回答不了你，就是这跟法学有什么区别。我只能说在传统的人类学、社会学里都有，人类学里有一个分支，就是给人提供对策，我们把它叫作应用人类学。应用人类学就是做政策研究和咨询，提供一个解决社会问题的方案，比如如何应对贫困诸如此类的。我也干过，我过去做的林权改革研究就是应用人类学。

在做调查的过程中，除了写应用的报告以外，还积累了一些素材，用来做人类学的其他主题研究。这些年，人类学里面还有一个分支，叫做公共人类学（Public Anthropology）。Public Anthropology 体现为利用公共的论坛——比如说报纸——讨论一些公共的问题。或者就像我们这样，在社区里面帮助他们做事。但这并不是 Applied Anthropology。所谓 Applied Anthropology 则是公司或者政府给你一个委托，给你项目资金，然后你去研究。Public Anthropology 没有这样的，它顶多有一些研究基金，它不要求你背负特定的目的。Public Anthropology 今天有时也叫做 Anthropology of Engagement，叫做介入的人类学。这一类是最近十来年形成的，这部分人并不认同 Applied Anthropology。在他们看来，Applied Anthropology 有太明显的功利目的，比如受世界银行、亚洲开发银行或者是扶贫 NGO 等这样一些机构雇佣，做政策的咨询。Public Anthropology 更倾向于认为自己属于正统的人类学。

不过，人类学内部确实有一些人看不上应用人类学，觉得应用人类学完全是政府公司的走狗，无非就是把让人很痛苦的项目变得人性化，等于要宰你的时候按摩按摩。当然，有些应用人类学的动机是良好的，这些项目如果没有人类学家参与会变得更糟。但是应用人类学的最大问题不在于此，而是他们做的实务太多，而学术上的产出太少。

尤陈俊：您在《小村故事》中也谈过很多延伸个案的方法，就是结合案件的前因后果做综合性的考量。对于我这样的法律人来讲，这种方法是很有吸引力的。但是一旦把它引入法学系里面，你会发现，这种方法基本上是根本无法去用的。因为您刚才也讲了，法律里边很多东西是建构的，比如说我们要建构出“法律事实”，并且把它同“客观事实”区分开来。而延伸个案方法则更多地是去还原客观事实。而法律恰恰是很多时候需要斩断这种前因后果的联系。所以从您的角度去看,法学应当如何借鉴延伸个案的方法?

杨锦程:其实我的判断和尤老师不太一样,我觉得在法律里面一直是在用延伸个案方法的。只是这个方法需要经过一些规则的界定,只能在一些特定的场合,经过一些特定的规则去适用。我在这里举了一个例子。在刑法里面去定罪量刑的时候,有一种类型的证据叫作品格证据。这个证据是可以最终影响量刑结果的。品格证据是什么呢?就是看这个人平时的表现怎么样,以前有没有做过什么坏事?这个就是在一定程度上,考虑了这个人的一些“前因”,然后再根据前因去做出一个法律的判断。另外一个例子就是我们在做青少年司法的时候,有一个必须要做的东西,就是要写一份关于青少年罪犯的社会调查报告。这个社会调查报告,就是在很大程度上借鉴了社会学和人类学对一个人的前历史的描写和判断。所以我觉得,在法庭里面是有延伸个案方法的应用的。只是这种应用必须要进行法律的改造包装而已。

侯　猛:像民法、刑法这样的实体法,可能不会存在锦程所说的那种问题,而是属于刚才陈俊所说的,部门法有专门的法条和理论,研究者只研究就这个案件而言法律会给出什么样的答案,就是案例分析。但是锦程说的是程序法的,品格证据属于程序法范畴。作为一个诉讼法的实务人员,他可能会考虑到品格证据这样的问题,但是作为研究者,他不太会考虑这些。实务界人士对法教义学那一套没有那么迷信,实际上他们觉得社科法学的解释可能还更有说服力一些。所以作为一个法学研究者,可能就是陈俊说的这种情况,但作为一个法律实务者,就会出现锦程说的情况。

朱晓阳:《小村故事》之三里其实有这样一个案例,孙超你说说吧。

孙　超:在拆迁的时候,拆迁办雇了挖掘机去,把村子里边路都轧坏,希望能迫使村民搬走。但是村民们去把这个挖掘机围下来,给烧了。

杨锦程:我们都去看过那个挖掘机。

孙　超:挖掘机被烧后,一些人就被抓走了,还有几个被判刑的,有一个罪名就叫“故意毁坏财物罪”。当时我还去旁听了审判过程,给我最大的印象就是村民们被判有罪,村民们极其不满意。村民觉得不满的理由在于:我们之所以要烧挖掘机,就是因为这个拆迁决定本身就是非法的,结果你不去追究这个非法行为给我造成的损害,而只说我把挖掘机烧了,这就相当于拿一个放大镜在一幅画里边截了一个点,说这个点做错了,丝毫不考虑外面的环境怎么样。所以大家觉得这个判决不公平,这个判决出来之后,大家反而把这个挖掘机给供起来,你判我有罪,反而是我一个荣耀。这件事情给我的印象很深。

尤陈俊:从法庭技术的角度讲,烧毁挖掘机的行为肯定是一个违法的行为,确实要追究。而对于它的前因后果,法庭会认为至少不是我这次审判管的,你可以另外去立一个案件。人类学里讲延伸个案,但法律却通过技术把个案切成一节一节的。

孙　超:烧毁挖掘机和违法征地拆迁这两件事情,在法律的意义上不相关,但在村民看来是相关的。因此这种审判会给他们带来一种不公平的感觉。

杨锦程:村民们针对拆迁行为本身就违法的考虑,实际上在法律上有一个比较成熟的技术去处理它,这就是刑法里面讲的被害人过错。如果被害人激发犯罪人的犯罪行为,这个犯罪人是可以减刑甚至免刑的。所以不知道这个案件最后的判决是不是没有考虑这一情节。所以从一个法律人的角度来看的话,这个案件并不能够说明法律本身出了问题,只不过这个判决是一个糟糕的判决而已。

朱晓阳:我觉得要理解延伸个案方法,就要把它放在人类学的文化比较下,放到法律系统之外的社区性空间下。在这个时空下,人们可能会按照另外的一种方式来建构规则,并且根据这种规则来判案。在我们研究的小村这样的生活世界里,如果从延伸个案的角度来看,实际上是整体的不公平。就像农民最后说的那样:很荒谬,好像挖掘机是个主体。这个挖掘机有思想,它来到我们村里头乱走。

侯　猛:这个形容很好。但在法律上真的有这种对物诉讼。

尤陈俊:现代海商法其实最初就是从对物诉讼开始的。

朱晓阳:对。从我的角度讲,延伸个案方法能够给我们提供思考上的启发。但它会有局限,延伸个案只适用于熟人社会,它是无法适用到陌生人社会的。

孙　超:刚才您提过,这几年小村的变化,经常会超出你们的预期。那么你在写作过程中,会不会面临这样一个问题:就是这些新发现会不会把您之前提出的一些结论给否定掉?或者在不断的变化过程中,您觉得有什么判断是能够持续下来的,有什么判断其实是否定了自己以前的判断?

朱晓阳:在这三本书写作过程中,最超出我们预想的就是村庄里的干部。我们都知道,党和国家的组织系统很强大。但是在小村里最后留下来当领导的,都是和过去国家正式系统无关的人。反拆迁五个人的领导小组当中,只有马大爹是退休干部。这是我们没想到的情况。当然还有一些比较坚持的地方,就是所谓的地势的说法,村子里要有一定的空间。没有这个东西,是一切都谈不到的。

孙　超:关于地势,我记得有一句话就说,由于地势的存在,“混混”和精英就会不断地涌现。一波村里的领导人倒了,就会有另一波人出现。像华中的研究就指出,湖北农业改革之后,村庄是有混混之风的,而不是像以前一样由士绅治村。为什么会这样?

朱晓阳:我觉得在任何一个空间,人都是分三六九等的,有混混,同时就会有所谓的精英。像小村那样的空间,成千上万人生活在那里,如果没有国家的介入,它是需要一些秩序的,不能天天靠吃喝拐骗。我想全国各地都有这种状况,如果你只看到混混,我想肯定应该是研究者的问题,他没有看到还有其他人在支撑着这个村。那些人生活的地方不像小村,小村是因为有拆迁事件,所以这些人冒出来了。但是很多地方这些人可能并不显山露水。

侯　猛:但是有人会主张在村庄治理里面,“混混”是最有必要、最有效率的。我们现在好像还没有办法从学术上论证,为什么士绅就比混混更有可能组织一个村庄的秩序。

朱晓阳:我只能说是士绅是会存在的,他们可能在私下里维系着仪式性的生活，就像村里的请客送礼、田土买卖。他们也进入不了正式的系统。

侯　猛：那村庄的秩序是由什么力量维持的呢？

朱晓阳：我觉得一个村庄的维系可能不仅仅依赖正式系统，村庄生活也是多样的。我们平时看见的可能只是村委会、村小组还有联防队。但村里面还会有一些其他人。比如老人，老人会组织请客送礼，有时候我们会过于单一地看待“混混”现象，实际上如果按照“混混”的标准来看的话，那么村里叫马建的那位就是个混混。但是我们是从70年代过来的，我们知道他是个很复杂的人。他在正式系统还有亲属关系里具有一定的社会地位。我觉得“混混”很大程度上是一个标签化的用语。一个人是不是“混混”，从人类学的角度来看，也有一个生命周期的问题。一些人在二三十岁少不更事的时候是会比较“混”一些，但他结婚生孩子以后，他就承担起他们在社会里的作用。

尤陈俊：那本书里边其实也谈到过生命历程的问题。很多的年轻人二十来岁的时候是一个在当地很凶的混混，到了三四十岁之后，他就会反思他之前干的这些坏事。很多时候村里能人与混混之间的界限是很模糊的。

朱晓阳：任何村庄我想可能都有两种人，一些是整个社会的主体，你可以把他们叫做士绅。还有一种人是绿林好汉式的，就是混混。

侯　猛：我注意到你的研究，与华中科技大学那边的村治研究有很大不同。华中研究具有公共面向，有中国问题意识，并且意识形态色彩较浓，喜欢给政府提对策，给建议。感觉你们的研究似乎更直面村民需求。是不是如此？

朱晓阳：照说这不是一个分歧，我们这几年除了写作以外，也接触过媒体，通过学校的人大代表和政协委员给政府和国家提案。运用一切可能运用的渠道，包括公开的报纸，比方《南方周末》《凤凰周刊》，包括通过我们学校的人大代表、政协委员，给政府国家提案。只是我们在做的过程中同时也做点学问。

尤陈俊：华中的村治研究涉及国家治理政策的问题。

朱晓阳:某种意义上来说,华中的村治研究属于应用人类学,我们则是 Public Anthropology。我们虽然和政府偶尔有交集,但不会主动地为政府服务。我觉得,学者还是要帮助读者认识世界的。

要告诉我们的读者,这个世界是怎么样的。《小村故事3》虽然可能有偏差,但是它提供了一种偏差的洞见。这很重要。如果不来写,就会被历史湮没过去,那么你能看见的就只有拆迁。但是我们的任务就是要把那些未散失的文本打捞出来。一个好政策可能很快就过时了,但是这样一个案例,我相信再过10年,不再有拆迁这类事件以后,这本书就会体现出它的价值。提供一些实实在在的经验研究是很重要的。

侯　猛:经验研究的重要性,就在于尽最大可能去帮助读者认识世界。

朱晓阳:对。还有一点,这本书也提供了一些理论上的思考。特别是关于国家,关于地势,包括你(孙超)写的拆迁对于老人和家庭的影响,这些内容作为一个社会记录,是非常有价值的。

侯　猛:说到这里,孙超,我注意到《小村故事3》里有你撰写的两部分,这两部分都是你的硕士论文吗?

孙　超:对,主体是两章,一个是村庄的大事记回顾,另外一个就是村庄的代际关系,以及拆迁对家庭和老人的影响。①

侯　猛:你自己是怎么注意到村庄内的老人的?

孙　超:和我在小村做调研时住的地方有关,我一开始住就住在一个老人家里,所以接触这方面的资料比较多一些。另外,如果关心拆迁,最后一定会接触到老人,因为村里站出来反对拆迁的还是老人多。当时给我最大的疑惑就是,为什么以老人为主。我就去和朱老师聊,和老人们聊。老人们喜欢跟你聊村庄里面各种琐碎的故事,但是聊多了之后就会慢慢发现一些共同性。所以我就想大概讲述一下,拆迁和老人们之间的关系。我想拆迁对老人们的影响是会一直持续下去的,在我的论文末尾,我其实提出了一点疑惑,就是在拆迁过程中,政府的策

---

① 孙超:《村庄拆迁改造中的家庭关系与老人生活——以昆明市郊小村为例》,载《法律和社会科学》(第11卷),法律出版社2013年版。

略就是把村庄不断地原子化,虽然现在拆迁终止了,这种原子化的趋势会给村庄带来深远的影响。我觉得后来像护村队的争端,村庄一些黑恶势力的兴起,其实是跟村庄内家庭联系的弱化有某些关系的。

杨锦程:我想再问一个问题:《小村故事3》写小村拆迁的历史,只写到2011年。

孙　超:2011年年底。大事记到2011年年底,其他章节的内容会涉及2013年。

杨锦程:那小村拆迁的故事,在2013年到2016年之间,有什么新发展吗?

朱晓阳:这几年我们更多的是帮他们做事,研究进行的不是太多。我们帮助他们改善了村庄的治理,投入的力量非常大。我跟村里头那几个人几乎每过两天——在我在国内的情况下——就会有电话联系,这已经持续了六年。我们会谈论一些村里头的情况。所以我现在这三年更像村小组的一个参谋、一个顾问,帮助他们出一些主意。

杨锦程:我想原昆明市委书记仇和下马以后应该会有些新的变化。

朱晓阳:有。一个变化就是什么呢?仇和落马以后,昆明的拆迁都停掉了,从今年开始,昆明干脆就不再新建保障房,只是消化存量房。但这并不意味着村里就太平了。为什么呢?这个村自2013年以来,就形成了"两党政治","拆迁党"占据了村委会,"反拆迁党"①占据了村小组。村小组的村民代表也分成两党,12个代表反对拆迁,8个代表是"拆迁党"。当拆迁停掉以后,"拆迁党"在外面的资源就越来越找不到了。这时候他们反过来发现村里的资源还很多,所以我们说过去是到外头找肉吃,外头肉没有了,反过来发现村里的肉还有很多,所以这两年"两党"在村内争夺肉骨头的矛盾更多,更激烈。护村队是一个案例。但是后来我们想好处是,现在大家都回来争夺这个肉骨头,最后增加了整个村的福利,但整个村庄也越来越受到丛林法则的支配。夸张得很!两年半以前是村小组长把原来那帮护村队给赶走了,成立了自

---

① 《小村故事3》中称之为"洋芋党"。

己的护村队,经历了一年多。两个月前村委会要把护村队给拿掉,但又拿不掉,最后这个村委会主任居然自己招了一拨联防队,就像两拨军队穿着两样的颜色。后来上面急了,在街道办的主持下在两周前达成了一个共识,就是村联防队由党总支书记做总指挥,然后两边合并。

侯　猛:两边各一个?

朱晓阳:所以你到了村里觉得奇怪,简直是衣服都不一样。所以搞不好会“擦枪走火”。很多,慢慢来。

杨锦程:其实对于征地拆迁,我自己的态度非常矛盾。我之前一直是坚定站在农民这边的,我觉得中国人安土重迁,让村民们住楼房未必会使他们过得更好。但后来我接触到一些案例,有很多地方在拆迁的时候补偿费特别高,所以有一大批通过拆迁发家致富的村民。不知道您怎么看这个?

朱晓阳:这个昆明也一样。我觉得村落的价值被低估了,不仅是政府,农民自己也低估了村落的价值,就把它们当做烂砖碎瓦。被低估的根本原因是村落,包括城中村的土地和房屋与其他城市土地和房屋不一样,是所谓小产权。但从人类学的角度来说,它仍然具有文化上的承载。这些年我们基本都是从很狭隘的经济视角看待拆迁现象,在这样的情况下,几百万的补偿费对于政府和拆迁户来讲都是很大一笔钱。但是如果你跳出这个障碍,假以时日,你会觉得不是这样的。为什么呢?举一个例子。今天你到北京的城里,二环以内,不说南锣鼓巷,就说东四西四那些地方,随便问一个住在大杂院的给高价愿不愿意搬走?没有人愿意的。这跟十年前不一样,那时候只要出足够高的钱,他都愿意走。这背后你也可以说,他对自己产业的评价也在变。虽然是一个大杂院,厕所也不方便,但是他占了闹市中心,还有其他的非物质承载。这些东西是要慢慢回到另外一个轨道上才能评价的。

侯　猛:是的,法律人类学者总能从在地人的感受出发发现问题。这与法律经济学的解释就完全不同。这种对立在中国学术界还没有完全呈现出来,可能的原因是两边的发展都还不是足够强大,因而也没有更为深入的学术对话。这是可以继续做的事情。我们成立社科法学连线,就是希望能够推动跨学科法律研究实质性的竞争、对话与合作。

另外,将来这篇对话发表时,还会附上朱老师最近写的一篇关于政治人类学的书评。如前所述,政治人类学与法律人类学的界分并没有那么严格,合称政法人类学也没什么不妥。实际上我也是先读到这篇书评,才促使我尽快完成与朱老师的对话的。

《法律和社会科学》(2016)
第 15 卷第 1 辑,第 314 ~320 页

附录:政治人类学的遗产和当代视阈*

朱晓阳

政治人类学作为一个分支的出现是以一本书为标志,它就是读者面前这本《非洲的政治制度》。今天读这本出版于 1940 年的书,给人的最初印象是:它远非预设的那般旧。相反,从当下人类学视角的"政治"去看,这本书在内容和知识论方面的贡献对于今天的学人和读者仍然很有意义。也许这是现在的读者更急欲了解的,但本文先从这本书的内容和路径开始谈起。

在学科史上,《非洲的政治制度》一般被认为是结构功能主义的代表案例之一。这在当时是主流的路径。《非洲的政治制度》的作者多受到英国人类学家拉德克利夫-布朗的结构功能主义路径影响。后者也为这本书写了一篇序,好像是为书定了调子一样。在拉德克利夫-布朗那里,社会人类学是用自然科学的方法(即实证主义)去研究非西方社会的一门科学。这种实证主义方法论的原则包括归纳法和从个别现象中发现"齐一性(uniformity)"(本书翻作

---

* 本文为朱晓阳为《非洲的政治制度》一书所撰写的中文版序,尚未发表。

“一致性”)的规律、模式或结构。以下是拉德克利夫-布朗的一段话:

“作为人类社会的一门自然科学,社会人类学的任务是系统地调查社会制度的性质。自然科学的方法总是依赖于对观察现象的比较,其目的在于通过对多样性的仔细考察,发现潜在的一致性。比较方法是归纳推理的一种工具,它应用于人类社会,将有助于我们发现属于所有人类社会的普遍的、基本的特点,包括它的过去、现在和未来。那些相信真正的人类社会科学是有可能的也是可期待的人,必须将不断获得这类知识作为其目标。”①

拉德克利夫-布朗的社会人类学研究方法论还包括“比较研究”,这也是《非洲的政治制度》所依循的路径。在本书出版的那个时代成为很多社会科学学者(包括人类学者)重要想像力来源的还有“功能论”。

就政治研究而言,拉德克利夫-布朗的框架是马克斯·韦伯的政治社会说,重点观察的是政治组织。按照 John Gledhill 的评述,②拉德克利夫-布朗将韦伯式的政治社会说用来规范非洲政治制度作者们的研究视阈。这些视阈包括政治是关于国家——在一片领土内,对暴力拥有垄断使用权力的政治组织——的统治活动。因此在对非洲政治观察时,“组织”成为研究者的主要观察范围。具体做法是将非洲政治制度归纳为两类:有头领或集中组织的社会,无头领或集中组织的社会。这种分类体现的正是政治组织“有/无”的二分格局。

将《非洲的政治制度》用以上二分格局来概括过于简单。其实该书的民族志内容很丰富。例如格拉克曼关于祖鲁人的政治制度描述包括其政治制度在殖民统治下的变迁。这种对现实和实际行为描述的路径后来被格拉克曼发展成“延伸个案方法(extended-case methods)”或“情景分析(situational analysis)”。这一新的路径是结构功能论以后政治人类学的一次范式转变。今天它被称为“过程论”。

---

① 拉德克利夫-布朗:《非洲的政治制度》,商务印书馆2016年版,第5页。

② John Gledhill: *Power and its Disguises: Anthropological Perspectives on Politics*, London and Boulder: Pluto Press, 1994.

无论该书作者和编者所秉持的结构功能论范式,还是其中显露的“过程论”端倪,都没有降低这些研究者对于政治人类学研究对象的客观性、确定性和他者政治可理解性的信心。这种信念是与 20 世纪 80 年代以后的人类学政治研究大相径庭的。

对于今天的政治人类学来说,《非洲的政治制度》的意义正在于其关于研究对象的“客观性”“确定性”和“可理解性”的坚信。从 20 世纪 80 年代到本世纪初的几十年间,这些特点常常被视为老套人类学的说辞。当时的政治人类学会更多关注对政治象征的阐释,会更强调权力、阶级和性别等。在讨论这些主题时,民族志作者对于能否理解“他者”的反思,对于能否翻译他者文化的争论等构成民族志的一个重要内容。与这些新取向相比,《非洲的政治制度》的如实观察被批为“上帝之眼”的观看。

从今天的眼光看,《非洲的政治制度》的价值正在于这些“如实观察”。这些基于当时代情景的观察,犹如纪录影片,随着时间磨砺,越显出其宝贵的价值。在此之外,由于当下人类学,包括政治人类学正在出现“本体论转向(ontological turn)”的趋势,①《非洲的政治制度》对政

① 人类学界关于“本体论转向”的讨论集中出现在美国人类学学会 2013 年年会(AAA)上。参见 John D. Kelly, “Introduction: The Ontological Turn in French Philosophical Anthropology”, *HAU: Journal of Ethnographic Theory*, vol. 4, no. 1, 2014, pp. 259 – 269; Martin Paleček and Mark Risjord, “Relativism and the Ontological Turn within Anthropology,” *Philosophy of the Social Sciences*, vol. 43. no. 1, pp. 3 – 23; Kirsten Hastrup, “Social anthropology: Towards a Pragmatic Enlightenment?” *Social Anthropology*, vol. 13, no. 2, 2005, pp. 133 – 149; Richard A. Wilson, “The trouble with truth”, *Anthropology Today*, vol. 20, no. 5, 2004, pp. 14 – 17. 朱晓阳:《“表征危机”的再思考:从戴维森(Donald Davidson)和麦克道威尔(John MacDowell)进路”》,载王铭铭主编:《中国人类学评论》第 6 辑,中国国际图书出版公司 2008 年版;《小村故事:地志与家园(2003 – 9)》,北京大学出版社 2011 年版。近年来关于本体论转向的讨论,还可参见 Benjamin Alberti, Severin Fowles, Martin Holbraad, Yvonne Marshall, and Christopher Witmore, “‘Worlds Otherwise’: Archaeology, Anthropology, and Ontological Difference”, *Current Anthropology*, vol. 52, no. 6, 2011, pp. 896 – 912。中国最近关于本体论转向的讨论,可见王铭铭:《当代民族志形态的形成:从知识论的转向到新本体论的回归》,载《民族研究》2015 年第 3 期;朱晓阳:《地势、民族志和“本体论转向”的人类学》,载《思想战线》2015 年第 5 期;郑玮宁:《人类学知识的本体论转向:以 21 世紀的亲属关系研究为例》,载《考古人类学学刊》(台湾)2012 年第 76 期。

治实在的观察正与当下的本体论有了穿越时间的对接。当然两种本体论之间隔着一道厚厚的知识论壁障,因此不可以说今日之本体论正是当年拉德克利夫-布朗所云之某某。

任何人只要读过一本社会文化人类学概论一类的书,都会知道从拉德克利夫-布朗的结构功能论到当下的人类学之间立着该学科史,甚至社会科学史上的一些范式地标。它们是如:结构主义、阐释/象征论、实践理论和公共/担当人类学等。

在人类学学科史上,强调归纳法,并以此作为发现政治制度"齐一性"为目标的政治人类学研究,对于强调演绎概念和阐释表征为路径的政治研究来说曾经被认为是相互对立的两种取向。其案例如《非洲的政治制度》的作者之一,埃文斯-普利查德在1950年于英国广播公司(BBC)发表演说称:"社会人类学属于人文科学而不属于自然科学。"①再一例是此后美国人类学家格尔兹认为文化人类学不是探寻齐一性规律的实验科学,而是一种探求意义的解释。② 但在今天这两种知识论进路确实显示出相互包容和补充的趋向。在当代政治人类学中出现的"本体政治"(ontological politics)③就是一例。

以安第斯-亚马孙人类学为例,本体政治将过去视为宇宙观的东西,如山神、地母,或如当地人所称之"大地之在"(earth-being)当作实在或本体,并要求给予其政治或宪法上的权利承认。④ 这种本体政治

---

① 爱德华.埃文斯-普里查德:《论社会人类学》,冷凤彩译,梁永佳审校,世界图书出版公司2010年版,第43页。

② [美]克利福德·格尔兹:《第一章深描说:迈向文化的解释理论》,载《文化的解释》,韩莉译,译林出版社1999年版。

③ 南美的本体论人类学对"本体性的政治(politics of ontology)"比较重视(Martin Holbraad,Morten Axel Pedersen and Eduardo Viveiros de Castro,"The Politics of Ontology: Anthropological Positions", *Cultural Anthropology Online*, January 13,2014, http://culanth.org/fieldsights/462-the-politics-of-ontology-anthropological-positions。这些研究的一个重要关注是南美原住民的宇宙观与地方性政治主张的关系。

④ de la Cadena认为西方式的政治观念图式是以"人—自然"对立为前提,而earth-being则将"山"看作有"精神"或"灵"的存在(being),大地之存在不是西方意义上的被动客体,而是"行动者"之一。Cadena,"Indigenous Cosmopolitics In the Andes: Conceptual Reflections beyond Politics", *Cultural Anthropology*, vol. 25, Issue 2, pp. 334-370.

将地方性的种种"实在"从话语、表征、宇宙观、阶级政治、产权清晰、环保运动甚至性别政治的"绑架"中解放出来,视为他者所居的世界之一部分。因为所居者之身进入的"视角"(perspective)不同,这种"世界"呈现多样。这是所谓南美"视角论"(perspectivism)的基本主张①。这种本体论进而认为自然(或世界)是多元的,差异是本体性的。

再以笔者最近关心的"地势政治"为例。② "地势"在现代法律中是找不到的,但"地势"在中国是一种实在,也是政治生活中的实在,因此值得从政治、法律以及与这些学科相关的城市规划等方面深入探讨。笔者曾另文提到:基层的政治实践者(包括村民/业主、政府官员和开发商)对地势问题非常重视。相反,社会科学界更多是从政治、经济等视角去看待城市化中的诸多问题。③

社会科学研究者对地势的视而不见,很大程度上正是其所坚持的研究框架限制所致。这种框架如同《非洲的政治制度》一书的结构功能论和韦伯式政治社会研究范式的束缚一样,将"地势"这种中国社会的政治生活中寻常的实在遮蔽住。

在以权利—法律为本的社会,法律能够格式化很多问题,包括地势问题。例如,一个合法的钉子户不会担忧有开发商或政府会以"大多

---

① Viveiros de Castro, "Perspectival Anthropology and the Method of Controlled Equivocation", *Tipití: Journal of the Society for the Anthropology of Lowland South America*, vol. 2, iss. 1, 2004, pp. 3 – 22.

② 朱晓阳:《小村故事:地志与家园(2003～2009)》,北京大学出版社2011年版;朱晓阳:《地势、民族志和"本体论转向"的人类学》,载《思想战线》2015年第5期。

③ 具言之,社会科学界多是从法律规范的土地权和政治—经济学的生产资料所有权等角度来处理土地—空间问题,地势在这些研究中,被视而不见。从当代马克思主义(例如,戴维－哈维)角度,地势问题被视为"非均质空间"。这已经接近地势的意思,但"非均质"仍然是从一个文化与自然二分的社会科学的类分出发对空间的界定,与地势意涵的人事和地理形势相融贯仍然有区别。似乎只有"地缘政治"与地势最接近。地缘政治是一个真实存在,但名声不好的概念。在当代的国际政治中,地缘政治现象经常被注意到,但一旦进入官方的对外政策文本,地缘政治这个词就消失了。这很大原因是"地缘政治"一词臭名昭著。在这些场合"地缘政治"往往被用来批评国际政治中的"他者"或敌对方的空间—政治活动。我注意到苏力最近在"大国及其疆域的政制构成"一文中,强调应对传统中国政制智慧中的"地缘政治"关怀给予重视。他也对当代中国宪法学术话语中缺乏地缘政治视角做了批评。参见《法学家》2016年第1期。

数人利益”为理由将其房子拆掉。司法已经基于平等个人这一(观念的)均质空间抽象出一套规范制度。这套规范确实能有效地保护住个人的权益。相反,一旦产权易主,或司法决定做出,无论如何人多势众,推土机照样将房子推倒。一个例子是美国电影《愤怒的葡萄》中负债农民的土地和房产被债主拿走。债主不用顾忌这些失地农民有几多,所涉土地有多广大,只是按照司法决定行事,将其土地上的房屋推倒,将几十万农民撵走。这个例子表明,法律规范下的产权虽然框住了地势,但没有消除不公正,因此才有了《愤怒的葡萄》这种感天动地的作品。但在中国语境下,地势从深层到表象都非常触目,显得非常要紧。作为研究者,我们必须面对这个现实,将地势从隐蔽的地方凸显出来。

由以上这两个案例可见当下政治人类学与《非洲的政治制度》之间在关于“实在”方面的异同。两种本体论的相通之处有以下几点：其一,承认政治现象是实在的;其二,“他者”文化可以被理解和翻译。

但两种本体论之间有很大差别。仍然以以上相通之处为例。其一,虽然两者都承认政治现象是实在的,但《非洲的政治制度》式的本体论认为可以用西方政治学适用的权力、组织—结构来概括他者的政治实在性,而本体政治论者认为,安第斯－亚马孙政治的实在包括“大地之在”或其他非人类的存在。其二是文化可翻译性。结构功能主义政治人类学认为非洲他者的政治系统可以被以“领土”(territory)、“权力”(power)、“组织”(organization)和“功能”(function)等来翻译,这种翻译能很好地解释非洲的政治现象。安第斯－亚马孙本体政治论者认为,虽然当地的政治表达可以用“land”(土地)、“阶级差别”等与西方左翼同盟者共享的词汇翻译,但同一词汇中包含“含混”(equivocation)。这种含混是来自不同人各自所进入的“世界”(复数)的差别。例如,同样是“land”(土地),但安第斯－亚马孙人的 land 之意含有“大地之在”(earth being)。这与西方左翼盟友“land”的含义(更多指向“土地权”)是有本体性差异的。[1] 这种差异性造成共享语词

---

① De la Cadena, “Indigenous Cosmopolitics In the Andes: Conceptual Reflections beyond Politics”, *Cultural Anthropology*, vol. 25, Issue 2, p. 355.

的含混。

简言之,从结构功能主义视角看,“他者”政治(例如,非洲)是实在的,可以用西方政治研究的分类和框架来研究,研究的路径是自然科学式的归纳法,其目标是发现政治现象背后的齐一性。从本体政治视角的视角看,“他者”政治(例如,安第斯-亚马孙地区)也是实在的,但其与西方政治视角下的实在有差异,这种差异是本体性的差异。即使“他者”政治能够被用与西方政治相同的语汇翻译,其共享的词汇背后存在含混性。对“他者”政治的研究路径可以是自然科学式的归纳法,在一定范围内会概括出“齐一性”,但是对“他者”政治的“差异性”的揭示需要通过演绎、分析的方式进行。在研究中可以用共享的词汇翻译并阐释他者政治,揭示出同一语汇背后的差异性,也可以用“他者”的语言直接表达出“本体差异性”。最后这一点,将导致“用巫师的语言抒写关于巫术的民族志”的正当和合理。

《法律和社会科学》(2016)
第15卷第1辑,第321~324页

编辑手记

本辑《法律和社会科学》围绕和数据与虚拟物品相关的财产问题展开。随着信息技术的普及以及互联网向更多传统行业扩散,大量数据得以生成并在政治经济因素影响下不断再生产出来。数据超越传统信息的概念和分析框架,构成了互联网信息服务兴盛发展的隐秘动力。当人类在物理世界中的一切活动都可以以某种形式数字化进而数据化、虚拟化的时候,我们就彻底转向了一个新世界。诸多法律问题也正是在新旧世界的更替转换中不断出现、消失,最终剩下的是悄悄兴起的新秩序。在我看来,学术研究有必要充分剥离新秩序的神圣性和意识形态,深入分析新经济兴起过程中发生的商业模式、利益冲突和法律回应,本辑的诸篇论文就多少朝着这一目标迈进。

互联网二十多年的商业化实践为我们展示了达到未来虚拟世界的多种路径。首先是创设虚拟物品吸引用户使用。这些虚拟物既包括游戏中的道具、虚拟货币,也包括像QQ号这样的识别号码。按照常见的用户协议,用户只能享有使用权,没有所有权,一旦停止使用服务或离世,这类虚拟物应当被公司回收。而且,虚拟物的使用和流动受到服务架构设计的严格限制和控制,无法任意改动,和物理世界中的财产不可同日而语。公司的初衷是减少赋予用户绝对权利的不可控风险,尤其是当这些物品遭遇黑客盗窃或服务器损毁等无法预见的状况。尽可能减少虚拟物的流动就成为设计这些物品的首要原则。岳林关于网络账号权属的文章,集中讨论了这类能够产生价值的虚拟物的法律争议和规则。

其次,用户拥有的文档、照片、音乐等数字化物品,被逐步从用户个人电脑和手机终端转移到云端。这不仅便利了随时随地向用户提供服务,还加深了公司对用户的了解,知道他们在储存哪些私人数字文档,从而动态地创设交易机会。在这一过程中,用户对其私人财产失去了控制力,甚至要受到用户协议的限制,允许公司扫描使用。而公司还在云端设计上尽可能地鼓励用户将私人文档共享,于是云端成为储存、与人分享、公开展示和传播的混合体。这意味着,从私人终端到云端的过程是一个调动“闲置”数字物品、增强流动的过程,其增值部分的最大受益者无疑是公司。

与此相关的是,用户在虚拟世界中再生产出来的数字内容和信息(UGC)也同样受到商业模式、用户协议和技术架构的限制,互联网公司使分享和信息流动变成默认设置,抗拒这个设置的成本会十分高昂。互联网公司就这样一步步将用户吸引到平台上,充分利用他们的“认知剩余”。其中涉及新旧利益群体之间的知识产权争议,李斯特、余盛峰的文章分别从不同角度对围绕数字版权的法律争议进行了分析和解读。对用户而言,“数字遗产”争议也可以放在这个背景下理解,胡凌的文章以小说形式充分展示了未来这方面的可能冲突。

最后,在上述过程基础上,歌曲、电影、书籍等内容服务越来越以在线信息流的方式提供给用户。用户只能在线使用,无法占有和控制,架构设计使我们对具有物理实体的财产的使用方式发生了极大改变。用户只能被动接受这一转变,缺乏技术上的控制能力。概言之,互联网公司尽最大可能免费利用用户的劳动,美其名曰“分享”,但他们却无法真正从公司那里获得并拥有任何数字财产。

用户不仅失去了数字物品的所有权,其在线使用活动也受到持续的监视。任何网上痕迹都会被记录保存,形成底层的元数据,用于分析他们自己的偏好和价值。无数价值微小的用户数据汇集到一起,变成了能够被无限发掘利用的数据池。用户协议在形式上已经确认互联网公司拥有这类数据池资产的排他财产权利,而单个用户只能以接受免费服务更新的方式享受个人数据交换的"对价"。李谦的文章以数据库权利为线索深入探讨了数据池资产的地位和属性。围绕数据资产产生的不正当竞争也成为互联网行业失范无序的一个重要表现,杨坚琪的文章按照互联网分层的结构分别梳理了不正当竞争的表现和逻辑。而强调相关性而非因果关系的数据分析正是为这类大数据商业实践服务的,据说这能够改变人类现有的知识结构和洞察力,吴义龙的文章就因果关系这一社会科学核心话题在大数据时代的变化展开了讨论。

用户被纳入虚拟世界的过程是个人数据再利用的过程,传统保护个人数据的范式是"选择加入",即用户明示同意自己的信息数据被以何种方式搜集和使用;互联网的商业模式越来越倾向于成为实质意义上的"选择退出",即用户未必清楚知晓自己的数据被搜集使用,但可以通过事后通知的方式要求删除某些令人反感的内容或信息,或者退出服务。从互联网发展的轨迹来看,选择退出作为一种救济方式越来越不可行。在互联网发展早期,用户很容易退出,因为存在着较为充分的竞争,用户可以退出某一服务而切换到替代性较强的其他服务,欧洲的"被遗忘权"也在保护用户人格权方面发挥了作用。随着存储技术能力的提升,互联网公司有动力永久保存用户数据,以防有退出需求的用户可以一键恢复。一些社交网络公司更会以大量用户数据进行模拟实验,测试新产品,方便用户直接切换到某种新型服务,无需从头积累自己在网络空间中的数据。当虚拟现实技术得到开发并普及的时候,一些公司将会制造虚拟的人物偶像,鼓励人们上传自己的照片,制作成3D影像仿造现实世界,使用户更加难以退出。最后,在一个完全数字化的世界中,物理世界成为从属性的,互联网公司完全可能未经许可就使用用户信息开发新产品,迫使人们加入,也迎合了人们对数字遗产甚至永生的需求和渴望。任何选择退出的前提是人们有技术能力完全控制自己的数据和形象,但在数字世界中他们没有能力这样做。目前的世界还处于互联网发展早期,理性的用户一旦理解自己的数据无论如何都会被搜集和使用,就会有意识地披露和生产特定数据,甚至伪装偏好来躲避追踪,戴昕的文章就这一有趣现象和隐私保护的关系进行了深入讨论。

除了按照商业逻辑推动虚拟空间秩序的形成,政治和监管逻辑也同样在塑造新秩序。徐斌和郭旨龙的文章分别就视听网站领域和网络犯罪领域,回应了国家如何管理虚拟空间的重要问题。一个更加开放的视角是,商业逻辑和政治逻辑在何种程度上能够相互配合共同维护新型秩序,确立新经济的合法性。

此外,本辑还收录了两篇对话体例的访谈文章。梁治平老师在中国传统法律文化领域进行了大量有影响力的研究,他的访谈帮助厘清了如何通过文化角度理解法律,并对自己先前研究进行了回顾和反思,集中体现了法律史、人类学和文化史等诸多领域的交融。朱晓阳老师的访谈聚焦于法律人类学研究,讨论了民族志、田野调查等人类学方法在法学研究中的运用,还集中对他的《小村故事》系列研究中的关键理论问题进行了回应。两篇访谈深入浅出,突出问题意识,相互映衬,给不熟悉相关研究的读者以直观的印象,直接将核心问题有逻辑地展示出来。

胡　凌

2016年5月

图书在版编目(CIP)数据

法律和社会科学. 第15卷. 第1辑 / 苏力主编. —北京:法律出版社,2016.8
ISBN 978-7-5118-9786-2

Ⅰ. ①法… Ⅱ. ①苏… Ⅲ. ①法律—文集 Ⅳ. ①D9-53

中国版本图书馆CIP数据核字(2016)第173884号

法律和社会科学
(第15卷第1辑)

苏 力 主编

责任编辑 韩满春 班运华
装帧设计 马 帅

开本 720毫米×960毫米 1/16
版本 2016年8月第1版
出版 法律出版社
总发行 中国法律图书有限公司
印刷 三河市龙大印装有限公司
印张 20.75 **字数** 281千
印次 2016年8月第1次印刷
编辑统筹 学术·对外出版分社
经销 新华书店
责任印制 陶 松

法律出版社/北京市丰台区莲花池西里7号(100073)
电子邮件/info@ lawpress. com. cn
网址/www. lawpress. com. cn
销售热线/010-63939792/9779
咨询电话/010-63939796

中国法律图书有限公司/北京市丰台区莲花池西里7号(100073)
全国各地中法图分、子公司电话:
第一法律书店/010-63939781/9782
重庆公司/023-65382816/2908
北京分公司/010-62534456
西安分公司/029-85388843
上海公司/021-62071010/1636
深圳公司/0755-83072995

书号:ISBN 978-7-5118-9786-2
定价:66.00元
(如有缺页或倒装,中国法律图书有限公司负责退换)